大国之基

中国乡村振兴诸问题

贺雪峰 著

人民东方出版传媒
东方出版社

目录

导论
    关于实施乡村振兴战略的几个问题 / 003

社会结构篇
    农村社会结构变迁四十年 / 023
    中国是倒丁字型社会结构吗？ / 038
    全国劳动力市场与农村发展政策 / 053
    浙江农村与珠三角农村的比较 / 068

乡村建设篇
    谁的乡村建设 / 091
    乡村建设的重点是文化建设 / 105
    如何应对农村老龄化 / 127
    反贫困战略中的扶贫政策与社会保障政策 / 146
    精准扶贫与农村低保的制度绩效问题 / 161

土地制度篇

论农村宅基地中的资源冗余 / 179

城乡建设用地增减挂钩政策的逻辑与谬误 / 196

如何理解征地冲突 / 213

珠三角地区农民的地权意识 / 228

乡村治理篇

乡村治理现代化：村庄与体制 / 247

村干部稳定性与职业化的区域差异 / 261

论村级治理中的复杂制度 / 274

农村基层治理的辩证法 / 288

组织再造篇

乡村振兴与农村集体经济 / 307

再造村社集体 / 325

如何再造村社集体 / 342

国有农场对农村经营体制改革的启示 / 361

导论

关于实施乡村振兴战略的几个问题

习近平总书记在十九大报告中提出"实施振兴乡村战略",指出:"要坚持农业农村优先发展,按照产业兴旺、生态宜居、乡风文明、治理有效、生活富裕的总要求,建立健全城乡融合发展体制机制和政策体系,加快推进农业农村现代化。"这一战略目标和"20字"总要求将是未来一个时期中国"三农"工作的纲要。如何将乡村振兴战略变成政策,落实在实际工作中,必须进行分析。没有分析就没有政策,尤其是当前中国地域广大,不同地区发展十分不平衡,如果没有对发展战略的深入分析,我们就可能在制定政策中犯低水平的错误,就可能会望文生义,而不能将十九大报告提出的乡村振兴战略落到实处。

习总书记在十九大报告中又讲道:"必须清醒地看到,我们的工作还存在许多不足,也面临不少困难和挑战。"其中第一条就是"发展不平衡不充分的一些突出问题尚未解决"。习总书记提出,"我们要在继续推动发展的基础上,着力解决好发展不平衡不充分问题"。当前中国存在着普遍的分化所形成的不平衡,典型如城乡发展不平衡、区域发展不平衡。显然,实施乡村振兴战略就是要着力解决好城乡发展不平衡的问题。同时我们还要注意到当前中国不同地区农村之间还存在着发展不平衡，且农民之间的分化也越来越大。

一、当前农村与农民的分化

当前中国正处在史无前例的快速城市化进程中，按居住人口统计，中国城市化率已接近60%，其中包括2亿多进城务工经商的农民工。这些进城务工经商的农民工大多数没有迁移农村户籍进城，而是保留了在农村的住房和土地承包权。

因为二、三产业本身的规模经营要求和聚集效应特征，中国快速工业化和现代化的过程也同时就是快速城市化的过程。城市二、三产业快速发展，农村农业却因为受到土地规模和消费需求的限制而发展较为缓慢，城乡之间差异也往往越来越大。正因如此，越来越多的农民进城务工，也有越来越多的农民家庭搬迁到城市居住，成为新的城市人口。

城市快速发展和农民大量进城，导致农村人口减少了，农村变得萧条甚至凋敝起来。城市与乡村的分化及发展的不平衡是当前中国实施乡村振兴战略的基本背景。

除城乡发展不平衡以外，中国农村和农民也存在显著分化以及由这种分化所造成的不平衡，如果我们缺少对农村和农民分化的深入理解，实施乡村振兴战略的结果非但不能达到"20字"总要求，还可能加剧农村和农民的分化，拉大这种不平衡。

1. 农村地区的分化

当前中国农村，首先可以区分出以珠三角和长三角为典型的东部沿海城市经济带地区的农村，以及广大中西部一般农业型地区的农村。因为区位优势和较早进行的乡村工业化，在进入 21 世纪前，东部沿海地区农村已经成功地实现了乡村工业化，并成为沿海城市经济带的有机组成部分，这些地区农村二、三产业繁荣，不仅使当地农民从农业进入到二、三产业就业，而且吸引了大批外地农民工来此就业。繁荣的二、三产业和大量外来人口的进入造成农业用地的非农使用，非农用地产生了远超过农业用地的价值。沿海城市经济带的农民因此可以从中受益，典型表现就是宅基地具有了较高的潜在市场价值，农民有了较多财产性收益。[①]

相对来讲，由于缺少区位优势以及错失乡村工业化的机遇，占全国农村和农民大多数的一般农业型地区不再有重新乡村工业化的可能，农民在农村缺少就业与获利机会，农村青壮年劳动力进城务工经商，而农村成为老弱病残群体的留守地，农业变成以老年人为主的老人农业。

在缺少二、三产业发展条件的情况下，中西部一般农业型地区仅靠传统农业显然是无法致富的。改造传统农业，由种大田作物到种高附加值经济作物是最近 20 年来全国地方政府"逼民致富"的首要选择。不过，在中国仍有 6 亿多农村人口、2.2 亿农户，仍具有巨大的农业生产能力的情况下，经济作物高附加值是以其高风险和高投入为代价的，扣除风险与投入因素，在充分市场条件下，种经济作物的收入与种大田粮食作物的收入是等值的。任何一种具有超额利润的经济

---

① 刘锐：《义利合一：土地、财产与治理》，博士论文，华中科技大学，2015 年。

作物种植都会吸引大量模仿者，从而会出现供给过剩。

也就是说，当前中国沿海城市经济带农村繁荣的二、三产业和广大中西部一般农业型地区收入相当有限的农业形成了鲜明对比。

仅仅依靠小规模的农业甚至是以老年人为主的老人农业是很难使产业兴旺的，应对办法有三：一是乡村工业化，二是发展新业态，三是扩大农业经营规模。如前已述，中西部一般农业型地区乡村工业化的机遇已经失去，工业向园区集中成为共识，这条乡村工业化的道路是走不通的。而扩大农业经营规模也存在着限制。当前中国仍然有6亿多农村人口、2.2亿农户，全国20亿亩耕地，户均不足10亩，显然是不大可能发育出大量的规模经营农户。

因此，中西部一般农业型地区实现产业兴旺的唯一出路几乎就是所谓的发展新业态，最主要的是发展一、二、三产业融合的休闲农业和乡村旅游。最近几年，无论是中央文件还是地方政府实践都将发展休闲农业与乡村旅游置于极为重要的地位。

休闲农业和乡村旅游本质上是要赚城市人"乡愁"的钱，借城市人对田园风光、风土人情的好奇来吸引城市人消费，从而让农民有就业和获利的机会。不过，一方面借城市人"乡愁"可以赚钱的机会不可能很多；另一方面，发展休闲农业和乡村旅游必须具备区位条件和旅游资源条件，而具有区位条件和旅游资源条件的地方，就是相对具有较好条件的农村，资本就一定会自动找上门来投资，当地农民有较一般农业型农村更多的获利机会。这样的有靠休闲农业和乡村旅游机会来发展出新业态的农村占全国农村的比例不会超过5%。

也就是说，当前中国至少存在三种不同的农村：一是沿海城市经济带农村地区，以珠三角和长三角为典型，这些地区已经工业化，农村也已经城市化了，这类农村占全国农村总数不超过10%；二是广大的中西部一般农业型农村地区，主要从事传统农业生产，占全国农村70%以上；三是适合发展休闲农业和乡村旅游等新业态的具有区位条件或旅游资源的农村地区，占全国农村5%以下。中国绝大多数农村只可能长期处在小农经营的格局中。

2. 农户的分化

我们再来看一看占全国农村绝大多数的一般农业型地区农户的分化情况。

当前中西部一般农业型地区农村，因为农村缺少二、三产业就业机会，人多地少，人均一亩三分、户均不过十亩土地，使农户家庭仅靠土地收入难以维持体面生存。农民通过进城务工经商来扩大家庭收入。相对于城市，广大中西部农村的基础设施和公共服务等仍然落后，只要具备条件，农户家庭就都愿意进城居住。从这个意义上讲，农民是没有乡愁的，他们只有"城愁"，即能否在城市安居下来的担忧。

因此，当前中西部农村存在着三种有所差异的农户：一是家庭经济条件比较好、举家进城的农户；二是农户家庭中青壮年劳动力进城、老年人留守务农的农户；三是全家留村的农户。其中比例最大的是第二种，即我们所说的"以代际分工为基础的半耕半工"农户家庭，占中西部农村农户的70%左右。这样的半工半耕农户，一旦进城获得稳定就业与收入，具备了全家进城的条件，农户家庭就可能全家进城买房安居，成为真正脱离农村的城市人。富人进城，富裕农户进城，这是当前中西部农村地区城市化的基本特征。

大多数"半工半耕"农户家庭缺少全家进城的经济能力，而希望借家庭代际分工来分别获得务工和务农收入，以实现渐进式进城。

还有部分农户家庭因为不能或不愿进城而全家留村。尤其是青壮年劳动力留村，仅靠种自家承包地的收入是无法获得最基本的农村体面生活的，因此，他们就要想方设法扩大农业经营规模，获得各种农村获利机会。大量农民进城也会留下若干农村获利机会。这些留守农村的青壮年劳动力就可能通过扩大农业经营规模或捕获农村获利机会，而有不低于外出务工的收入，这些农民就成为我们所讲的"中坚农民"，有时正是因为"中坚农民"具有在农村获利的机会，他们可以不进城务工经商就保持在农村的体面生活。[①]越多农民进城，就留下越多农村获利机会以滋养出农村的新"中农"。

此外，农村还有部分缺少进城机会的老弱病残群体。

因此，占中国农村最大比例的中西部一般农业型农村地区存在着四种差异颇大的农户：一是举家进城的农村富裕农户；二是以代际分工为基础的半工半耕户；三是留守农村的中农家庭；四是老弱病残家庭。

3. 农民个人生命周期的分化

当前中国城市化所表现出来的首先不是农民全家进城，而是青壮年农民进城务工经商，然后全家逐步进城。

从农民个体来讲，年轻力壮时，进城务工经商比较容易找到机会。这时候他们进城闯荡，机会好，有能力在城市成功立足，可以获得稳定的就业与收入机会，然后全家进城，完成城市化。

从当前情况来看，绝大多数进城农民缺少全家进城体面安居的就业与收入条件，因此普遍采取青壮年子女在城市务工而中老年父母留村务农的家庭策略，不断创造进城安居的条件以及寻找进城安居的机

---

① 参见贺雪峰：《论中坚农民》，载《南京农业大学学报》2015年第4期。

会。这构成了当前中国农民渐进城市化道路的选择。

随着进城务工农民年龄增长,他们越来越难以在城市找到适合的就业与收入机会,又难以在城市体面生活,他们就开始返乡。[①] 返乡是一个过程,进城农民往往是以务工地点由远到近,时间由长时间到短期的顺序,逐步回到农村。进城农民不愿意不体面地漂泊在城市,他们要么体面进城,要么体面返乡,因此,所有缺少稳定城市就业机会的进城农民都倾向留下年老返乡的退路。

在农村,在当前农业基础设施较好且农业普遍机械化的条件下,老年农民也可以与土地进行有效结合,只要有土地,农民不仅可以从土地上获得收入,而且正是农业生产让他们有了意义感,有了存在的自我肯定,有了建立在农业生产基础上的熟人社会关系,以及有了生活的节拍与生命的节奏。

以上讨论了农村区域差异、农户的差异以及农民不同生命周期的差异。乡村振兴战略的实施必须落实到已经分化的农村与农民身上,我们要分析这样一种战略究竟应当如何实施才能惠及最大多数的农村和农民。

二、"20 字"方针的分析

接下来,我们对作为乡村振兴战略总要求的"产业兴旺、生态宜居、乡风文明、治理有效、生活富裕"进行分析,重点分析"产业兴

---

① 张世勇:《返乡农民工研究——一个生命历程的视角》,社会科学文献出版社 2013 年版。

旺"和"生活富裕"。

从产业上来看,当前农村产业由农业、制造业和服务业,即一、二、三产业构成。其中,自进入21世纪以来,除极少数的东部沿海发达地区成功实现了乡村工业化并融入沿海城市经济带以外,由于乡村工业面源污染和缺少聚集效益,大多关闭,"工业进园区"成为全国地方政府共识,"村村点火、户户冒烟"的乡村工业成为历史,因此乡村产业中,第二产业就缺少了基础。

当前全国绝大多数农村的主导产业是农业,并且是以家庭经营为基础的小规模农业,其中相当一部分是年轻人进城务工经商后由留守老年人从事的家庭农业,即老人农业。这样的老人农业,因为精耕细作,土地产出率很高,但又因为规模太小,农业收入很少。因此,老人农业或小规模的家庭农业很难谈得上产业兴旺。这些家庭经营的小农户倒是十分需要有良好的农业社会化服务体系来为自己提供服务。

在中国仍然有2.2亿农户,且中国缺少进城就业机会的中老年农民仍然要依托土地获得农业就业及农业收入的情况下,农业规模经营缺少条件,甚至适度规模经营也很困难。中央一度推动家庭农场,全国20亿亩耕地最多也只能容纳2000万个家庭农场,而中国在未来很长一段时期内仍然会保留数以亿计的农户。当前农村适度规模经营的主力是由农民自发土地流转所形成的户均几十亩的"中农"农户,这种"中农"农户因其在社会结构上的重要性而成为"中坚农民"。[①]

如前已述,与大田粮食作物有所不同,农户可以通过提高种植经济作物的投入来提高农业赢利能力。不过,经济作物的赢利能力是与其市场风险和投入相匹配的。在充分发达的市场条件下,农业平均利

---

① 参见贺雪峰:《论中坚农民》,载《南京农业大学学报》2015年第4期。

润率是一定要起作用的，一旦经济作物有超额利润就一定会有更多农民种植经济作物以致供过于求。在当前农业产值占GDP比重低于9%的情况下，仍然有6亿多农村人口、2亿多农户来分享农业收益，农民就只可能获得很低的农业收益。

也就是说，仅靠农业，无论是种植大田粮食作物还是种植经济作物，农民都是很难致富的，农村产业也就很难兴旺。

一个让农村产业兴旺的思路是延长农业产业链，由农业向加工业延伸，通过进行农产品深加工来提供更多农业就业及获利机会。现在的问题是，农产品深加工是一种市场获利行为，有这样的获利机会就自然会有资本进来捕获这个机会。农产品加工从来不是待加工农产品来源的问题，而是加工农产品的市场销售问题。资本建立一个更加便于加工也便于销售的体系，一定要建在靠近城市的地方，并且一定要按市场效率原则运作。从农业延伸出去的农产品加工业就不再是农村的产业，而是城市的产业，这样的产业中，农民只是原材料的市场供给者。当然也可以进城成为农产品加工企业的雇工。农产品加工企业的利润也不是农民的利润而是资本的利润，是资本的市场行为。或者说，延长农业价值链从而增加农业附加值，这是市场行为，与农民无关，甚至与农村无关，而只与资本和市场有关。

更进一步增加农村产出、达到农村产业兴旺的办法是推动农村新产业新业态，其中最常被提起的是一、二、三产业融合，三产融合的典型是发展休闲农业和乡村旅游。也如前述，在当前城市中产阶级有"乡愁"的背景条件下，一些具有区位条件和旅游资源的农村可以通过发展休闲农业或乡村旅游来赚城市人"乡愁"的钱。不过，可以肯定的是，三产融合的市场并不大，全国最多只有5%的乡村适合三产融合并从中获得收益，绝大多数农村则缺乏区位条件或旅游资源。而且，过多乡村发展三产融合的新生态，就必定会造成同质竞争，从而导致市场分散，造成三产融合的亏损。

更重要的是，在城市人有乡愁可以赚钱，以及农村可以为城市提供养老服务的情况下，特定区位的农村或具有旅游资源的农村（古村落、环境优美的山村、历史文化名村等）就自然会在市场上占据优势地位。具有区位优势或旅游资源的农村占全国农村的极少数，这极少数因其区位或资源，就自然会在市场上处于有利位置，就更可能有资本愿意进入其中进行投资，从而当地农民就更可能从中获利。当前中国已经建立了十分健全的市场体系，这个市场体系早已对这样的获利机会有所反应，并进行建设。

现在的问题是，占全国绝大多数的缺少区位优势或旅游资源的农村很难有所谓三产融合的新业态发展起来。当前的政策文件以及政府官员的表述，讲到农村新业态，主要都是休闲农业和乡村旅游，我们在全国农村调研，发现几乎全国地方政府都在推动全域旅游，这样将休闲农业和乡村旅游变成似乎可以拯救农村的主导产业，不仅很可笑、很浪费，而且很危险。

也就是说，在当前中国绝大多数农村，产业兴旺显然不可能是发展乡村工业，而休闲农业和乡村旅游等新业态也只有十分有限的发展空间，甚至适度规模经营与经济作物种植也只可能是农业中的小规模现象。这样一来，对乡村振兴战略中的产业兴旺，显然不能只从字面进行理解，而必须将产业兴旺与中国小农户经营甚至老人农业联系起来。

我们再来看"生活富裕"。如前所述，当前中国农民是没有"乡愁"而只有"城愁"，农民都是愿意进城生活的，只要有进城条件，农民家庭往往会毫不犹豫地进城。不过，农民进城具有预期，即城市生活比农村要好，有就业有收入有体面的安居，如果在城市无法立足，他们就可能回到农村，他们还可能采取年轻人进城、老年人留村的家庭策略。

正因如此，农村中经济条件最好、收入能力最强的农户优先进城去了，留在农村的往往是缺少全家进城安居条件的农户。他们有些缺少进城的能力，有些当前家庭经济条件只能维持家庭的半城市化状态，即通过年老父母的农业产业来支撑年轻子女的城市梦。正是因为年老父母仍然可以从农业上获得收入，而且农村生活成本低，所以进城年轻人不仅较少地承担对父母的赡养责任，而且父母有限的农业收入反而用来支撑子女在城市艰难奋斗。

有能力进城的农民就都进城去了，只有那些缺少进城能力还有那些因进城失败而返回农村的农民留村，并且主要是老弱病残留村时，农村收入与农业就业更大程度上不是要富裕，而是要保底。对于这部分农民来讲，因为缺少进城能力，缺少在城市的就业与收入，他们就十分依赖农业收入和农村收入。农业收入和农村收入可能并不太高，但对于缺少城市二、三产业就业与收入的农民来讲，这个收入就是基本保障，显得十分重要。因为农民有土地，农村可以自给自足，农村生活成本比较低，有限的农业收入可以让仍然留守农村的农民获得比在城市更体面的生活。

这样来看，对于农民来讲，当前农业收入和农村收入，重要的并非致富，而在于保底。正因如此，对于农民来讲，农业既重要又不重要。重要是说，农业就业和农业收入为6亿多仍然留村的农民提供了基本保障；不重要是说，农业就业与农业收入很难让农民致富。农民致富的主战场在城市，而为农民提供基本保障或进城失败退路的则是农村。

也就是说，实施乡村振兴战略，一方面当然要让更多农民生活富裕，同时更要为所有农民提供农业和农村的基本保障。致富是市场的事情，基本保障则是政府的事情。为农民提供保底的农业和农村，作为基本保障领域，一定要防止纯市场化的思路，一定不能将市场行为与政府行为混淆起来。

现在的麻烦恰在于存在这种混淆可能。

三、乡村振兴要雪中送炭

显然，乡村振兴战略是要面向全国绝大多数农村和农民，而不只是要让很小的一部分乡村振兴。在城市化背景下，大多数的农村和农民首先要解决的仍然是基本保障问题，是雪中送炭的问题。只有解决好大多数农村和农民的问题，才能有乡村振兴，农村才能更有力地促进中国现代化建设事业。

当前中国城乡之间是相互开放的，尤其是城市是向农民开放的，正是因为城市向农民开放，所以农民可以依据自己个人及家庭状况采取不同的个人和家庭策略，利用城市的机会来获取利益。农民在家庭收入足够、城市有稳定就业机会时，完全可以全家进城，成为城市中的一员。而农民可以自由进城，就使得我们依据城市与农民人口进行的收入统计没有意义，因为当前和未来很长一段时期都是中国快速城市化的阶段，且正是农村能力比较强、收入比较高的农户家庭和农民个人才会首先进城，而留守农村的大都是能力比较弱、收入比较低、缺少进城机会的农户。收入高的农民进城了，城乡收入差距自然会拉大。

同时，当前中国城乡之间的开放也并不是完全的开放，尤其是乡村并未完全对城市开放，典型的就是农民由农村户籍变城市户籍很容易，由城市户籍变农村户籍则基本上不可能。城市资本（包括城市市民）不能到农村买农民的宅基地和住房。之所以当前中国城乡体制中仍然保有对城市资本下乡的限制，是国家担心城市资本下乡会夺取农民在农村赖以保底的基本保障。国家不希望城市资本下乡建了在农村看星星看月亮的度假别墅，却断了农民进城失败的退路。因此，当前城乡二元体制是一种允许农民自由进城却不允许资本自由下乡的保护农民的保护型城乡二元体制。有人讲，城市富人下乡就可以带动农民致富，从而缩减城乡居民收入差距。的确，城市富人下乡算作农村居民，农村穷人进城算作城市居民，这样算下来城乡收入差距会缩小，整个社会的贫富差距却会急剧拉大。而最重要的是让缺少在城市体面安居能力的农民家庭又失去了农村的安居退路，这会造成严重的不公平，且可能造成严重的社会政治后果。

正是因为城市向农民开放，农村中能力强和收入高的农民家庭进城，而城市富人下乡又受到限制，从而导致城乡收入差距的扩大。不过，我们应当更加辩证地看待这种城乡收入差距的扩大，尤其不应指望通过让农村贫困群体进城、城市富裕群体下乡的办法来缩小城乡收入差距，因为这种办法是将当前的城乡二元结构变成更加难以解决的城市二元结构。

既然农村中能力强、收入高的农民家庭会选择进城，而城市化又是未来一段时期的必然，那么中国城乡收入差距拉大就是必然的，也是正常合理的。现在的问题是，作为农民进城的退路，以家庭农业为基础的小农经营不仅为农户提供了宅基地和住房，让他们居有其屋，而且可以与土地结合起来，使农民从土地上获得收入与实现就业。居有其屋、耕有其田，农民还可以在农业生产基础上建立熟人社会的村庄联系。仅靠农业收入，农民不可能很富裕，不过，他们或他们的子女可以自由进城务工经商。他们在农村有各种自给自足的收入，这种生活相对城市中产阶级不及，相对城市贫民生活则有余。正是因为不愿在城市漂泊流浪、落入城市贫民窟，农民才愿意选择在农村过相对体面的与土地结合起来的、有根的、有身体安全感和精神归属感的、有情有义的生活。

中国几乎是发展中国家中唯一没有大规模城市贫民窟的国家，原因就是中国进城失败的农民有退路。农民有退路，国家就有出路。中国现代化进程中保持了社会政治稳定，正是因为进城失败农民可以退回农村。只要农民可以与土地结合起来，中国发展中遇到任何困难都有办法可以解决，因为有了土地就有了基本保障。一旦最弱势的农民失去土地，出现问题就无计可施。

此外，农业还是中国应对老龄化的一个重要办法。当前农业基础设施条件比较完善，机械化程度越来越高，国家还在建设更加完善的农业社会化服务体系，十九大报告也提出要实现小农户与现代化农业发展有机衔接。农村老年人在城市可能就是一个纯消费者，但只要与土地结合起来，他们就不仅可以通过土地获得收入，而且可以获得劳动的意义。

未来20年将是中国快速城市化的一段时期，大量农村能力强、收入高的农民及家庭会选择进城，农村对缺少进城能力的弱势农民群体的基本保障作用越来越重要。这个时期，国家支农资源就应当重点向这些保障全国绝大多数一般的、贫弱的农民群体的地区倾斜，向这些弱势的农民群体倾斜，以解决这些农村农民最基本的生产生活保障问题。要特别注意，这些一般地区农村的农民，他们要的是基本保障，是雪中送炭。农村为农民提供了基本的生产生活保障,进城失败的农民就不愿漂泊在城市,而会返回农村,农民获得了可以返乡的选择权,而国家则获得了农村这个稳定器与蓄水池。

四、实施乡村振兴战略要注意的方面

当前政策部门在理解习总书记所讲"乡村振兴战略"时大都存在一些误解,其中最大的误解是形而上学地理解乡村振兴战略,简单地将一些沿海发达地区乡村,或具有特殊区位及旅游资源的乡村当作乡村振兴的目标。如前已述,沿海发达地区的乡村工业化是不可复制的,三产融合的休闲农业和乡村旅游也只可能在极少数农村实践,全国绝大多数农村都缺少发展农业以外产业的条件,仅靠农村和农业收入,农民也很难致富。显然,无论国家有多么好的政策或投入多少资源,都不可能将全国农村都建设成为沿海发达地区或具有三产融合优势的农村地区。

地方政府一种可能策略是锦上添花,即对具备相对更好发展条件的农村给予特殊政策和财政支持,从而让少数乡村地区率先振兴起来。比如对具有区位优势或旅游资源的农村给予特殊政策支持,打造美丽乡村。问题是,这些地区本身就有优势,国家再给予政策支持,就只可能拉大它们与其他一般农业型农村的差距,而让其他一般农业型农村地区更加难以复制其经验。全国到华西村学习华西村发展经验已经成为华西村的支柱产业(乡村旅游业),然而全国人民学习了几十年却没有再出现第二个华西村,就证明了华西村的经验根本不可能被复制。2005 年十六届五中全会提出建设社会主义新农村战略,全国很多地方政府投入巨大财政力量打造了若干根本不可复制的新农村，这是当前实施乡村振兴战略应当吸取的教训。

不仅沿海发达地区的农村发展经验不可能被复制到全国广大的一般农业型农村，而且沿海地区农村做法也可能无法复制到中西部农村。比如，在沿海城市带农村，发达的二、三产业造成了对建设用地的巨大需求，从而使得农村宅基地具有了潜在的市场价值，如果允许农村宅基地买卖，在这些沿海地区农村，一块宅基地可能要价值数十万元，从而通过市场化来显化出农村建设用地的价值。有人认为，中西部地区允许农村建设用地入市，以及允许农民宅基地自由买卖就可以让农民获得巨大的财产性收益，甚至可以让农民带着财产进城。这种想象完全误会了沿海地区与一般中西部农村的差异。中西部一般农业型农村，大量农民进城，农村宅基地闲置很多，供过于求，没有稀缺，这些不可移动的宅基地如何可以通过市场化来显化出价值？来实现农民的土地财产权？有人指望将农民宅基地复垦为耕地，从而通过城乡建设用地增减挂钩指标来形成城市建设用地指标，再将指标用于交易从而让农民增收。这里我们必须保持常识：农民宅基地复垦为耕地，其直接收益就是这块土地的农业收益，这个收益极为有限，一年最多几百元，对农户家庭收益几近于无。通过增减挂钩来获得城市建设用地指标卖钱，本质上是一种转移支付，并没有产生新的财富。既然是转移财富，就应当用公共政策手段，而不应当用伪市场手段去折腾农民拆房子。当前对乡村振兴战略的解读中，就有一种相当普遍的指望让农民退出宅基地带着土地财产权进城，或其他变戏法般增加财产性收益的主意，郑新立甚至说农民宅基地价值100万亿，平均到全国2亿农民，每户宅基地价值就有50万元。[①] 这样的狂想当然不可能为农业产生出巨额收益，倒是可能让农民失去宅基地，从而当农民进城失败之后就不再能退回农村。

五、小结

十九大报告提出实施乡村振兴战略，提出了"20字"总要求。要将乡村振兴战略落实下去，就必须对战略进行分析。没有分析就没有政策，就可能犯低水平的错误。

从我们以上分析来看，当前中国仍然处在快速城市化的阶段，中国农村发展十分不平衡，农民也出现了巨大分化。实施乡村振兴战略，显然不是要对已经得到较好发展的乡村和具备较好发展资源条件的乡村进行锦上添花式的建设，而是要着力为占中国农村和农民大多数的中西部一般农业型农村地区雪中送炭；显然不是要为具备进城能力的农民提供更多利益，而是要为缺少进城机会与能力的农民提供在农村生产生活的保底条件。乡村振兴战略尤其不是也不能是为资本下乡、城市富人下乡提供市场通道的政策。在中国现代化进程中，农村是中国现代化的稳定器与蓄水池，农村是缺少进城能力和进城失败农民的退路，农村是农民的基本保障，基本保障是不能市场化的。

---

① 郑新立：《农民现在是捧着金碗要饭吃，唤醒沉睡的农村资源可支持经济7%左右增速》，2017年12月19日，http://www.szhgh.com/Article/gnzs/farmer/156363.html。

社会结构篇

农村社会结构变迁四十年

一、引论

改革开放以来,中国农村可谓经历了千年未有之大变,具体表现可以总结为三个方面:一是国家与农民关系的变化,典型是2000年前后取消了延续千年的农业税;二是农村基础性社会结构的变化,主要是建立在地缘关系上的血缘共同体瓦解,这个瓦解仍在进行之中,因为中国区域差异巨大,不同地区血缘共同体的瓦解速度与瓦解方式是不同的;三是价值之变,即农民正在改变他们关于活法的定义,传宗接代的终极目标开始动摇,生命的内涵正在重新定义中。

本文将对改革开放以来中国农村社会结构的变迁进行简单描述,并在此基础上讨论当前中国农村社会结构的一般特征。

讨论中国农村社会结构变迁,遇到的第一个难题是中国农村地域广大,不同地区情况千差万别,不同地区农村社会结构变迁具有相当不同的逻辑。大体来讲,当前中国农村可以按南中北和东中西两种不同的标准进行区域划分。南中北的划分主要源自对村庄内血缘共同体关系的考察。其中华南农村多聚族而居的宗族结构,至今宗族仍然在农村社会治理和农民生产生活中发挥一定作用。华北农村，村庄内大多存在相互独立的血缘小亲族集团，这些小亲族集团之间的斗争与联合深刻地影响村庄的治理及农民的行为模式。长江流域村庄原子化程度很高，村庄中缺乏以血缘为基础的结构性力量。[①]东中西差异则主要源自对村庄内经济分层的考察。分田到户以前，中国农村实行人民公社体制，村庄经济分化程度很低。改革开放以来，随着市场经济的实施，经济的发展，以及农民收入的多元化，农村出现了普遍的经济分化。仅仅从村庄内看，在东部沿海发达地区，村庄工业化使一部分农户因为办厂或经营而变得更加富裕，村庄熟人社会出现了收入远高于普通村民的富人。中西部农村中也有很多能人通过办厂经商致富，不过，与东部发达地区不同，中西部农村能人致富往往是在城市完成的，且一旦他们获得了能在城市体面生活的收入，大多就搬到城市生活，因此村庄内部就缺少了收入远高于一般农民的富人。

  本文的讨论主要从经济分层角度展开，也就是主要从东中西的角度展开。总体来讲，改革开放以来尤其是进入 21 世纪以来，因为东部沿海发达地区率先完成工业化并逐步融入到沿海城市经济带中，而成为人口流入地区，不仅本地村民很少搬出村庄，而且有大量外地农民工流入务工经商。中西部地区因为缺少工业化提供的就业机会，大量农村劳动力流出农村进城务工经商，农村出现了空心化现象。由此，本文重点讨论占中国农村绝大多数的中西部一般农业型村庄经济分化与社会分层所引起的村庄社会结构变化，并在此基础上讨论东部沿海发达地区农村的社会结构特征。

---

① 贺雪峰等:《南北中国》，社会科学文献出版社 2017 年版。

二、中西部农业型村庄社会结构的变迁

分田到户前,村社集体共同生产统一分配,农村劳动力统一出工挣工分,因此,农户之间的收入差距很小,收入差距来自家庭人口中劳动力占比的不同,劳动力越多的家庭收入越高。

分田到户以后,村庄按人口均分土地承包经营,农户有了相对独立的生产经营自主权。一方面,因为土地是按人口均分的,在主要种植大宗农作物(主要是粮食)的情况下,农户的农业收入相差不多。另一方面,由于农户有了经营自主权,就有农户开始种植投入更大、风险更高、收益也往往更多的经济作物,这些农户就成为农村分田到户后出现的第一批"万元户",也是农村绝对的富人。不过,因为种植经济作物的进入门槛很低,一户赚钱,其他农户就会效仿,种得多了市场饱和,收益就下降。因此,总体来讲,在整个20世纪80年代,农户收入都相差不大,农村社会具有高度均质化的特征。

分田到户以后,之前被集体生产所掩盖的劳动力过剩问题变得明显,农户的农忙时间很短,农业无法容纳大量农村剩余劳动力。农村出现了商业、手工业的繁荣。国家鼓励发展乡镇企业,在总体工业品短缺的经济形势下,全国农村"村村点火、户户冒烟",土法上马大量乡村工业,农民"进厂不进城""离土不离村",大量农村剩余劳动力从乡村工业中获得了非农收入机会。因为非农收入机会向所有农村剩余劳动力开放,且乡镇企业工资收入相差不大,所以农户之间的收入差距也不大。

进入20世纪90年代,短缺经济结束,工业品由卖方市场转入买方市场,乡镇企业纷纷关闭。与此同时,随着沿海出口导向型加工业的快速发展和中国城市化的加速,大量农村剩余劳动力离土离乡、进

厂进城，开启了外出务工经商的潮流。

到2000年前后，中国农村剩余劳动力进厂进城，在全国形成了统一的劳动力市场，农民工可以从这个全国统一的劳动力市场中获得大致相同的工资收入。一旦有地方行业工资水平比较高，就会有更多劳动力流入，从而填平工业的地域与行业差距。因为城市就业机会多，经济收入水平远高于农村，所以越来越多农村青壮年劳动力进城务工经商。大致到21世纪第一个十年结束之际，农村几乎所有青壮年劳动力都已经进城务工经商，留在农村的大多为缺少进城务工经商能力的老弱病残人员。

因为缺少对体面城市生活的预期，以及缺少在城市体面生活的就业机会，青壮年农民一般将进城当作获取经济收入的机会结构，进城务工经商只是为了增加家庭收入，进城本身并不是主要目的。农民家庭中青壮年劳动力进城务工经商，农民家庭却不会轻易放弃农业，而普遍由留守农村的中老年父母耕种自家承包地，获得农业收入，保留返乡退路，由此形成了当前中国中西部农业型农村地区最为普遍的以代际分工为基础的半工半耕结构。农户家庭因为可以同时获得务农与务工收入，农村消费又比较低，这个家庭成为一个发展型的家庭。[①]

农村青壮年劳动力进城造成的后果就是农村空心化以及老人农业。同时，大量青壮年农民以及一些条件比较好的农户全家进城，就腾出来更多农业和农村获利机会，从而为那些不能或不愿进城的青壮年农民增加了获利机会。比如他们可以通过扩大农业经营规模获利，因为有些农户全家进城不再种地了。他们还可以通过开小作坊、提供农机服务等增加收入。正是这些新增的农村收入机会，使那些不能或不愿

[①] 参见陈文琼：《家庭发展秩序：非精英农民城市化的核心机制——家庭视角下江汉平原的农民城市化》，载《公共管理学报》2018年第2期。

进城的青壮年农民可以在农村获得不低于外出务工经商的收入。这样一来，在当前农村青壮年劳动力普遍进城务工经商、农村主体部分为老弱病残、主要产业为老人农业的结构中，却仍然自发产生了一个人数占比不大的留守农村青壮年农民群体，这就是我们所说的"中坚农民"。[①]当前中国中西部农业型农村中，"中坚农民"家庭占比大约在10%，占比不大却十分重要。这些"中坚农民"成为当前中国农村社会结构的中坚力量，他们是农村最主要的村组干部来源，是农村社会最有活力的部分。

当前中西部农业型农村地区，第一代外出务工经商农民工已经有相当一部分人从城市返乡，他们的子女进城务工经商甚至已经在城市买房安居了，但这些第一代农民工，除了不得不在城市为子女照顾孙辈之外，都不愿在年老时与子女在城市同住。一旦孙辈长大上学了，他们就宁愿返乡种田，在农村退养。农村退养，有自己的房子可住，有地可种，有熟人社会，他们就不用在城市寄人篱下（哪怕是子女家庭）看人脸色。他们无法获得体面的城市生活，却可以轻松在农村过上体面生活。

不能或不愿进城的农村老弱病残群体以及进城后不愿或不能在城市体面安居而返乡的农民工，他们构成了当前农村社会的主体人群；他们中的绝大部分仍然从事农业生产，种自家的承包地，他们的子女则在城市务工经商，从而形成了当前中国农村典型的以代际分工为基础的半工半耕结构。其中很大一部分中老年农户，仍然是上有父母需要赡养，下有未婚子女需要帮扶，所以有很重的家庭负担，他们不得不通过各种方式利用所有余暇来赚取最大收入。他们是农村中最辛勤

---

① 参见贺雪峰：《论中坚农民》，载《南京农业大学学报》2015年第3期。

的人群。

还有一部分中老年留村人群,他们父母已经去世,子女已经成家,且孙辈也已上学不再需要照料。他们已经完成人生任务,不再有经济压力,甚至子女在外是成功人士,可以为他们提供丰厚的养老支持,或者他们有较多养老积蓄,虽然退养但是身体还很健康,精神也足够好,很愿意介入村庄公共事务中承担社会责任,这样的人就是我们所讲的"负担不重的人"。[①]"负担不重的人"数量庞大,已经成为农村不可忽视的结构性力量。

20世纪90年代以来,中国一直处在快速城市化进程之中。对于中西部农业型农村来讲,城市化有两重含义。第一重含义是越来越多农村青壮年劳动力进城务工经商,农民家庭越来越依赖进城务工带来的收入。相对来讲,因为几乎所有农民家庭都存在以代际分工为基础的半工半耕结构,农村青壮年劳动力进城务工经商收入并没有改变农民家庭收入均质化的基本面。第二重含义是在农村经济收入比较高、在外务工经商比较成功的农民家庭,为了享受城市基础设施与公共服务而在城市买房安居,也就是说,农村富裕群体有能力也有意愿进城,从而脱离了农村社会结构。中西部农业型农村中富人进城,进一步强化了农村经济收入均质化以及农村社会结构均质化的倾向。

小结一下,改革开放以来,中西部农业型地区一直保持了社会结构上的均质化特征,其中主体部分是以代际分工为基础的半工半耕家庭,留守农村的则是中老年群体。相对来讲,在当前相对均质化农村社会结构中产生了两个特别值得重视的结构性力量,一个是中坚农民群体,另一个是家庭负担不重的老年人群体。这两个群体正是当前乡

---

① 贺雪峰:《最后一公里村庄》,中信出版社2017年版。

村振兴中的重要建设性力量。

三、中西部农村社会结构的治理内涵

改革开放以来,中国中西部农业型地区,农民经济分化程度比较低,农村社会结构均质化程度比较高。以2000年为界限,从分田到户到2000年前后,农户家庭主要收入来自农村尤其是来自农业,而2000年以后农户家庭收入越来越依靠进城务工经商。当农户家庭主要收入来自农村时,农户家庭之间的竞争是在熟人社会展开的。一旦农户家庭收入主要来自进城务工经商时,之前相对封闭的农村社会就被打破,变成了一个更加开放、更加流动的社会。

农民外出务工经商以及农村社会开放造成的一个后果是农村传统通婚圈被打破了,在传统社会乃至2000年前,中西部农村存在一个传统通婚圈。2000年以后,农村传统通婚圈被打破,跨省婚姻越来越普遍。在传统通婚圈中,婚姻相对稳定,父母口碑、家庭条件及男青年身体是否健康等是谈婚论嫁的基础,婚姻竞争并不十分激烈。2000年以后,随着跨省婚姻的增多,婚姻稳定性越来越差,婚姻竞争越来越激烈,典型表现就是女方提出更高的婚嫁条件,比如高额彩礼、商品房、小车等等。这种婚姻竞争进一步造成婚龄越来越低,早婚现象越来越多,在农民家庭收入相差不大、婚姻竞争激烈的情况下,为了让子女早日成家(主要是为儿子娶上媳妇),父母不得不提前为子女准备积蓄,支付高额彩礼,购车购房,由此出现了中西部农村普遍的且越来越严重的代际剥削。①

婚姻竞争越来越激烈并因此造成农村的代际剥削越来越严重,当然只是当前农户家庭经济收入和社会结构均质化的一个表现。这样一种均质化造成村庄内更加激烈的竞争,这种竞争还表现在农民人情、住房等的攀比上。②

虽然从农户家庭来看,农户家庭经济收入相差不大,但是中坚农民家庭因为主要是在农村获得了不低于进城务工的收入,而可以在村庄公共事务中发挥更大作用。比如,村干部是不脱产干部,没有工资,只有误工补贴,村干部误工补贴远低于进城务工收入。村干部不脱产,就是说他们可以进行经营获得其他收入,但却无法进城务工经商,因为他们随时可能有村务需要处理。如果村干部无法就地在农村找到经营项目以增加收入来源,仅仅依靠家庭承包地收入加上误工补贴,那就会成为村庄经济收入最少的村民,他们就当不起村干部,因为他们甚至难以支付水涨船高的人情往来礼金。因此,能当村干部的第一个条件是他们能在农村找到新增收入来源:或扩大农业经营规模,或搞农业社会化服务,或当各种代理。当他们无法在农村找到新增收入机会时,这个村干部他们迟早当不下去,这个位子就迟早要由那些"中坚农民"来替代。即要么村干部中农化,要么由中农来担当村干部,这是当前中西部农业型农村的重要特征。③

中坚农民显然不只是村干部最好的担纲者,而且是农村最为活跃的公共性力量,是农村最重要的先进生产力传播者,是农村文化建设

---

① 参见杨华、欧阳静:《阶层分化、代际剥削与农村老年人自杀——对近年中部地区农村老年人自杀现象的分析》,载《管理世界》(月刊)2013年第5期。
② 需要说明的是,因为村庄内社会结构的南中北差异,不同地区竞争的激烈程度与表现方式是不同的。
③ 贺雪峰:《治村》,北京大学出版社2017年版。

可以依托的重要支撑,是党建最可以依靠的基本群众,也是最为重要的村民议事会代表。

我们再来看"负担不重的人"。在城市体制下或现行福利体制下,劳动者到了一定年龄就要退休养老,不再工作了。但在中国农村当前仍未实行退休制度,农民只要还能劳动,都倾向于继续劳动。他们最主要的劳动是种自家承包地和在自家庭院种花养草、种蔬菜瓜果以及养殖家畜家禽,这些所有时间都属于自己的农村相对年轻的老年人,他们身体健康,精力旺盛,希望老有所为。如果这些"负担不重的人"能被组织起来,将是农村社会建设中最为有效的力量。湖北秭归县搞农村幸福村落建设,在村民组设立"二长八员",主要成员都是这些"负担不重的人"。笔者在湖北洪湖和沙洋四个村建设老年人协会,起骨干作用的也都是这些"负担不重的人"。在乡村振兴战略中,若能将这些相对年轻、负担不重的老年人组织起来,依托村庄熟人社会养老,年轻老年人照料年老老年人,让老年人老有所为、老有所乐、老有所养,农村熟人社会将成为中国应对老龄化的极为有效的场所。①

未来20年将是中国快速城市化的20年,也就是农民快速进城的20年。一方面,农村青壮年劳动力进城务工经商,另一方面农村经济条件好家庭收入高的富人进城定居。富人进城使得农村很难产生一个稳定的富裕阶层,农村社会结构因此缺少强有力的领导性结构,只留下诸如"中坚农民""负担不重的人"这样仍在农村生产生活秩序维系中起重要作用的力量。正是"中坚农民+负担不重的人+老弱病残",构成了当前农村基本社会结构,却也保持了农村基本的生产生活秩序。

---

① 参见贺雪峰:《乡村振兴战略要服务老人农业》,载《河南大学学报》2018年第3期。

当前不仅农村在为城市输送人财物资源的时候保持了秩序，而且保护型城乡二元结构防止了城市资本下乡，从而为可能进城失败的农民提供了返乡的保底。一方面，越来越多农民家庭成功地体面进城；另一方面，进城农民中的失败者，如果他们不能在城市体面生活，还可以退返农村，退返到有自己住房、耕地和熟人社会的地方，一个可以有住有吃有玩有归属的落叶归根之处。正是有农村可以退返与退养，农民家庭才没有进城的后顾之忧。又正是农民可以依据自己家庭经济状况和个人条件在城乡之间自由自主选择生活模式，才使中国具有强大的应对现代化进程中不稳定的能力。进城农民年龄大了，他们不愿与子女同住，而愿意返乡生活，农村又成为中国应对老龄化的重要凭借。

中西部农业型农村地区占到全国农村的90%，对这些农业型农村的社会结构及其治理内涵的研究，仍有很大的空间。

四、东部沿海地区农村的社会结构变迁

与人口流出的中西部地区不同，东部沿海发达地区农村成功实现了乡村工业化，农村融入沿海城市经济带，大量外来人口流入，从而在东部沿海地区农村形成了与中西部农村完全不同的社会结构。

相对来说，因为工业化的路径不同，东部沿海地区农村形成了不同的发展模式，也产生了不同的农村社会结构。大致有三种典型，一是苏南模式，二是珠三角模式，三是浙江模式。以下简单讨论。

苏南地区因为紧邻上海，早在20世纪70年代就开始发展乡村工业，并因此引领了20世纪80年代乡镇企业大发展的潮流。苏南乡镇

企业主要是由集体出地、出资来兴办的集体性质的乡村工业。所有农民都可以进入乡镇企业工作,农民离土不离乡、进厂不进城,实现了就地工业化。因为乡镇企业是集体所有,无论是村干部还是乡镇企业负责人都不可能将乡镇企业利润据为己有。苏南农民收入提高很快,村民收入相差不大,掌握乡镇企业决策、管理、销售权的村干部具有远高于一般村民的权威,不过在经济收入上仍然主要依靠工资,所以与一般农户收入并无本质差异。

20世纪90年代,随着中国短缺经济的结束,苏南乡镇企业发展遭遇瓶颈。通过改制,绝大多数集体性质的乡镇企业改制为私人企业,之前"村村点火、户户冒烟"的小散乱污的乡镇企业大量关闭。苏南地区利用地利、基础设施好、工业基础较好和基层组织强有力的优势,大规模招商引资,在进入21世纪之际完成了新一轮工业化。这一轮工业化,集体土地租给外来资本获取租金,不仅当地青壮年劳动力获得了务工机会,而且农民家庭几乎所有劳动力都有了充分的就近获利机会,甚至70岁老年人仍然可以同时从事三份工作(比如守门、送牛奶、打扫卫生),农户家庭凭借就业便利及获利机会而致富。因为有大量的集体土地租金收入,村集体实力很强[1],村级治理规范,村干部职业化程度高,工作能力普遍比较强。

自20世纪70年代以来,苏南农村农户家庭收入分化程度不高,村庄缺少收入超高的富人群体。因为村集体有大量土地租金收入,所以村干部队伍职业化程度比较高,村干部成为村庄社会结构中比较显著的存在。

珠三角地区快速工业化是从20世纪80年代招商引资发展"三来

---

[1] 苏州市的口号是消灭集体经济薄弱村,而凡是年集体收入低于200万元的行政村就是集体经济薄弱村。

一补"企业开始的。与苏南乡镇企业集体所有制不同，珠三角"三来一补"企业是招商而来，村集体提供土地，获取土地租金，土地租金变成农民的分红，广东南海区称之为"股田制"，也被称为"共有制"。为了解决大量外来农民工的住宿问题，珠三角农村一般鼓励农民在宅基地上建高层住房出租。苏南与珠三角农村工业化，集体土地都作为最重要的生产要素参与进去了。不同的是，苏南农村乡镇企业是集体兴办的，用集体土地兴办企业，企业能否成功主要在于管理、技术和市场销路，而不在于土地，所以在苏南，土地对乡镇企业发展的贡献就被忽略了。珠三角则完全不同，因为企业的管理、技术和市场销路都是外来资本的，村社集体招商引资主要是为了获取土地租金，农民参与进来是因为"种工厂"比种粮食收入高。珠三角农村在工业化的过程中也就形成了农民对土地租金以及房租的依赖。与苏南一样，珠三角村庄也一般都有较高的集体土地租金收入，不过，与苏南不同，珠三角村庄土地租金并没有变成强有力的集体行动能力，因为所有村民都认为土地租金收益是自己的，应当尽可能多地分给村民，而不是用于村庄公共事业建设。因此珠三角地区农村的村干部远不如苏南地区村干部有权威，珠三角农村治理远也不如苏南农村规范。

最有趣的沿海发达地区农村是浙江。20世纪80年代浙江的工业化主要是通过民营经济发展起来的。民营经济的发展往往是从家庭作坊开始，先买一台机床开始生产，市场行情好就扩大生产规模，到了一定规模就在房前屋后搭建，再扩大就在村庄荒地、道路边上违规建厂。地方对民办企业的违规占地控制不是很严，一般都只是罚款了事，罚款收到国库，村社集体几乎不可能从民办企业违规占地中获得集体收入。

草根性很强的浙江民营经济直接面向市场，然而市场很残酷，每一次经济周期都会打垮一批民营企业,只有少数生命力最为顽强的民营企业存活并壮大起来,成为了村庄中的富人。浙江大部分村庄都产生了的富人企业家,占到农户总数 1%~10%,这些富人企业家年收入轻松超过百万元,甚至很多年收入达上亿元。

自 20 世纪 90 年代以来,浙江农村富人企业家群体已经相对稳定下来。这些在村庄熟人社会产生的富人企业家具有远超过一般村民的收入及社会资本。

在熟人社会产生出一个富人群体,这个富人群体必然会通过消费、人情等各方面强化其在社会结构中的位置,村庄经济条件次好的村民因此跟随,而有越来越多仅靠务工获取收入的农户家庭无力跟随,被村庄主导结构排斥出去,比如办不起高档酒席,买不起好车,住不上好房,甚至参加不起价码越来越高的人情往来。这样一来,在浙江农村就比较普遍地出现了经济发展、经济分化、社会排斥、政治竞争、文化剥削、宗教救济、边缘反抗等连锁反应。

小结一下,无论是苏南、珠三角还是浙江农村,这些率先实现乡村工业化,并且已经融入沿海城市带的发达地区农村,与中西部农业型农村地区是完全不同的。其中最重要的是,这些沿海发达地区实现了就地工业化和城市化,当地不仅没有农村人口流出,而且有大量外来人口的流入。土地非农使用提高了土地的价值,人口流入进一步增加了土地价值,从而使得农民的宅基地具有了财产属性。而经济发展几乎必然会造成经济分化,村庄熟人社会中一些人富裕起来,就会对其他村民产生巨大示范影响,村庄社会结构的变化也会反过来对乡村治理产生影响。针对这方面也有很大的进一步讨论的空间。

五、中国农村社会结构变迁四十年的基本特征

改革开放以来,中国农村可谓发生了天翻地覆的变化。因为中国农村区域不同地区的情况千差万别,中国农村四十年的变化在不同地区又有很大差异,其中最为显著的差异是实现了就地工业化的东部沿海发达农村与仍然以传统农业为主的中西部地区农村之间的差异。

小结一下,改革开放四十年来,中国农村社会结构变迁具有以下重要特征:

第一,总体来讲,东部沿海发达地区农村,村庄熟人社会产生了一个强有力的富人群体,这个富人群体导致村庄社会结构出现极化效应,并因此对村庄治理产生巨大影响。当然,因为乡村工业化的起点与路径不同,以苏南、珠三角和浙江农村为代表的东部沿海发达地区农村社会结构差异也很大。相对来讲,广大中西部农村社会结构保持了相对均质,其中原因有二:一是几乎所有农户都主要依靠家庭劳动力获得收入,且无论是务农还是进城务工都已形成了全国统一的市场,为所有农户提供了相同的机会结构;二是中西部农村存在显著的去结构化力量,即在城市化背景下,中西部农村经济条件好的农户倾向于进入城市生活,从而造成当前中西部农村普遍的均质结构。

第二,改革开放四十年来,对农村社会结构影响最大的是沿海地区的乡村工业化和2000年以后骤然加快的城市化。在2000年之前,广大中西部农村农户家庭主要收入来自农业和就地务工收入,2000年之后,农民家庭收入越来越依赖进城务工经商收入,并在全国农村形成了十分普遍的"以代际分工为基础的半工半耕"结构。沿海地区农村工业化造就了一个富人群体,中西部地区农村的城市化则通过吸引农村产生出来的富人群体离村进城,而充当了反结构的力量。

第三，沿海发达地区农村在熟人社会中产生的经济分化和社会分层极大地影响和改变了乡村治理的面貌。

第四，中西部地区农民进城，留下农村获利机会，使农村社会内部自发形成了一个数量不大结构位置却极为重要的"中坚农民"群体，这个"中坚农民"群体是理解当前中西部农村治理秩序的关键。

第五，中西部农村农民进城本身具有很强的手段性，即从城市获取就业机会与收入，而非完全进城生活，其中一个原因是中国当前的发展阶段还难以为所有进城农民提供在城市体面生活的条件。反过来，当前中国农村集体土地制度为所有农户提供了宅基地、承包地以及村庄熟人社会，从而为不愿或不能在城市安居的农民提供了返乡条件。缺少城市就业机会的中老年农民返乡，其中部分人上无老下无小，即他们的父母已去世，子女又都已成家独立，他们就成为"负担不重的人"，这些人衣食无忧，身体又很健康，往往希望能老有所为，参与到村庄公共事务中去，这些人成为乡村振兴中的基本社会力量。

第六，中西部农村开放性的结构（即农户收入越来越依靠城市务工经商收入，以及农户可以在城乡之间自由选择就业），一方面为农户逃离结构性力量提供了机会，另一方面又因为村庄内结构均质化程度高而可能造成过度竞争，这种过度竞争的后果往往表现为严重的子辈对父辈的代际剥削。

第七，当前中国允许农民自由进城，但限制城市资本下乡占用农民宅基地的政策，实际上是一种保护型的城乡二元结构，这种结构为进城失败的农民提供了有吃有住有玩的归处，让进城失败的农民可以落叶归根，且因为可以与土地结合起来，可以在身体心理和生活上获得安全感。保护型城乡二元结构不仅是塑造当前中国农村社会结构的基本制度结构，而且使农村成为中国现代化的稳定器与蓄水池。

中国是倒丁字型社会结构吗？

一、引论

清华大学李强教授认为是，当前中国社会结构是一种倒丁字型结构，其中构成倒丁字型结构底下一横的是巨大的农村社会阶层，而构成倒丁字型结构一竖的则更多是城市社会阶层。李强认为，倒丁字型结构是罕见的，与金字塔结构相比，倒丁字型所表现的阶层之间的界限更为突出，是直角式的，下层与其他阶层之间几乎完全没有缓冲或过渡，是非此即彼的。造成倒丁字结构的原因是中国的户籍制度。李强认为，倒丁字结构及其必然导致的结构紧张可以用来理解和解释中国社会的种种矛盾及问题。中国社会运行的巨大难题就在于，倒丁字型结构造成社会群体之间需求差异太大，社会交换难以进行，几乎所有的社会问题，如秩序问题、治安问题、贫困问题、艾滋病问题、卖淫问题等等，都可以从倒丁字结构和结构紧张上得到解释。李强认为，如果想从结构紧张型社会进入宽松型社会，最根本的还是要完成社会结构的转型，即扩大中间阶级数量，改变倒丁字型结构，办法就是改革户籍制度与增加城市容纳力。①

2015年李强在《北京日报》上发表了《我国正在形成"土字型社会结构"》一文，认为通过全国第六次人口普查资料与第五次人口普查资料的比较，相对于2000年，2010年中国社会结构中，"得分值较低的底层群体出现了明显的向上流动的趋势。中间层的某些群体主要是中下群体有所扩大。但是，从总的社会结构图形看，大体上还是属于底层比较大的社会结构特征，基本上可以说还是类似于一种'倒丁型社会结构'，当然，如果说形状是'土字型社会结构'也可以"。②

概括地说，以上李强关于"倒丁字型社会结构"的研究可以归结为以下几点：

1. 依据统计资料，当前中国社会已经形成了一种倒丁字型社会结构。

2. 形成倒丁字型结构的主因是户籍制度，核心是城乡关系问题。

3. 倒丁字型结构必然造成结构紧张，这样一种结构比金字塔结构还要糟糕。

4. 要缓解中国社会结构紧张状态就应当改变倒丁字型结构，根本办法就是进行户籍制度改革和提高城市容纳力，或者说就是要鼓励农民进城并为进城农民提供正规化的就业保障。

总体来讲，笔者不同意李强对当前中国社会结构的概括，更不同意他关于社会结构紧张原因的分析和解决社会结构紧张的主张。

---

① 参见李强：《"丁字型"社会结构与"结构紧张"》，载《社会学研究》2005年第1期。
② 参见李强：《我国正在形成"土字型社会结构"》，载《北京日报》2015年5月25日。

二、中国不存在倒丁字型社会结构

当前中国社会结构是倒丁字型结构吗？尤其是，倒丁字型社会结构造成当前中国社会结构的紧张、并因此成为中国各种社会问题的总根源了吗？

按李强的说法，依据五普六普资料，构成倒丁字型结构一横的是巨大的农村社会阶层；而构成倒丁字型结构一竖的则更多的是城市社会阶层。倒丁字型结构反映的是中国城乡分野的现实。换句话说，所谓中国社会的倒丁字型结构，核心就是中国存在一个家庭收入比较低的庞大的农民阶层，且这个农民阶层的地位处在倒丁字型结构最下面的一横中，即最低位置。正是农民阶层这个极为庞大的群体构成了下面长长的一横，才形成了李强所讲倒丁字型结构。而按李强的量表，构成倒丁字型结构下面长长一横的"23分组占了全部就业者的63.2%，而组成该分组的职业群体基本上是农民，其中从事大田劳动的即中国传统意义上的农民占该分组的91.2%，占全部就业者的58%，另加上5.2%的其他体力劳动者，共同构成了丁字型社会最下面的一个巨大的群体。该群体反映了中国的一个非常严酷的现实：社会下层比例过大"。[①]

这里要注意，李强的量表是采用特莱曼与艾泽布姆、格拉夫提出的"国际标准职业社会经济地位指数"，是从个人职业角度进行的分类量表。

这里有若干问题需要讨论。

第一，任何一个非现代的农业社会，农业人口都要占到全部人口

---

① 参见李强：《"丁字型"社会结构与"结构紧张"》，载《社会学研究》2005年第1期。

的大多数,从事大田种植的普通农民都要占到整个社会就业人口中的绝大多数,这些人群就都会成为社会结构底层的长长一横,也就必然形成任何一个前现代社会或未完成城市化社会的倒丁字型结构,中国就不是什么孤例,没有任何特殊,也与户籍制度和城乡分割关系不大。李强说过去没有人讨论倒丁字型社会结构,似乎是说中国社会结构中存在的倒丁字型结构是世界罕见的类型,这样的说法可能就不成立。

第二,按职业来进行统计并形成的量表与当前农民以家庭为单位进行劳动力再生产的现实之间存在着巨大差距,尤其是当前中国几乎所有农民家庭都存在着"以代际分工为基础的半工半耕"家庭模式。即年老父母留村务农,年轻子女进城务工,仍然种植大田作物的农民家庭,他们的子女进城务工经商,从城市获得务工收入,农民家庭在可以保留农业收入的前提下获得城市工商业收入,所以农民家庭收入获得了持续增长。[①]将农民家庭收入分解为个人务农的职业收入与进城务工的职业收入,这样按个人职业进行分类制成的量表就完全反映不出农民阶层的实际情况。这样讨论问题所得出结果也就相当不可靠。

第三,中国农村经过社会主义改造形成了集体土地所有制,分田到户时,以村社集体为单位,农户按人均分土地,并因此形成了全国农村"人均一亩三分、户均不过十亩"的小农家庭经营格局,农户之间的农业收入相差不大。随着城市工商业的发展,到20世纪90年代,农村青壮年劳动力大量进城务工,全国统一的劳动力市场形成,进城农民工因此可以获得全国平均劳动工资。农户家庭收入之间的差距往往只与家庭中劳动人口占全部人口的比例有关,劳动人口多,农民家庭收入就高,消费人口多,农民家庭收入就低。总体来讲,农民家庭

---

① 贺雪峰:《小农立场》,中国政法大学出版社2013年版。

之间的收入差距不是很大，无论是农业收入还是务工收入都在同一档次，正是因此而形成了倒丁字型结构底下的长长一横。

第四，当前农民家庭的农业收入中有相当大的自给自足成分并未进入统计，比如庭院经济和捞鱼摸虾收入等。农民大都有自己的住房，而且往往都建得很好很宽敞，房前屋后栽有果树种有菜园，这些住房和他们在农村所获得的很多实物消费是没有统计在农民家庭收入中的，但这些却实实在在地支撑着农民的生活品质。正是农村这些现实的生活品质让农民在当前可以自由进入城市务工经商条件下，仍然没有全部进城。既然当前体制上几乎没有对农民进城务工经商的限制了，农民就可以在城乡之间自由选择，即进城可以有更高收入就进城去，留村具有更高品质就仍然留村。当前仍然有6亿多农村人口留村，其中包括2亿多农业劳动力，就说明留村仍有收入来源，以及留村仍有大量未被统计出来的有品质的生活条件。留村尤其适合那些在城市缺少就业机会的中老年人，这些中老年人与自家土地结合起来，在机械化条件下，可以相对轻松地从事农业生产，获得农业就业与收入，并从村庄熟人社会中获得各种生产生活支持和实现人生价值。村庄中的自给自足经济极大地提高了农民的生活能力，降低了消费支出，使农民在现金收入相对较少的情况下依然可以过较高水平的生活。这与漂泊在城市居无定所、惶惶不可终日的生活是不可同日而语的。

第五，中国社会主义制度中很重要的一个成果就是当前农村土地集体所有制，所有农户都可以从村社集体无偿分配到宅基地盖住房，可以获得稳定的土地承包经营权。因为土地承包经营权和宅基地使用权都是村社集体所有权派生出来的，不允许买卖，农民免费获得，无偿使用，不能交易，这就为中国农民保留了与土地结合起来的最基本的权利。因为土地是基本生产资源，是进城失败农民的最后退路，是农民的基本保障，所有作为村社集体成员的农民可以免费获得不准交易的土地承包经营权与宅基地使用权，这样就可以防止农民因为种种不测事件而变得一无所有，也就防止了赤贫和流民的出现。

同时，农村广泛存在的自给自足经济也可以有效缓解农民的赤贫状况。

也就是说，当前中国农村，农民可以与土地结合起来，从土地上获得就业与收入，农村自然经济成分又减少了农民现金支出的压力，而村庄熟人社会使生活在村庄中的所有人都有身体和心理上的安全感，这与漂泊在城市居无定所是完全不可同日而语的。

国家政策对农村的支持，包括扶贫与低保制度，又可以为农村贫弱群体应对各种意外事件提供保障。

这样一来，中国农村的农民虽然收入不一定很高，但却可以解决温饱，可以有发展的能力。有条件就进城务工经商，奋力一搏，成功就融入城市，不成功他们还可以退守农村。

因此，当我们进入倒丁字下面长长一横时就可能发现，这个长长一横中的农民阶层是处在国家的保护之下的，即处在不允许城市资本下乡侵占他们的土地与家园的制度安排之下，这一横与倒丁字上面的一竖根本就不在一个结构里，因为不在一个结构里，下面的一横与上面的一竖就不可能形成倒丁字结构，更不可能因为这样一个倒丁字结构带来结构紧张。因此也就谈不上倒丁字社会结构成为中国各种社会问题的总根源。

三、中国社会结构是发展中国家的例外

李强其实也很清楚所谓倒丁字型社会结构中下面一横与上面一竖不在一个结构里,他说:"实际上,中国是有两个社会分层体系,一个是城市社会的分层体系,另一个是农村社会的分层体系。这两个体系几乎是独立运转的,相互之间并不交融,虽然有巨大的农民工群体流动于城市和农村之间,但是,由于与户籍相关的一系列限制,多数农民工最终还是回到农村去,而不是融入到城市社会中来。"[1]

实际上,2005年李强提出倒丁字结构,中国户籍制度已经有了极大调整,决定农民工能否进城的主要障碍早已不是户籍而是收入,或者说是市场因素。只要农民有了足够的收入,他们就完全可以在城市买房生活。当前城乡二元体制仍然存在,不过,现在的城乡二元体制中,几乎所有限制农民进城的体制机制障碍都已清除或正在清除,而限制城市资本下乡的制度大多仍然保留,比如不允许城市人到农村买农民宅基地。之所以要限制城市资本下乡,是因为土地包括宅基地是农民的最后退路与基本保障,基本保障是不应该进行交易的。基本保障的交易对城市人来讲,也许只是多了一个每年两周到农村看星星的休闲去处,失去了土地的农民却可能在进城失败后无路可走。在这个意义上,当前的城乡二元体制是保护农民的体制。为什么要保护农民?因为农民是中国最为庞大的弱势群体,他们的基本生产资源与最后退路,国家理应保障。

正是农民有农村这样一个退路,当农民家庭认为进城有更多机会时,他们会选择进城获取收入,而当他们难以在城市体面安居时,他

---

[1] 参见李强:《"丁字型"社会结构与"结构紧张"》,载《社会学研究》2005年第1期。

们就退回农村。农民有农村这个退路，就避免了独立运行的农村社会结构与城市社会结构在同一个结构中存在"结构紧张"关系，正是有农村作为退路，进城农民就可以在城市一搏，同时，他们永远也不会失望而选择努力打拼，他们在城市获得的收入也许过不好体面的城市生活，却可以极大地改善他们在农村的生活。即使他们这一代人无法体面融入到城市，但他们仍然可以将融入城市的希望寄托在子女身上。中国进城农民工因此总是不绝望，总是积极进取，总是对自己子女的教育寄予厚望，总是要想方设法在任何一个地方打拼。中国农民工在城市化和现代化进程中所表现出来的主动性和主体性，可谓是举世罕有。

与中国不同的是当前世界上的其他发展中国家，比如拉美国家和印度等，这些国家没有进行过实质性的土地改革，更没有进行过社会主义性质的土地改造，农村土地私有，土地可以交易，地主占有制使土地高度集中，农民进城基本上是不可逆的，即当农民放弃土地进入城市后，无论成功与失败，他们都没有退路，不再能回到之前的农村。这些不可逆的进城农民中，有少数人通过个人努力加之运气很好，可能获得稳定就业和较高收入，从而在城市体面安居下来。大部分进城人口则难以在城市体面安居，却又不再可能返回农村，从而就成为漂泊在城市的流浪人，成为城市贫民窟的一员，成为城市中的赤贫人口。

因此，在一般发展中国家，城市普遍存在规模巨大的贫民窟人口，若对这些国家的城市家庭进行收入统计，则这些发展中国家几乎无例外都有底层长长的一横，而其上也一定会有高高的一竖，这样的倒丁字型收入与社会结构就不是罕见的，而是普遍的、一般的，是几乎所有发展中国家都存在的结构。

正是在印度与拉美的很多发展中国家，或是在广大的亚非拉发展中国家，由于农民进城不可逆，造成城市的贫苦人口，并因此形成城市内的倒丁字型收入结构和社会结构，这样一种在城市内的倒丁字结构就必然导致各种结构性的紧张，其中最典型的表现是，任何经济波动、社会危机都可能通过这个倒丁字结构被放大。广大的亚非拉国家频频发生的政治动荡及严重的社会冲突，与城市中存在的倒丁字结构所起到的放大作用是有密切关系的。

广大的亚非拉发展中国家城市内普遍存在的倒丁字型结构，与这些国家处于世界体系的边缘位置是相关的。作为世界体系中心的欧美日等发达国家有足够能力将自身危机转移到这些边缘国家，并通过不平等的国际规则从国际贸易中获利。发展中国家缺少足够资源来形成一个庞大的中间阶级，进城的大部分农民都无法在城市体面安居，是因为他们难以在城市获得稳定且收入较高的就业。[1]

相对于一般发展中国家，中国是一个例外，具体来说，中国通过城乡二元体制尤其是农村集体土地制度，将一般发展中国家城市内普遍存在的倒丁字结构变成了城乡二元结构，这个城乡二元结构可以保障进城农民工在进城失败后返回农村，因此是一种保护型的城乡二元结构或城乡二元体制[2]。我们一定要知道，农民进城是希望能过上城市中间阶级的生活，是希望能在城市体面安居，而不是落入到城市贫民窟，成为城市中居无定所的漂泊者。若不能在城市体面安居，进城失败的农民就宁愿回到农村生活，虽然这种农村生活不如城市中产阶级

---

[1] 参见温铁军、温厉：《中国的"城镇化"与发展中国家城市化的教训》，载《中国软科学》2007年第7期。

[2] 贺雪峰：《城市化的中国道路》，东方出版社2014年版。

的生活，却要远远好于城市贫民窟的生活。[①]

表面上看，中国社会结构中因为存在一个庞大的农民阶层，这个农民阶层处于社会收入与声望的底层，似乎农民阶层构成了中国社会结构底层的长长一横，从而形成了中国社会的倒丁字型结构。实际上，因为中国城乡二元体制对农村和农民的保护，从而使城市与农村成为两个相当不同的社会体系，也就避免了中国社会结构产生结构紧张。反过来，中国社会结构中因为存在着城乡的分离，从农村社会进入城市务工经商的农民就完全不同于一般发展中国家的进城农民，中国农民工进城是对农村生活机会的拓展，他们在城乡之间可进可退。这样一个农民工阶层也就不完全从属于城市社会结构，从而与城市社会结构有相当不同的行为模式与心理认知。

正因如此，中国城乡二元体制有效地避免了一般发展中国家城市内普遍存在的二元结构，也避免了一般发展中国家在城市普遍存在的结构紧张，以及这样一种社会结构紧张所放大的经济社会政治问题，从而使中国社会自改革开放以来保持了世所罕见的政治和社会稳定。这也是在全球化背景下中国可以成为最大赢家的重要原因之一。

四、中国体制的优势

显然，当前中国并不存在所谓倒丁字型社会结构，也就不存在所谓倒丁字结构比金字塔结构更坏的问题。反过来，当前中国城乡二元体制，一方面允许农民进城，城市对农民开放，一方面不允许资本下

[①] 参见夏柱智：《半工半耕：一个农村社会学的中层概念》，载《南京农业大学学报》2016年第6期。

乡，农村不对城市资本开放，是中国在全球化背景下面取得巨大发展的重要原因。

这样一种体制之所以可以成功，其实很好理解，就是任何一个发展中国家都不可能为所有进城农民提供在城市体面安居的就业与收入机会。印度城市正规就业机会只有大约10%，这并非印度对劳工就业的保护不力，而是由印度在国际经济结构中所处的位置所决定的。广大的亚非拉发展中国家的情况无一例外。中国同样如此，但是中国的优势在于，通过保障进城农民在农村的退路而缓解了城市在保护农民工权利方面的压力。如果一方面不能为进城农民提供在城市体面安居的就业与收入条件，一方面又不能让进城失败的农民再返回农村，就必然出现城市倒丁字型结构，就必然导致社会结构紧张，这样一种结构就必然会放大各种危机。

既然城市无力保证所有进城农民体面安居，就要为农民返乡留下退路，返乡就是农民的基本人权和最后保障，这个基本人权和最后保障不能交易，即不允许城市资本通过市场化手段占为己有。为农民保留退路，并非一定要强迫进城农民返乡。一方面有相当一部分农民通过自己打拼具有了进城安居的能力，这部分农民就体面进城了。另一方面，有些农民即使无法在城市体面安居，也不愿回到农村。他们有自己的选择自由，当前保障农民返乡权利的城乡二元体制，是为农民提供返乡退路的体制性机会。而正是进城失败的农民可以返乡，才为那些即使无法在城市体面安居也不愿返乡的进城农民留下相对较多的城市获利机会。

将农民最后退路和保障的返乡权利强制性留给农民，不向城市开放，不向市场开放，不允许农民失去返乡权，这是中国作为发展中国家得以成功避免一般发展中国家存在诸种问题的最大经验之一。基本保障不允许交易，要靠国家力量来保证，这本来是一个常识，却常易被忽视。

五、中国社会阶层及其流变

在当前全球化的体系下，发展中国家不可能为所有进城农民提供在城市体面安居的能力，这是由发展中国家的经济发展阶段和在世界经济体系中的结构性位置决定的。正因如此，进城农民能否在进城失败后保持其返回农村的权利就变得十分重要。当前一般发展中国家，因为缺乏对农民土地权利的保护，在城市化背景下，以城市资本为代表的各种力量很快就鲸吞蚕食了农民在农村的土地，农民失去了返回农村的可能。从而造成了进城失败农民无可选择地落入城市贫民窟的悲剧。

中国城乡二元体制通过对农民返乡权的保障，甚至通过大规模财政投入来保障农民在农村的基本生产生活秩序，保证了农村以家庭经营为基础的一定的生活品质。农村生活本身并非倒丁字结构底下的一横，相反，农村生活品质虽然低于城市体面安居的生活品质，却要远远高于城市贫民窟的生活品质。

从进城农民的角度来看，在当前发展阶段，进城农民无非有两种结果：一种结果是进城并在城市体面安居，随着中国经济的继续发展，会有越来越多进城农民可以在城市体面安居。另一种结果是进城失败难以在城市体面安居，当前发展阶段，中国仍会有相当部分农民进城失败而难以在城市体面安居。难以在城市体面安居的进城农民，他们面临着是继续留城还是返乡的选择。返乡的生活品质越高，就有越多进城失败农民选择返乡，返乡生活品质越低，就有越多进城失败农民继续留城耗着。越多进城失败的人不愿返乡，农村留给返乡农民的机会就越多，返乡农民越多，留城耗着的农民就更有可能得到国家政策性支持。这样一来，在农民体面进城和进城失败之间还有一个广阔的可选项，即农民体面乡村生活的选项。农村生活并非最坏的，农村收入比较低，但消费也比较少。农业生产季节性强，每年农忙也就两个月时间，剩余时间就可以打打麻将、跳跳广场舞。尤其对于缺少城市就业机会的中老年农民，只要与土地结合起来，就比在城市混吃等死要有意义得多。因此，可以与土地结合起来的在村庄生活的农民群体，他们的状况就不再是倒丁字型社会结构最底层的长长一横，而成为介于有体面城市生活能力的城市上层阶层和难以在城市体面生活的城市底层之间的中间阶层（中下收入阶层）。因为进城失败农民可以选择返乡，所以中国在城市难以体面生活的城市底层就必定只有一个很小的规模，而城市体面生活的群体随着中国经济的不断成长而不断扩大。这个城市体面生活的群体也可以分为一个相对较小的高收入层和一个相对较大的中低收入层。在当前阶段，中国社会结构就因为底层比较小，以城市中低收入阶层与农村中间层为主的中间阶层相对庞大，城市上层也注定比较小，从而形成一种纺锤型结构。

这样一来，整个中国社会就可以分为可以相互交流的、达到了一定程度均衡的四大阶层，即城市高收入的上层，城市中低收入的中间阶层，农村中间阶层，以及城市低收入的底层。正是通过农民进城和返乡的调节，四大阶层尤其是后三个阶层之间保持了动态平衡。

中国的城市化和快速发展对中国社会结构的改变，是越来越多农村中间阶层向城市中低收入群体转变，从而将当前分化在两个不同结构中的中间收入群体通过结构性转移，最终聚合到一个结构里面来。

只有当中国完成了现代化，由一个发展中国家变成发达国家以后，农村中间阶层才可能完成向城市中间阶层的转换，中国社会结构才可以统合到一个结构里面，从而形成与当前一般发达国家类似中等收入群体最大的纺锤型社会结构。由于大量农村人口已经转移进城，国家财政也有能力对城市少数下层群体进行一定程度的社会保障与救助，就使得之前用于保护庞大农民群体、限制城市资本下乡的城乡二元体制变得不那么重要，中国城乡也就有了一体化的条件。

六、小结

中国城乡二元体制正是借用中国社会主义制度实践所形成的农村土地集体所有制和村社组织制度，来为中国快速现代化和城市化进程提供农村这个农民的保障空间。在限制城市资本下乡和国家进行建设的条件下，农村成为中国城市化中的一个重要的缓冲空间，也就是我所说的，"农村是中国现代化的稳定器与蓄水池"。也许，全世界发展中国家的城市都有同样的故事：制度、市场等等。中国的独特之处恰在于在讲城市发展的市场故事的同时，又讲好了农村保障这样一个非市场的故事。

李强关于中国倒丁字型社会结构的讨论，最大不足在于不理解当前中国社会结构的性质，不理解中国社会结构内部的机制，从而将表面上的中国职业分层量表化形成的图式直接套用在了中国社会结构，并因此提出了错误的政策主张：通过改革户籍制度和提高城市容纳力吸引更多农民进城。而忘记了，没有经济的持续发展，城市就不可能具有使所有进城农民在城市体面安居的容纳能力。仅仅是改革户籍制度，通过强制性的城市社会保障制度改革，来让进城农民具有在城市体面生活下去的机会。这是倒果为因，缘木求鱼，也就是注定不可能成功的。

全国劳动力市场与农村发展政策

一、引论

改革开放以来，市场经济持续发展与完善，并深刻地影响了中国社会的各个方面。仅就农村来讲，当前深刻影响农民生产和生活的市场主要有三个：农产品市场、劳动力市场和婚姻市场。全国农产品市场的形成，提高了资源配置效率，消灭了经济作物的超额利润，任何一种经济作物的超额利润都会吸引更多生产者，从而增加经济作物的市场供给，削平经济作物的超额利润。正因如此，凡是政府力量推动农民调整产业结构以提高农户收入的努力几乎都是失败的。农户种植经济作物的收入一般比种大宗粮食作物的收入要高，之所以收入高，往往不是因为经济作物比大宗粮食作物有更高利润，而是因为种植经济作物投入更大，市场风险更高，且劳动投入更加密集。扣除投入、风险成本，种植经济作物与种植大宗粮食作物的平均劳动报酬几无差异，且这个劳动报酬比全国劳动力市场上的平均工资略少。之所以比全国劳动力市场平均工资略少，原因有二：一是进城务工经商，远离家乡，生活成本高，且心理成本高，因此如果外出收入与留村收入差不多，农民工就不愿意进城了。二是有大量缺少进城就业机会的中老年农民留村从事农业生产，中老年农民缺少流动性，使他们从事农业生产的机会成本很低。正是大量机会成本几乎为零的中老年农民的存在，而使资本化的农业（主要是种植业）难以在中国发展起来。

婚姻市场是当前影响中国农民生活的又一个重大环境条件。传统乡村社会是相对封闭的，农民通婚圈比较小，大都在村庄附近十数公里最多数十公里范围之内。随着城市化的推进和农民大量进城务工经商，传统通婚圈被打破，出现了女性资源的单向流动，即农村妇女嫁入城市，中西部地区妇女嫁入东部沿海地区，交通不便、自然条件差的山区妇女嫁入资源条件好的平原地区，贫困地区妇女流向富裕地区的普遍情况。传统通婚圈的打破，全国性婚姻市场的形成，产生了女性资源流失地区严重的性别失衡，这种性别失衡对代际关系、婚恋模式都产生了极为重大的影响。

本文重点讨论全国劳动力市场的形成及其含义。全国劳动力市场与全国农产品市场、婚姻市场之间有着密切的相关关系。

二、全国劳动力市场的形成

传统中国以农为主，农民收入主要来自农业，决定农民收入状况的最重要因素是人地关系、自然条件以及土地占有情况。在人多地少、土地占有不平衡的传统中国，农民为了养活自己，在土地上进行过密化投入[①]，利用农闲从事手工业等副业，以及通过男耕女织以更加

---

① 黄宗智：《长江三角洲小农家庭与乡村发展》，中华书局2000年版。

充分地使用劳动力来增加家庭收入[①]。

新中国成立以后,为了实现赶超型现代化目标,有效从农村提取资源完成工业化原始积累,城乡分割的二元体制,逐步形成农民流动性受到限制,农民主要收入来自农业收入。到20世纪70年代,以苏南为代表的农村开始出现乡镇企业,农民离土不离乡,进厂不进城,从乡村工业就业中获得了非农业收入,从而极大地缓解了农业普遍存在的劳动力过剩,大幅度增加了农民收入。

改革开放前,中国农业剩余劳动力数量极为庞大,农民在农业中的就业不足造成了农民的普遍贫困。从苏南开始的乡镇企业革命迅速向全国蔓延,乡镇企业产值一度占据全国工农业总产值的半壁江山。乡镇企业发展为农民提供了离土不离乡的获利机会。乡镇企业发展好的地区,农民收入高,农村变得富裕。

到20世纪90年代,随着中国工业品短缺时代的结束,乡镇企业本身存在的"散小乱污"弊病变得显著起来,不久,乡镇企业大量关闭。乡村工业化比较早的东部沿海发达地区成功实现了乡村工业的升级换代,中西部绝大多数农村地区的乡村工业却一去不复返。几乎在乡镇企业大量关闭的同时,中国加入世界贸易体系,并很快成为世界工厂,沿海地区工业化和中国城市化的加速,为农村劳动力提供了大量务工经商机会,农民离土又离乡,进城又进厂,"民工潮"成为世纪之交的突出现象。

沿海地区和大中城市中存在大量务工经商就业机会,数以亿计农民进城务工经商,很快就冲垮了之前城乡分割的二元体制,限制农民流动(尤其是限制农民进城)的各种体制、机制障碍很快清除。进入

---

① 费孝通:《江村经济》,商务印书馆2001年版。

21世纪，农民拥有了在城乡之间自由流动的权利，且实际上几乎每一个农村剩余劳动力都进城寻找非农业获利机会，成为进城大军的一员。农民工冲破体制、地域、行业界限，投入到几乎所有市场机会中，很快就形成了全国统一的劳动力市场。[①]

三、全国劳动力市场的含义

改革开放以来，随着农民工在全国"盲流"，城乡二元体制开始松动，全国性劳动力市场开始形成。到2000年前后，几乎所有限制劳动力流动的体制障碍都已清除，全国劳动力市场正式形成。

全国劳动力市场的形成为数量极其庞大的农村劳动力提供了在全国获取劳动报酬的机会，农民工进城，中西部农村劳动力流向沿海工业化地区的农村，之前城乡分割、地区分割的劳动力市场不再存在；城市劳动力以及沿海地区农村劳动力和中西部地区的农村劳动力处在同一个劳动力市场中。尤其是对于人多地少资源禀赋差的农村地区，进城务工经商收入远高于农业农村收入，城市务工经商对他们具有极大的吸引力，从农村到城市寻找机会的农民工就像洪水一样将所有低端劳动力市场的空隙填平。在具有高度竞争性的同时，高素质的农村劳动力为"中国制造"提供了强大的劳动力优势，并助推中国很快成为世界工厂。几乎是无限供给的农村劳动力为中国发展带来了人口红利，也极大地推动了中国各项建设事业的快速发展。

全国劳动力市场形成的重要含义是，人往高处走，水往低处流，

[①] 当然，这个市场仍然存在着分割，比如体制内与体制外。

哪里工资收入高、工作条件好，农民工就流动到哪里去。首先是低端劳动力市场的形成，逐步向整个劳动力市场渗透，以至于当前公务员也只是大学毕业生的一种选择：选择公务员主要是其工作保障性较好，缺点则是收入水平比较低。

从以农民工为主的相对低端的劳动力市场的情况来看（这是本文主要讨论的方面），不同的劳动形式、劳动条件、工资收入、工作性质之间存在着替换性。比如技工与普工，工厂与工地，制造业与服务业，雇佣劳动与自雇劳动，工作相对自由与工作纪律严格，脏累重体力工作与脑力劳动，白领与蓝领等等，这些工作的报酬差异既与劳动者的个人条件、偏好有关，又与工作本身的性质有关；所有这些工作，在劳动者个人投资（包括教育、技能、身体各方面）、年龄、能力、偏好与劳动岗位收入、风险、体面性、自由度之间存在着匹配关系，并因此形成了全国劳动力资源的最有效配置。

我们可以就一些方面进行简单讨论。

如前已述，越是人地关系紧张、资源禀赋条件差的农村，农民越是更早及更彻底地进城寻找获利机会。原因很简单，在城市获利机会向所有人开放的情况下，农村劳动力收入越低城市社会对其的吸引力就越大。反过来，农村资源条件越好、就业机会越多，农村劳动力就越是缺少进城务工经商的动力，进城就越晚、越不彻底。甚至在心态上也越保守。东北地区农村人均耕地比较多，农业生产条件优越，尤其是黑龙江地区人均耕地远远超过全国平均水平，从而黑龙江省大部分农村劳动力仍然留村从事农业生产，很少进城务工经商。苏南等已经工业化地区的农民则因为家门口就有二、三产业就业机会，也不会远离家乡去务工经商。浙江农村情况有特殊性，就是浙江乡村工业往往是以小商品市场为基础的，这与浙江人经商传统又有关系，所以浙江人偏爱冒险做生意，而不似苏南、珠三角农民那么保守。人地关系比较紧张的四川、河南、贵州等省的农村劳动力在进城体制障碍仍然很多的时期，早已进城寻找机会去了。这些地区农民进城不仅很早，而且年龄比较大了也不愿返乡，因为返乡务农收入远低于城市务工收入。

在资源禀赋条件方面，边疆少数民族地区往往也是深山大川地区，人地关系紧张、自然条件恶劣、农民比较贫困，城市就业机会对他们来说有巨大的收入吸引力。不过，一般来讲，深山大川的边疆少数民族地区，农村社会相对封闭，农民受到教育比较少，他们对城市工作的适应能力（文化水平、心理、甚至身体等）较差，以及文化上相对传统、保守（不习惯陌生人社会，缺少长时间工作的习惯，语言不通，满足于温饱生活等），所以他们可能现在才开始进城务工经商融入全国劳动力市场的进程。

相对来讲，云贵川农民更愿意从事相对自由的工地劳动，鲁豫皖农民更愿意进工厂劳动。工地劳动相对辛苦，工资水平比较高，但不够稳定。而工厂劳动相对稳定，工资水平不如工地高。另外一个决定工地与工厂劳动差异的是年龄：工厂劳动往往对耐力的要求比较高，尤其是生产线上的工作，需要长时间集中注意力，工作比较精细，年龄大了就缺少长时间在生产线上劳动的优势；反过来年轻人一般不愿到工地上从事脏累劳动；因此就有更多年轻人在工厂劳动，而年龄偏大的农民工在工地劳动。

技工相对于普工收入要高，不过，技工往往不仅要有较高教育程度，较多前期人力资本投入，而且技术通用程度（流动性）较差，而普工可以随时依自身条件选择工作机会。

在全国统一劳动力市场形成以后，沿海地区农村的农民与全国农民处在同样的劳动力市场中平等竞争。沿海发达地区年龄偏大的劳动力愿意进工厂从事蓝领工作，年轻人则相对不愿意与外地农民工同台竞争，而倾向于白领工作。白领工作机会较少，沿海地区年轻人因此选择"伪白领"的工作，以显得体面，比如村办公室打杂、文秘会计、保安等等。因这些工作岗位竞争者众多，其收入低于工厂蓝领工作。

与沿海年轻人择业意向类似，当前中国大学毕业生一般都不愿进工厂工作，也不愿从事技术性工作，而多希望选择白领工作，或自己创业，结果显示，有一些大学毕业生的工资水平远不如技术工人。

在务工与创业之间也有转换。有人倾向于自己创业，只要自己创业的收入高于务工收入，这样的创业就可以坚持下来。如果创业收入无法支付个人自雇的劳动力成本，这样的创业就坚持不下去。创业前期投入较大、风险较高，如果成功了就有较高收益，而失败则损失很大。创业能持续下去的基本条件是创业者可以获得市场平均劳动力报酬。

自雇劳动比如城市摊贩的好处是相对自由，如果摊贩收入高于务工收入，就会有更多人加入摊贩行列。如果摊贩较高收入是与更加辛苦的劳动和更大的风险（比如被城管驱赶）相关的，就会有较少人加入摊贩行列中来。

仅就城乡来讲，城市提供的机会越多，进城务工经商的农村劳动力就越多，他们进城的程度就越彻底，这种彻底包括尽可能相对较大年龄返乡，以及更有可能在城市安居。如果遇到经济波动，城市获利机会减少，进城务工的年龄相对较大的农村劳动力就会提前返乡。

小结一下就是，因为城乡二元体制被打破，农民进城的体制障碍被清除，数以亿计的进城农民在城市空间寻找获利机会，就最终拉平了各种特权，形成了"天生平等派"的全国统一劳动力市场。中国统一劳动力市场的形成有效地配置了劳动力资源，提高了"中国制造"的国际竞争力，促进了中国经济的持续增长，创造了中国发展的奇迹。

四、中国劳动力市场的特点

中国劳动力市场的形成主要来自城乡二元体制的打破，来自农民的"盲流"，来自农民工进城。同样，决定中国劳动力市场特点的一个非常重要的方面是农村劳动力的生产方式与中国特殊的农村集体所有制。

从劳动力再生产方式来讲，当前中国农村普遍形成了"以代际分工为基础的半工半耕"家计模式，农民家庭中，年轻子女进城务工经商，中老年父母留村务农。农民年轻时进城，年龄大了难以在城市体面安居，他们可以选择返乡。农民家庭不仅可以通过代际分工的方式同时获得务农和务工的收入，而且可以在城乡之间自由往返。因此，他们可以避免一般发展中国家通常存在的落入城市贫民窟的命运。

农民之所以可以返乡，是因为两个重要的制度安排：一是中国历史悠久的村庄熟人社会，二是农村土地集体所有制。农民祖祖辈辈在村庄生活，由亲朋邻里构成的熟人社会让农民有安全感和归属感，甚至可以说家乡就是中国人的宗教。集体土地制度使得中国所有农民在村庄中都有宅基地，都有承包的土地，都可以与土地结合起来从土地中获得收入与生活意义。在当前农业高度机械化的条件下，在城市缺少获利机会的中老年农民也完全可以胜任农业生产。

这样一来，中国农民进城就不是一去不复返，而是在城乡之间自由往返。农民进城,却并不放弃农村:中老年父母仍然留守农村,自己年老后也仍然可能选择返乡;农村不仅是农民在城市务工经商的保障(父母在农村留守,年幼子女也在农村成长,青壮年农民就可以在城市放心打拼),而且是农民进城失败的退路。中国进城农民与村庄的这样一种关系决定了中国劳动力市场的特质:农民工不是无产者,而是小有产者,这种小有产者的属性决定了农民工在全国劳动力市场上表现出一些独特性、不彻底性。

具体来讲,中国劳动力市场具有如下一些独特性:

第一个重要特点是中国劳动力市场具有巨大的伸缩性,即如果国家经济景气,城市务工经商机会多,就会有更多农民进城,或更少农民返乡,如果经济不景气,年龄比较大的农民工就可能提前返乡。正是中国劳动力市场的可伸缩性,使得中国可以顺利应对各种经济周期,比如2008年世界金融危机期间2000万农民工返乡,并没有造成任何社会失序。

第二个重要特点是农民工具有艰苦努力的精神,某种意义上,农民工的生活世界仍然在村庄,他们从村庄熟人社会获得意义感,城市只是他们获取收入的地方。农民工在城市各个地方艰苦奋斗,努力打拼,抱怨少,抗争少,任劳任怨,忍辱负重,成为现时代最为积极的建设者。

第三个特点是农民工具有强烈的现金收入倾向,对包括"五险一金"在内的未来保障性投资缺少兴趣,他们希望获得更多现金收入,以维持村庄中的人情往来,在村庄建房或在家乡县城买房,为儿子娶媳妇等等。至于养老,他们根本就没有计划将来在城市靠退休金养老,如果儿子进城了却靠不住,他们就退回农村。正是农村退路的存在让他们不担忧未来,而更关注当下现金收入。

第四个特点是中国进城农民的现金收入并非用来即时消费，而是用作家庭投资，尤其是子女教育、子女婚姻，以及维持村庄中的人际关系（社会资本的投资），从这个意义上讲，中国农民具有强烈的储蓄倾向，具有明确的家庭计划。进城农民工的收入很少会即时消费掉，大都是被储蓄起来。且无论收入有多少，农民工都会十分勤劳地工作，以使收入最大化。

第五个特点是进城农民缺少政治意识，农民工群体的阶级意识很弱，团结起来斗争以提高收入的行动力很差。进城农民仍然是以地域和血缘关系为基础来进行交往、获取支持与帮助，而几乎没有产生工人阶级的自觉性。

第六个特点是劳动力具有高度流动性。农民工在全国不同地区，以及在城乡之间流动，却很少在务工经商的地方安居。

第七个特点是市场的彻底性，即相对来讲，劳动力流动性较大，劳动力市场分割较少。

……

总而言之，农民在农村有土地，进城失败仍然可以返回农村，就使得中国劳动力市场具有巨大的伸缩弹性和弱抗争性，进城农民成为中国现代化中最为积极活跃的建设性力量。

从一般意义上来讲，全国劳动力市场的形成又为所有愿意进入市场的合格劳动力提供了机会。

五、全国劳动力市场中的机会结构

以农民工进城促成的全国劳动力市场中还有一个重要特点，进城劳动力的家庭并没有完全离开农村，往往是年龄较大的父母仍然留村。中国工业化存在区域不平衡的现象，沿海地区成功实现了乡村工业化，沿海地区农民不离乡就可以进厂，广大中西部地区农民则不得不进城务工经商，从而产生了家庭的分离。

农户家庭中的分离，使家庭内最有流动能力的青壮年劳动力可以轻松对接到全国统一劳动力市场中，获得劳动力平均工资。缺少流动能力的中老年农民主要留守村庄从事农业生产。农业生产的问题是经营规模有限，且农业生产的季节性决定了就业获利机会的不充分，但同时，村庄生活成本也比较低，中西部地区农村的老年人几乎不用钱，因为家庭自给自足能力很强。

换句话说就是，一般农户家庭有两代劳动力，青壮年劳动力可以从全国劳动力市场上获得收入，中老年劳动力则往往只能在农村获得收入。相对于青壮年劳动力的全国流动，中老年劳动力则被留在村庄，并且他们的收入状况大多是由村庄经济机会来决定。家门口的经济机会对缺少流动性的中老年农民尤其关键。

当前中国不同地区，家门口的经济机会是不同的，主要表现有两个方面。第一个方面是沿海发达地区或大中城市近郊，二、三产业机会比较多，为当地不离乡的中老年劳动力提供了就业获利机会，中西部地区缺少二、三产业，不离乡的中老年劳动力就只能从土地中获得收入。二、三产业就业是全年的，年收入就比较高；农业是季节性的，且农村土地资源有限，农业收入更多带有自给自足性质，获利空间不是很大。第二个方面是中西部农业型地区各地具有不同的资源禀赋条件。资源禀赋好的农村就有更多机会让农户家庭获利，而资源禀赋差的农村，农户家庭获利机会就比较少。

沿海发达地区农村，农户家庭收入比较高，很重要的一个原因就是家门口就业获利机会多，为缺少流动性的中老年人提供了大量二、三产业就业机会。我们调研的苏州农村，70岁老年人仍然可以同时兼做三份工作。一家三代人都参加劳动，从二、三产业获利，因此，家庭收入很高。中西部地区，青壮年劳动力离乡务工，生活成本高；中老年劳动力留村务农，农业收入有限。这就造成在同样的全国劳动力市场条件下机会结构及农户收入的区域差异。

六、一个运用：如何精准扶贫

在已经形成全国统一劳动力市场的条件下，只要愿意，农村青壮年劳动力都可以轻松从这个市场上获得劳动收入，这个劳动收入远高于当前农村贫困线的标准。从这个意义上讲，只要有一个人在外务工，农民全家就可以摆脱贫困。

当前中国农村反贫困制度中存在着一个双重设置：一是农村低保制度，二是精准扶贫政策。划分低保与贫困的主要依据是农户家庭收入情况，即依据当地低保线和贫困线来划分低保户和贫困户。从理论上讲，因为是最低生活保障，低保应当"应保尽保"，无条件进行"补差"，一般贫困户则应当是收入高于低保线的，对于贫困户，应当主要进行生产性帮扶，而不是直接发钱。现在实践中比较奇怪的是，很多地区的低保线比贫困线要高，就是说，低保线比贫困线高，则所有贫困户都应当是低保户，所有贫困户也都应当"应保尽保"，直接补钱。这显然是有问题的。

出现以上问题的一个原因是，实践中农民收入很难统计，无论是低保线还是贫困线都很模糊，无法精准计算。低保线和贫困线都处在我们所说的农民收入断裂带内，决定农户收入高于断裂带还是低于断裂带的恰恰是农户家庭有无劳动力。凡是农户家庭有劳动力的，劳动力参与到全国劳动力市场中就业获利，农户家庭收入就高于（甚至是远高于）农民收入断裂带，缺少家庭劳动力的农户家庭因为无法从全国劳动力市场上获取收入，家庭收入就低于断裂带，表现出来的就是家庭几乎没有收入来源，其经济状况与一般农户有显著差别，完全不具有可比性。

在双重反贫困设计中，一个重要方面是，低保户主要是缺少劳动力的家庭，政府对其进行无条件救助，直接补钱；贫困户主要是有劳动力家庭，地方政府通过各种支持来让劳动力可以就业经营获利，具体办法如扶持产业、就业培训、提供贴息贷款等等。

现在的问题是，既然已经有了向所有人开放的"天生平等派"的全国统一劳动力市场，只要贫困家庭劳动力进入市场，这个贫困户就可以脱贫，那么扶贫的办法就很简单，即支持贫困户劳动力进入全国劳动力市场就可以。

实际上，在全国绝大多数农村，因为城市务工经商收入远高于农村收入，绝大部分农村劳动力都已进入到全国劳动力市场获利，这些地区就几乎不存在非低保户以外的贫困户了。

当前农村真正的贫困户主要集中在边疆少数民族地区，这些地区往往相对封闭，交通不便，基本公共服务（教育、医疗等）较差，且农民思想观念比较传统保守，这些地区农村劳动力较难融入全国劳动力市场，无法从全国劳动力市场获得平均工资收入，从而造成了农户的普遍贫困。这些地区缓解贫困的最重要办法是普及教育，让所有农村劳动力成为全国劳动力市场上的合格劳动力。同时也要进一步加强包括道路水利工程在内的基础设施建设。相对较好的基础设施也为当地留守务农的农户提供了较好生产条件和较多市场机会。

当前农村精准扶贫存在的最大问题是忽视了已经相当健全完善的全国劳动力市场，将过多力量集中到了农产品市场上，从而造成了贫困农户难以承受的农业生产与市场的双重风险。

七、为什么农民返乡是基础性权利

当前理论界和政策部门都有一种很强大的声音，就是要让农民的土地利益变现，从而让农民从土地中获得财产性收入。甚至有不少人主张，为了减少城乡收入差距，就要让农民进城，让富人下乡。农民将土地让渡给城市富人，获得进城的第一桶金，富人有了农村土地（无论是所有权还是相对独立的经营使用权）就可以有乡下别墅与去处。问题是，万一农民进城失败，他们就不能返回农村。且进城农民家庭往往是有留守老年人与儿童的，全家进城，失去农业收入，又增加城市支出，进城农户很难在城市体面安居。[①]

当前中国经济发展阶段，城市化正在快速进行中，有越来越多农户家庭在城市获得了稳定就业与收入，并具备了在城市体面安居的条件，这些家庭就在城市安居下来。同时，也一定会有很多进城农户家庭长期处在一半进城一半留村的状态，且也一定有相当部分农户家庭进城失败，难以在城市体面安居，这个时候，能否返乡就是农民最基础的权利，最基本的保障。

手中有粮、心中不慌。农民只有有了进城失败的退路，才更加敢

---

① 参见贺雪峰：《城乡二元结构下的乡村振兴》，载《北京工业大学学报》2018年第5期。

于在城市打拼，才更能应对市场风险，才更加有坚持的底气，即使他们的务工经商不顺利，他们也可以豪气冲天地说"大不了回农村去"。

农村退路是中国农村的基本保障，基本保障是不能市场化的。正是有了农村这个所有中国农民都有的退路，中国才形成了一个与全世界任何国家都不同的全国劳动力市场，也才创造了在快速发展中仍能保持政治稳定与社会秩序的奇迹。

农村退路源自中国村庄制度与集体土地所有制这两项历史财富。

浙江农村与珠三角农村的比较
——以浙江宁海与广东东莞作为对象

  浙江和珠三角地区的农村都属于中国东部沿海发达地区，是中国农村工业化最早的地区，也是当前中国最为富庶的农村地区，与当前中国仍然欠发达的中西部地区形成鲜明对照。不过，东部沿海发达地区之间也存在巨大差异，最为典型的差异就是苏南、浙江和珠三角农村的差异。苏南工业化的起点是20世纪70年代发展集体性质的社队企业，浙江工业化的起点是家庭作坊，珠三角农村工业化的起点是发展"三来一补"企业。工业化路径的差异造成了东部沿海发达地区农村的各种差异。本文以在浙江宁海县和广东东莞市的调研为基础，重点讨论浙江农村与珠三角农村的差异。

一、工业化路径

  浙江和珠三角都属于中国经济最发达的东部沿海发达地区，都已经实现了农村工业化。不过，浙江农村工业化与珠三角农村工业化却有着完全不同的路径，这也是浙江农村与珠三角农村之间种种差异的基础性原因。

浙江农村是从小商品市场和家庭作坊开始工业化的，基本模式是以建立面向全国的小商品市场为基础，农户利用家庭空间买一台机床开始加工，逐步扩大生产规模，从而发展出大量家庭经营基础上的民营企业。这个过程中，有远超过当前企业数量的浙江农户尝试过小作坊式的生产，只是绝大多数小作坊在还没有长大以前，就因受到市场冲击或生产经营没有跟上而倒闭了。只有少数既有生产经营能力又有市场机会的农户逐渐创建了具有规模的民营企业，这些农户的收入达到百万千万元甚至上亿元。

以小商品市场和家庭作坊为基础的浙江农村工业化尤其强调区域工业特色，所谓"一镇一品"，即一个乡镇重点发展一种特色工业制造业，从而形成地域基础上的密集产业链，降低生产成本，提高市场竞争力。浙江乡村工业化中，资本主要来自由本地家庭作坊发展起来的民营企业家，生产也主要是在本乡本土进行，民营企业中有着较多本地人从事中层管理工作和技术性工作。就是说，浙江农村工业化很大程度上是浙江当地人进行的工业化，只有数量不算太多的外地农民工来浙江民营企业务工。浙江乡村工业化的主要收益都留在乡村社会内部，其中一个突出表现就是村庄中出现了一个以企业家为主体的富人群体，以及以销售业务员、中层管理者和技术员为主的中层群体。当然，浙江农村大多数农户家庭的主要收入来自务工收入，尤其要注意的是，在形成了全国性劳动力市场的条件下，浙江本地人在本地务工，也要与外来农民工同台竞争。

珠三角工业化与浙江是完全不同的。珠三角工业化是所谓"四个轮子一起转"，即县市、乡镇、村、组四级利用集体土地进行招商，"三来一补"，即来料加工、来件装配、来样加工和补偿贸易，"两头在外"，即市场在外、原料在外，珠三角农村仅仅是"三来一补"企业的加工基地。本质上，珠三角的工业化是世界产业转移的结果，中国廉价劳动力和土地资源吸引了全世界低端加工制造业的涌入，在很短时间内，珠三角土地上即布满了各种加工制造企业，成为"世界工厂"。外来资本在珠三角设立生产加工基地，为利用珠三角的土地支付租金，为招收的外来农民工支付工资，获得的利润则转出珠三角农村。因此，在三大生产要素中，珠三角主要获得了土地租金，包括村社集体出租土地给外来资本所获的集体土地租金收入或物业收入，也包括当地农民出租住房给外来农民工所获的租金收入。为了增加当地农民的租金收入，也为解决外来农民工的食宿问题，在珠三角农村，农民普遍一户多宅且住宅多为高层，十多层也很普遍。相对来讲，外来资本投资，除利用当地土地以外，其生产几乎不与当地发生关系，也就难以支撑起一个庞大的配套产业体系及其获利空间。甚至，在大型代工厂中形成了以外来农民工为主体的"家乡群体"，这些工厂内部排斥珠三角当地人，珠三角农民也不愿意进入工厂生产线务工。从而，珠三角当地农民不仅很少在外来大型代工厂的中层管理、技术岗位上任职，而且缺少在生产线上的务工机会，最终大量集中到工资最低的村社集体临时性岗位如治安队员、垃圾清扫员上。

随着中国劳动力成本的提高，20世纪80年代涌入中国的加工制造业开始转出珠三角，一部分进入中国内地，一部分转移到东南亚等劳动力成本比较低的国家和地区，从而造成了珠三角地租经济的衰退。

显然，浙江与珠三角农村工业化路径的差异很大，虽然浙江农村与珠三角农村都实现了乡村工业化，却因为工业化的起点不同，路径不同，而造成了当前浙江农村与珠三角农村各个方面鲜明的差异。

二、经济分化与社会分层

如上所述，浙江乡村工业化是从家庭作坊开始的，家庭作坊就是利用家庭空间进行工业生产。若市场销售顺利，生产有利可图，家庭作坊就扩大生产规模，就由一台机床扩大到两台、三台，就由家庭自雇劳动力到外雇劳动力，就开始在房前屋后进行搭建以获得更大生产空间。发展到一定阶段，仅靠房前屋后搭建已经无法满足生产需要，就开始在村庄中的一些空地荒地甚至交通沿线耕地上修建厂房，形成村庄内的规模企业。一个村庄最终能发展到产值数千万、利润数百万元规模的企业不会很多，在一些经济比较发达的浙江农村可能要占到农户数量的百分之一左右。

既然有市场机会，每户都有家庭空间进行生产，那么浙江农村的农户家庭就都愿意尝试买一台机床回来搞加工，开始面向市场进行生产。不过，绝大多数家庭作坊最终都因难以成长而关闭，甚至因此负债累累。有很多农户家庭开办家庭作坊，倒掉一次，再来一次，再倒掉再兴办。最终一些幸运的农户从市场上赚了钱，不幸的农户也积攒了管理能力、技术能力以及应对市场的能力。大量失败者所积攒下来的这些能力提高了浙江农村工业化的总体能力，这些人很可能就成为本土生长起来的规模企业的中层管理人员、技术员和市场销售人员。

大多数农户，无论是开办小作坊失败，还是到外面跑市场失败，最终都成为依靠务工来获取收入的家庭。这样的农户家庭就要与外来农民工在劳动力市场上竞争，工资收入不高，而熟人社会中的消费压力也不低。因此，浙江农村普遍形成了村庄熟人社会内部的剧烈分化，占不到农户总数5%的家庭因为企业经营的成功，成为村庄中的富豪。村庄富人群体人数很少，影响巨大。他们家庭年收入可能在百万以上甚至达千万元。

除人数很少的富豪群体以外，浙江农村还有一个规模不算太小的中等收入群体，这个中等收入群体主要包括这样几个部分的人群：一是继续开办小作坊的家庭，二是市场经纪人，三是规模企业的中层管理人员和技术骨干，四是办有三产比如小旅馆、餐饮等的农户家庭。这个群体的家庭年收入在20万~50万元，占到农户家庭的比例为10%~20%。

其他大部分农户家庭主要依靠务工收入，一个家庭有两个劳动力，按每人每年5万元收入计算，一年收入10万元不难。如果年龄大的父母或年轻子女也可以参加劳动，家庭收入就会更高一些。即使如此，仅靠务工，浙江农民家庭收入很难超过20万元。这个群体在浙江农村可以算作中下收入群体，其家庭收入在10万~15万元左右，下限也可以划到5万~8万元。这个群体是浙江农村的大多数，要占到农户家庭总数的一半以上。

此外，还有少数家庭缺少强壮劳动力，甚至家庭中还有残疾人口，家庭年收入低于5万元。这样的农户家庭不多，约占农户家庭总数的10%。

浙江农村的发展也是非常不平衡的，不同地区发展水平与工业化的方式也差别很大。总体来讲，浙江乡村工业化是从家庭作坊开始的，以上对浙江农村经济分化的描画大体是可以代表浙江农村总体情况的。

要特别说明的是，浙江乡村工业化，外来农民工人数不算太多，一般本地人口和外来人口的比例在1∶1左右，这与珠三角是相当不同的。珠三角外来农民工往往是本地人口的 5~10 倍。这个不同会在房租收入与第三产业服务上表现出来。浙江农村宅基地管理是相对严格的，一户一般只能一宅，农户在宅基地建房主要是自住，即使出租，房租收益也不高。珠三角核心区农村普遍存在一户多宅的情况，并且珠三角农户在宅基地上盖房的主要目的就是出租获利，因此，珠三角农村农户在宅基地上盖房子普遍高大拥挤，在宅基地上盖七八层乃至十多层的情况相当普遍。

浙江农村工业化是从家庭作坊开始的，没有一个招商引资的过程，因此，家庭作坊扩大再生产过程中，往往是各尽所能各显神通地违规占用土地盖厂房。包括将自己的承包地转换到交通沿线盖厂房。村社集体因此缺少从土地非农使用中获取地租收益的机会。珠三角招商引资本来就是由村社集体以集体土地为条件进行的，招商过程中就约定了土地租金。因此，珠三角农村工业化过程中就形成了数量庞大的村社集体土地租金或物业收益，这些收益属于全体村社成员，要在全体村社成员中平均分配。

因此，珠三角地区农村的农户收入情况与浙江农村是完全不同的。

珠三角招商引资、三来一补的乡村工业化模式，地方参与的主要是提供土地，获取地租收入。地租收入有两块，一块是村社集体将土地租给资本收取土地租金，或在土地上修建物业获取物业收入。这些土地或物业租金属于村社集体，一般以分红的形式平均分配给村社集体成员，这些分红收入，高的每个人每年可以有万元以上，少的也有数千元。地租收入第二块就是当地农民在宅基地上盖房出租获得收入。20 世纪 80 年代，珠三角分宅基地是按户有所居、一户一宅来分配的，到 1990 年以后，随着大量外来农民工的涌入，地方政府对宅基地的管理比较松，村社集体开始按财产的标准来分宅基地，有的村甚至连续分了三四次宅基地。农户宅基地出租的收入普遍超过集体分红收入。一个农户一年有10万元房租收入是相当正常普遍的。

尤其重要的是，珠三角地租最高的时期是2000年前后，以我们调研的东莞石碣镇为例，2003年当地厂租为12元/（米^2·年），到了2017年，厂租不仅没有增长，而且大幅度下降到8元/（米^2·年）。2003年一栋七层的住宅一年租金可以达到7万元，2017年同样住宅出租的租金收入不足3万元。与房租不断下降形成鲜明对照的是农民工工资的不断上升。2003年农民工每月工资普遍不足1000元，现在在东莞，月工资低于4000元是很难招收到员工的。珠三角地租收益下降的原因有二，一是进入21世纪以后外资开始撤离珠三角，二是物业供给过剩。

也就是说，在2000年前后，珠三角核心区的农民，一家五口人，仅靠集体分红和自家房屋出租，一年收入就可以超过10万元，而当时当地务工收入一年也才1万元左右。土地租金收入远高于务工收入。反过来，是否有务工收入对当地农民并不重要。而重要的租金收入，几乎所有农户都是一样的：村社集体土地分红是按人均分的，宅基地也是按户分配的，从而所有农户都可以自建住房出租，获取相差不多的收入。

珠三角缺少从家庭作坊开始成长起来的企业家。但在珠三角开发的过程中，前期的不规范使得村庄权力精英以及各种能人有了许多获利机会。这些获利机会集中在两个方面，一是利用土地开发的机会进行配套建设而获利，比如组织工程队承建各种土方工程。二是利用当时相对混乱的土地管理获得特定区位土地的使用权，并以修建物业获利。这个获利几乎不用承担风险也不用付出代价，且利益往往比较大。这样致富的少数人会被村民仇视，这些富人也一般不敢在村庄露富，而是"隐形富豪",当地农民也因此有着相当强烈的仇官仇富情绪。不过,珠三角开发速度很快,进入21世纪,珠三角核心区的土地开发已近完成,村庄权力精英借地生财的机会很少了。

也正是因此,珠三角农村企业家很少,真正的富人也很少,即使少数借地生财的富人也不愿在村庄露富,而可能早就搬离村庄。同时,村庄也几乎不可能有特别贫困的农户。珠三角农村因此是一个既缺少富人也缺少贫困农户的、几乎所有农户的收入都相差不多的、相当扁平的经济收入结构。

略有差异的是,在2000年前后,珠三角依靠地租收入的农户,其经济收入水平远高于外来农民工。本地农民因此拒绝到工厂生产线上劳动,他们参与劳动与其是要获得收入,不如说是要消磨时间。但是,到了2017年,珠三角地区相当一部分农户的家庭收入水平仍然维持在2000年左右的水平,这个收入水平并不明显高于外来农民工务工收入。因此,相对于外地农民工,以及由外地农民工所形成的全国劳动力市场价格,珠三角相当扁平的收入结构就有了新的含义,即珠三角农户分红收入以外的劳动收入会对他们在村庄中的经济地位产生影响。

当前珠三角农村,农户收入结构仍然是一个相当扁平的结构,没有贫困户,中等收入群体占绝大多数,即使有极少数富豪也大都转入城市生活去了。与2000年的差异是,2017年珠三角农户家庭的工资收入变得重要起来。

珠三角老年人一般不工作,而年轻人一般不会进生产线,更愿意到拿保底收入的村社集体办公室当白领甚至当治安队员,每月最低收入只有2000元。中年人到生产线上工作也往往受到外地人的排斥,而只能干看门、扫地等工资最低的工作。我们调研的东莞S村,有村民

5400人，包括村治安队的治安员和门卫在内，真正工作的只有1500人左右，进工厂的人很少。60岁以上的更是只有10%的人工作，主要是打扫卫生。中年妇女一般做家务，而中年男子打工比较多一点。

如果农户家庭中有正规大学毕业生做正规白领工作，这个家庭的收入就会相对较高。村组干部工资收入一年大约为10万元，也远高于当地最低收入水平，因此也就成为珠三角地区收入比较高的家庭。

在大量外来人口涌入的情况下，珠三角农村有大量第三产业的服务机会。不过，珠三角当地人很少从事第三产业服务，而往往是将物业租给外地人从事第三产业服务。

小结一下，当前浙江农村普遍形成了熟人社会内部的高度经济分化，村庄中比例很小的富人企业家拥有远超其比例的影响力。在企业家下面还有一个数量比较庞大的中上收入群体，基本上是技术白领。此外就是务工群体。无论是企业家、技术白领还是务工群体，浙江农村社会中的各个群体都要自担风险、自食其力，乡村社会焕发着巨大活力。珠三角农村缺少分化，主要靠集体分红和家庭房租收入生活，珠三角的企业是外资，而非本地人兴办的企业，年轻人和中年人都似乎懒于务工，既缺少务工的意愿也缺少务工的能力，整个社会中充满着食利者的腐朽气息。

三、社会分层与人情往来

村庄熟人社会内部的经济分化会在村庄社会层面产生连锁反应。而村庄社会也有其相对独立性。仅从我们关心的角度来讲，浙江绝大多数农村都属于我们所说的原子化农村地区，农民观念高度现代化，村庄内缺少强有力的血缘基础上的认同与行动单位。珠三角则是中国南方宗族地区的典型，改革开放前，农民聚族而居，血缘地缘同构。新中国成立前甚至有些村庄 40% 的土地都属于族田。当前珠三角农民的血缘认同仍然强烈。

在浙江农村，富裕的企业家群体仍然在村庄生活，他们有足够的收入来举办昂贵的婚礼，送高额的人情礼金，他们会建外部气派内部装修精致的住房。正是通过"富人求异"，富人经济上的优势被转化成了社会上的优势。"富人求异"的示范就成为村庄中新的仪式与人情标准，成了新的社会准则。村庄中上层家庭努点儿力就可以跟上富人求异的节奏，通过"求同"来获得认可。一旦村庄中最富和次富的群体都在人情仪式提高上了档次，依靠务工的中下层群体就会有巨大压力。其他人家办豪华婚宴，送高额礼金，参与人情往来的农户就只可能跟从；在经济实力不足的情况下，中下层群体只能尽量让自己的人情往来在形式上看起来与其他人相差不多，内容上却缺少了精致，与这种缺少精致相匹配的相对粗糙的生活就成了中下层群体对自己的体认。富裕群体与中下收入群体在人情往来、社会互动各个方面的互动中，资源是从富裕群体流向中下收入群体的，但权威则是从中下层群体流向富裕群体的。村庄内缺少劳动力的贫弱群体在形式上也无法跟上村庄人情礼仪的社会新标准，他们因此退出村庄熟人社会的人情循环，这等于是从村庄熟人社会中消失了，即社会性死亡。

在浙江农村，办婚宴，一桌酒席四五千元是很正常的，人情往来一次一两千元是最少的。用于自住的房子，连建造带装修花费上百万是不算多的。买车也一定要买上档次的车。对于富裕的企业家群体来讲，这些消费只是他们正常的消费。而他们的消费尤其是人情往来会极大地提高当地消费的社会标准，从而对中下收入群体构成巨大压力。

中下收入群体为了在形式上跟上社会消费新标准，就会减少其他方面的消费，压缩其他方面的正当支出。这种压力和压缩会激起反抗，会产生"气"，会引发各种情绪的产生。生活在浙江农村的一般农民群体，有着巨大的生活压力。

村庄富人企业家的存在，一方面意味着他们的经济实力可能对其他人构成压力，另一方面也意味着可能的帮助，比如提供资金、技术支持，提供中层管理岗位，提供与外界的经济联系渠道等。这样一种帮助就形成了村庄中的权威关系，村民就可能受制于这个掌握丰富资源的富人。富人与富人、企业家与企业家之间还可以相互合作，成为同一个圈子的朋友，享受共同的文化生活与品位。他们当然也可能相互竞争，尤其是村庄政治竞争。

珠三角农村，一方面，村庄缺少分化，一方面宗族认同仍在村庄起着整合作用。表现在人情上，就是人情没有成为竞争手段，村民办红白事，送礼叫作利是，就是送一个红包，一般50元，最多100元，既不当场打开，也不记账，红包上也不写送者的名字。办酒席也不是特别讲究，一桌酒席500元、700元、1000元，随自己愿意；有钱的人办红白事，请客多一点，酒席办好一点。佛山一带现在办婚礼已经不再收红包。办白事就更简单，往往只有同宗的人才参加，吃饭更简单，一般只有几桌的规模。

简单地说，珠三角人情竞争不激烈，酒席不夸张、不浪费，仪式比较简朴。浙江红白事一般用烟是软中华，60元一包，珠三角用烟一般是20元一包的普遍烟。

与浙江有点类似的是珠三角农户盖房子，不同的是，浙江农民盖房子是自己住，盖得好、装修费钱是为了给别人看。珠三角盖房子主要是为了出租赚取房租。

珠三角地区，农民买车主要是代步而非为了攀比，彩礼也很低且没有固定标准。

也就是说，在珠三角地区，农村社会竞争不激烈，生活在村庄中的人都比较悠闲安逸，尤其是退休的老年人，因为普遍都参加了社会养老保险，且有按人均分的红利，以及村社集体特殊照顾老年人的"老年金"，收入足够他们的支出。他们的生活十分幸福，经常聚在一起喝茶也就十分正常了。

相对来讲，浙江农村激烈的社会竞争会对农民家庭中的每个人产生影响，老年父母也会受到这种影响，因此，与珠三角地区老年人退休后一般不再从事生产不同，浙江农村老年人基本上不存在退休的概念，年龄大了，只要能动就还要工作。浙江中青年人更是会感受到巨大的获取收入压力，而想方设法增加收入。

珠三角年轻人普遍不愿到生产线上劳动，虽然现在工厂生产线的收入远高于在村委会办公楼坐班的收入。珠三角农村，每个村都会有村务综合服务中心，有治安队，这些机构往往人员众多，主要招收本村人，我们调研的一些珠三角村庄，一个行政村可能有多达三四百个类似的工作岗位。这样的岗位事情不多，收入也是当地最低工资水平，要按时打卡上下班。因为当地年轻人缺乏工作技能与工作意愿，又不可能年纪轻轻就像村庄老年人一样天天聚在一起喝茶，所以这些低收入几乎无事可做的岗位，很大程度上也是专门为本村年轻人设立的。

相对来讲，珠三角农村中年人在工厂生产线务工的比例要比年轻人高一些，但真正进生产线务工的比例很低，而更多是做门卫和打扫清洁的工作。按珠三角农村农民自己的说法："我们这边老年人的工作往往被年轻人干了，比如当门卫等等，人们到了50多岁就等着退休不干活了。"

四、谁当村干部

总体来讲，浙江农村村干部主要是由富人企业家来当的，大致在 2000 年前后，浙江农村主职村干部就大多已经由富人企业家来担任了。

之所以浙江农村主职村干部大多由富人来当，有两个方面的原因，一是富人有条件当，二是富人愿意当。

从富人有条件当上看，浙江农村村社集体往往没有收入，是空壳村，村庄事务也不是很多，所以，浙江村干部是不脱产的，只拿有限的误工补贴，少数集体经济实力比较强的村，村干部才拿工资。如绍兴市只有柯桥区村干部才拿每年 8 万元左右的工资，其他区县村干部只拿每年一两万元的误工补贴。如此之少的误工补贴，一般村民当村干部就当不起。

正是因为浙江村干部职业化程度比较低、不脱产，所以不用坐班，村庄富人企业家当村干部就不影响他们同时经营企业，富人企业家当村干部就有条件。

富人企业家为什么愿意当村干部？其中一个重要的原因是，一个同时是村干部的企业家会比其他企业家有更多政治上的资本与信用，这种资本与信用可以同时表现在与商界交往和与政府部门交往上。村干部更容易与政府部门接触，而作为村干部的企业家商业上可以获得一些相对优势。当村干部的富人企业家将企业生产管理交给妻子或子女，自己更多跑市场，应对各方面关系，村干部身份可以极大地提高他们应对市场协调与各方面关系的能力。如果这个富人不仅是村干部，而且还是人大代表或政协委员，就更有助于加强他们对外关系上的优势地位了。

正是当地村干部职位特点与富人企业家企业经营之间的兼容，使浙江农村村干部普遍企业家化了。

珠三角地区则缺少从村庄成长起来的企业家。在20世纪90年代，珠三角地区也曾尝试过让一些在外经营成功的本地企业家回到村庄担任主职村干部。结果，这些在外经营的企业家担任村干部以后，并没有因为当了村干部而提高企业经营能力，而是企业纷纷破产。其中原因是珠三角农村富人企业家与村干部职务的不兼容。

珠三角地区村干部与富人企业家的不兼容原因也是两个方面，从富人企业家来讲，他们往往是在村庄以外获得的经营成功，回村当村干部就很难兼顾自己的企业，从而可能影响企业的发展。从村干部职位来讲，珠三角农村，村社集体有大量地租收入，村干部职业化程度是很高的，并且村级组织往往也是高度科层化，富人企业家村干部几乎所有时间都要耗费在各种具体村务的处理上，而很难有时间去处理自己企业的事务。

在20世纪80年代珠三角农村工业化迅速发展时期，村干部利用当时制度不规范的便利寻租，获得了一些好处，主要是通过承建工程来获得好处。随着珠三角地区农村发展时期的结束以及各种制度管理逐渐规范，村干部寻租空间大幅度下降。因此，虽然在一个相对短暂的时期内，珠三角地区村干部利用权力寻租致富，但这个时期不长，在更多时候村干部只是一个职业而已。在珠三角地区，村干部与富人企业家之间缺少选择性亲合关系。

造成这种缺少选择性亲合关系的一个重要原因是珠三角农村缺少从村庄内成长起来的本地企业家。

五、村庄选举与派性

从现象上看，浙江村级选举普遍存在激烈竞争，珠三角村级选举则比较平静，虽然也曾有一段时期贿选很严重，近来几届选举绝大多数村庄都是风平浪静。

造成浙江农村与珠三角农村选举激烈程度差异的一个原因是地方政府对村级选举的认识差异。浙江省地方官员普遍认为，村一级实行村民自治，村民自治的前提是民主选举，民主选举就不应当由上级人为控制。尤其是浙江省村级选举普遍采用了1998年吉林省梨树县发明的"海推海选"的选举办法，村庄富人企业家借村委会选举当上村干部，然后再入党，再当上村支书。珠三角地区1999年开始第一届村委会选举，这一届选举普遍竞争激烈。很快，珠三角地区地方政府即采用更加强有力的手段来降低村级选举激烈程度。比如，早在2005年，东莞市即采取由村党员、村民代表和乡村干部共同协商提出村干部推荐人的制度，从而极大地降低了村委会选举的竞争性。

珠三角地区地方政府之所以对村级选举更加审慎，原因之一是，珠三角农村村社集体有大量土地租金收入，且珠三角地区的经济重心就在村庄，相对职业化和科层化的村干部队伍有利于村务管理，也有利于上级任务在村一级的完成。浙江农村，村集体收入很少，且村干部大都是不脱产干部，选谁当村干部都不是很重要，因此，浙江地方政府更倾向采用国家制定的村民自治制度。

浙江农村富人企业家有当村干部的愿望，他们就利用村级选举来成为村干部。而"海推海选"制度往往会造成村庄内两个实力相近者的竞选，因为"海推"是将得票最高的两个提名人作为村委会主任候选人进行差额选举。两个实力相近的富人企业家竞选，双方都有"铁票",争取中间票就很重要。待所有中间票都争取完之后仍然实力相近的话,就通过各种办法包括贿选来获取对方"铁票",从而就极大地提高了村级选举的激烈程度。经过一届竞争激烈的村级换届,村庄所有村民都分成了两派。①

珠三角地区农村缺少如浙江农村一样的激烈竞争,其中一个原因是珠三角地区地方政府没有原封不动地采用"海推海选"制度,从而避免了浙江农村村委会选举中的高度竞争性。同时,珠三角农村缺少浙江农村村庄熟人社会中的富人企业家,村民选举就不会变成两个富人花钱买票的激烈博弈。此外,珠三角农村是宗族型地区,村民与村民之间的血缘认同是比较清晰的,这些传统关系不是贿选可以动摇的,与浙江原子化村庄激烈竞选造成派性不同,珠三角相对稳定的宗族关系也降低了选举激烈性。最后一个原因是,珠三角地区村社集体有大量集体地租收入,村民对集体收入盯得紧,他们当然不希望有人通过贿选当上村干部,再来动自己的村社集体利益。浙江农村大多数村庄没有集体收入,村民不关心谁当村干部,而谁在选举中给了好处就选谁,这个好处不要白不要。

六、国家任务与土围子

浙江宁海县有一项创新,就是由县人大代表投票选出县级重大工程,叫作票选工程,是第二年县长必须向全县人大代表报告完成情况的工程。这些工程,无论多难,一定都要完成。我们在宁海梅林镇调

---

① 谭林丽:《派性政治》,博士论文,华中科技大学,2016年。

研，全镇一年有47项县级以上重大工程，都要按时完成，且过去的重大工程都是按时完成的。

不仅如此，近年来，浙江在全省范围开展大规模的美丽乡村建设，其中包括"三改一拆""五水共治""三边一化"等等，仅仅拆除违章建筑，每个村都有数万平方米。这些拆违工作都很顺利，浙江全省几乎没有因为大规模拆违引发大规模群体性事件。

相对来讲，珠三角建设重点工程征地几乎是不可能完成的任务，我们在佛山、东莞调研时，遇到很多诸如轻轨征地、高速公路征地、修建大桥征地以及"三旧"改造等，都因为遇到巨大反抗而难有进展的情况。与浙江正在大规模违拆相反，珠三角农村农民仍然在大规模地违章搭建。我们到佛山南海调研时，村民在其住宅上面加盖的情况十分普遍。东莞本来限定农户建房最多不能超过六层，后来改为高度不能超过27米，但农户普遍超过七层，甚至十五六层的"钉子楼"比比皆是，我们调研期间仍然有很多"钉子楼"正在加盖过程中。

显然，相对来讲，浙江农村完成国家任务的能力比较强，而珠三角完成国家任务的能力比较弱。从村干部的情况来看，浙江村干部是不脱产干部，也没有健全的村级组织，村干部还是由村民通过激烈的竞争性选举产生的；珠三角则反过来，不仅村干部是职业化的，有庞大的科层化的村级组织，而且在村干部的选任上，上级政府有比较大的话语权。从这个意义上，浙江省农村村干部应该更多地站在农民的立场上，而珠三角地区村干部更应该成为完成国家任务的强有力凭借。为何实际上却完全相反呢？

其中原因大致有两个：从珠三角农村来讲，集体土地出租获取了大量村社集体租金收入，这些收入成为凝聚村民意志的强大力量，正是中国农村集体所有制，使村社集体出租土地获得收入，村社集体每个成员都可以平等获得集体利益,从而使每个村民都有着强大的为了扩大集体利益而一致对外的动力,即使国家征地,这些集体钉子户也有强大的行动能力。无论谁当村干部都必须服从集体钉子户的意志。2005年前后珠三角进行的股权固化进一步强化了珠三角农民对自己土地利益的想象,珠三角地区的宗族传统也为村民一致行动提供了整合的意识形态。

也正是珠三角农民具有强大的集结起来反抗的能力,国家才要借控制村干部来控制村社集体。只是在土地地租利益巨大和集体钉子户行动能力强大的前提下,地方政府即使可以撤换村干部,也无力将国家任务有效贯彻到村庄中,珠三角农村出现了以食利为基础的集结起来的具有强大行动能力的"土围子"。更糟糕的是,珠三角的一些地方政府,如佛山南海区和深圳市在村社一级推行政经分离[①],就会进一步强化珠三角村庄的土围子倾向。

从浙江农村来讲,浙江农村的村社集体缺少土地租金收益,事实上大部分村社集体土地收益几乎为零。浙江农村又大多是所谓的原子化地区,缺少传统的血缘组织的行动能力。村庄熟人社会剧烈的经济分化进一步导致村民集体行动能力严重不足。正因如此,国家任务进村落地,即使有人反对,也只可能是个别钉子户,而不会是珠三角式的集体钉子户。个别钉子户就容易摆平。甚至,因为村庄内存在着严重的贫富分化,正是其中一些人举报另外一些人的违章建筑,国家才轻松进入村庄拆违。无论是国家项目在村庄落地还是上级政府来村庄拆违,很少会有村庄所有人团结起来反抗的情况,所以国家任务就相对较容易完成。而珠三角地区,上级政府拆任何一家的违建,都会引

---

① 参见邓伟根:《推行"政经分离"完善基层治理》,载《唯实》2013年第9期。

起与这一户有相同利益和相当问题的所有其他农户的担忧，以及他们的集体反抗，从而造成国家力量的无法进村。

简单地说，在浙江农村，因为村庄本身的分化，包括社会结构方面的原子化，经济上的贫富分化和缺少共同的村社集体利益，国家进村是很容易的事情，土围子根本就不可能出现。正是没有担心进入不了的土围子，浙江省村委会选举就可以放手按国家制度来，激烈的竞争性选举进一步分化了村庄，从而让国家任务更可以在村庄中完成。选上村干部的富人也不会因为自己是村民选举产生的，就代表村民将村民组织起来对抗国家。尤其是富人企业家当选村干部，他们是想借村干部职位来拓展与市场和政府的关系，而不是要对抗国家而造成自己经营上的损失。

七、小结

上述讨论列表如下：

	浙江农村	珠三角农村
工业化路径	家庭作坊、民营企业	招商引资、三来一补
经济分化	贫富分化大	不明显
社会分层	金字塔结构	扁平社会结构
人情竞争	激烈	不激烈
村干部特征	富人治村	职业化村干部
选举竞争性	激烈	不激烈
派性斗争	激烈	很少
国家任务落地	容易	难
社会结构	原子化村庄	宗族型地区

续表

	浙江农村	珠三角农村
文化排斥	高	低
村集体收入	低	高
社会活力	高	低

我们可以将浙江农村称为充满活力的活力型社会，虽然浙江农村也存在问题，这些问题都容易在发展中解决。珠三角农村则越来越陷入到腐朽的缺少生机的食利者逻辑中。一旦离开了世界产业转移到珠三角所造成特定时期"世界工厂"的历史条件，珠三角地区的发展很可能会陷入低水平均衡之中：一方面现在的状况不可持续，另一方面做任何改变都要面对土地上所附着的巨大部门利益（及对这种利益的期待）的反对，从而进退不得。

从以上讨论中，我们可以看到，虽然同为沿海发达地区，却因为工业化的路径不同，而会在区域发展的各个方面造成累进的差异。这种差异进一步导致法律和市场以及国家力量自上而下自外而内落地时的差异。试图用一个笼统的"发达地区的乡村工业化"框架来讨论东部沿海农村，是一种偷懒。

乡村建设篇

谁的乡村建设

一、乡村建设的不同类型

在当前国家资源下乡的背景下,全国各地乡村建设如火如荼展开。实际上,当前乡村建设存在着很多不同的类型,不同类型乡村建设所要达到的目标完全不同。即使只作最为简单和初步的区分,也可以区分出四种差异极大的乡村建设,即为农民在农村生产生活保底的乡村建设、由地方政府打造的新农村建设示范点、满足城市中产阶级梦呓的乡村建设、借城市中产阶级梦呓来赚钱的乡村建设。

先来看为农民在农村生产生活保底的乡村建设。在当前中国城市化背景下,农村人财物流入城市,农村出现空心化现象,逐渐变得萧条起来,之前在相对封闭的状况下所形成的农村秩序难以维系,尤其是农民进行生产生活的基本秩序难以内生提供。而在未来很长一段时期内,农村仍然会有数以亿计的农民生活,且许多农民进城失败后还要返回农村。因此,保持农民基本的生产生活秩序就具有重大意义。正是农村基本生产生活程序的保持,使农村成为中国现代化的稳定器与蓄水池。通过自上而下、自外而内的资源输入,仍然留在农村的农民可以维持良好的生产生活秩序，从而为农村提供保底，这将极大地减轻中国城市化的压力，提高中国在现代化进程中应对各种危机的能力，保障中华民族顺利实现伟大复兴。

因为农村人财物流入城市是全国几乎所有农业型地区都存在的情况，农村空心化就是当前中国农村最为普遍的现象。因此，国家资源下乡为农民提供生产生活秩序的保障，就是最为基本的乡村建设。这种乡村建设并非要将农村建设得比城市更好，甚至不是要达到历史上乡村发展最好时期的建设水平，而是要为无法进城或进城后难以在城市体面生活的农民，提供在农村完成劳动力再生产的基本条件。

地方政府新农村建设示范点的建设也可以算作一种乡村建设。地方政府都有一定的财政能力，而打造若干新农村示范点、建设堪比城市的社会主义新农村建设示范点，不仅在政治上是正确的，而且为电视宣传、领导参观提供了标本。[①] 当前全国几乎所有县市都打造了若干新农村建设示范村，这些示范村都投入了大量财政资源，在基础设施、农民住房乃至生活环境方面都进行了大建设，发生了大改变，村庄面貌焕然一新，村庄的物质条件甚至不输于城市，更远好于周边普通农村。

地方政府打造新农村建设示范点存在的问题是不可复制，难以推广。核心是地方政府的财政资源、财政能力是有限的，而打造示范村意味着有限的资源被集中于极少数示范村也就意味着其他村庄可用财政资源的绝对减少。由财政资源打造的示范村只能是点，而不可能做面，也不可能发挥真正的示范作用，这是当前地方政府打造新农村建设示范点的硬伤。

---

① 参见李元珍：《领导联系点的组织运作机制——基于运动式治理与科层制的协同视角》，载《甘肃行政学院学报》2016年第6期。

满足城市中产阶级品位的乡村建设。人与自然和谐相处，小桥流水、绿树成荫、月明风清、生活便利、环境优美的农村，不仅是农民的向往，更是生活在拥挤城市中的中产阶级的梦想。基于这样的梦想，代表城市中产阶级的艺术家们到农村进行乡村建设，以期实现人与大自然的和谐相处，以及诗意般的生活，就很有道理了。

借中产阶级梦呓来赚钱的乡村建设。因为中国已有数量庞大的城市人口，拥挤、喧嚣、远离自然的城市生活使他们产生了与大自然亲密接触的需求。有一些具有区位和环境优势的农村借此进行乡村建设，以满足城市中产阶级的需求，从中赚取收入。中央推出的农村一、二、三产业融合发展大致对应这种类型的乡村建设。

二、"三产融合"的乡村建设

靠城市中产阶级对农村生活向往来赚钱的乡村建设，需要具有区位和环境的优势，而具有这种优势的农村并不多。关键是，虽然中国已经有了一个庞大的城市市民阶层，但如果仅靠城市市民阶层到农村的消费农民就能致富，那这样农村的农民就一定是少数。

具有区位和环境优势的农村大致包括两个方面：一是大中城市郊区，二是风景名胜地区。两者若能结合就更好了。这样的农村可以通过为城市中产阶级提供消费来赚取收入，甚至因此致富。比如农户可以开办农家乐赚钱。越能吸引城市人来消费就越能赚钱。

不过，具有区位和环境优势的农村一定不会很多，且因为城市中产阶级农村消费还相对有限，能靠城市中产阶级消费来赚钱致富的农村就更少。全国有60多万个行政村，真正有能力从城市中产阶级消费中赚钱的不会超过一万个，主要集中在大城市、特大城市郊区，以及沿海发达地区，还有少数风景名胜区，总量不超过全国村庄的2%。

因为这些农村具有优势，资本就有进入这些农村投资的意愿，村庄中的农民就有通过乡村建设来获取利益的机会。当前中国正处在社会主义市场经济阶段，资源配置以市场为主，市场也有相对完善的资源配置的能力。这些村庄具有区位或环境优势，市场就一定会发现这些机会，就一定可以通过这些机会来赚钱。具体地，市场如何发现机会、资本如何进入，以及村社集体和农户家庭如何应对，这是一个市场过程，是一定会发生的过程。我们可以对这些过程进行规范，但尽量不要介入进去。我们可以规范市场但不要干预市场。我们相信市场会自动形成均衡的。

当前国家试图通过推动一、二、三产业融合来增加农民收入，甚至通过税收优惠、土地优惠乃至财政资金投入来推动农村一、二、三产业融合，以增加农民收入。这里就存在两个问题：一是具有区位和环境优势的村庄本来就有较一般农村好得多的获利机会，政府推动这些村庄一、二、三产业融合，甚至直接给予额外财政投入，就只是锦上添花，将不具备优势地区农村的财政资源用于只占村庄极少数的具备优势地区的农村，这是不公平的。第二，政府的推动在一定程度上干扰了市场配置资源，造成社会经济效益损失；政府推动不具备条件村庄搞一、二、三产业融合，却完全无法吸引城市中产阶级来消费，就会浪费资源；政府扶持本来就具有优势的村庄搞一、二、三产业融合，就会造成其他具有比较优势的村庄失去获利机会。

在这个意义上，凡是能通过消费城市中产阶级梦呓来获利的具有区位或环境优势的村庄，政府都不应当再进行财政投入。不具备区位或环境优势的村庄，政府更不应当想当然地以为可以通过财政投入来让农民赚城市中产阶级的钱。城市中产阶级不见得会买账,而同时农户可能因为政府财政投入而进行投资却又无法赚钱,遭受不必要的损失,可能引发受到损失的农户对政府产生怨恨。

三、政府打造的新农村建设示范点

地方政府集中资源打造社会主义新农村建设示范点,甚至将地方几乎所有机动财力用于示范点建设,这样的示范点就是再好,也因为其不可复制而没有意义。相反,在财政收入有限的情况下,地方政府集中财力打造不可复制的示范点,造成本来应当用于一般农村基础设施和基本公共服务建设的资源被挤占。

地方政府打造新农村建设示范点不仅会导致过多财政资源堆砌在一个点上,而且可能引发示范点自身的各种问题。比如过多资源下乡引发村庄内部的各种矛盾冲突;村庄内部缺少自身运作的活力;下乡资源无效使用;以及地方政府行政命令造成示范点建设缺少与村庄内在文化及生活的契合度等等。结果是好事不好办,好事没办好。

针对当前全国各级地方政府集中财力打造新农村建设示范点大都打造得不好的情况,规划建筑界、艺术界乃至社会各界都介入到各级地方政府所进行的新农村建设示范点的建设中来,基本路径是由地方政府花钱买服务,让有关机构和个人来协助地方政府打造新农村建设示范点。这方面走在全国前列的是由李昌平和孙君所主持的中国乡村建设院。

中国乡村建设院打造的一个典型乡村是河南省信阳市的郝堂村[①]。通过李昌平团队的打造，郝堂村的乡村建设具有了品质与品位，其中最重要的是，郝堂村具有对于城市人的吸引力，目前每年到郝堂村游览的人数已达数十万，因此郝堂村村民可以通过如农家乐等来获利。李昌平团队打造的郝堂村，成为了既对城市人有吸引力又可以让本村人获利的一个典范。而且，李昌平团队通过引入村庄内置金融将郝堂村组织起来，在获利的同时又实现了良好的村庄治理。

郝堂村的建设经验就是，地方政府出资，李昌平团队通过制度设计、规划设计和建筑设计，让地方政府所花费财政资源变成了一个具有活力、具有品质与品位、既能吸引城市人来休闲，又能为本村人提供就业等获利机会的新农村。这样的新农村就与由地方政府以财政投入所堆砌起来的，既无活力又不可持续还毫无品位的新农村有天壤之别。

因此，全国各地地方政府在打造新农村建设示范点时就愿意请李昌平团队来进行规划与实施。地方政府买服务，李昌平团队在获得收入的同时将地方政府花费巨大财力建设的新农村打造出品位与活力来。

当然，地方政府不只是向李昌平团队购买服务，而是向各种规划、建筑、艺术设计团队或个人购买服务，以打造出好的新农村建设示范点。从而地方政府养活了若干如李昌平一类的乡村建设团队。

不过，地方政府打造的新农村建设示范点，无论个案多么成功，其最大问题都在于不能复制。这就极大地限制了示范点的意义。李昌平团队通过制度、规划、建筑等设计让地方政府打造的示范点具有了活力、品质和品位，就已经达到了这样一种政府主导的乡村建设的极限。

[①] 参见郭艳：《对加强美丽乡村建设的几点思考——以信阳市平桥区郝堂村为例》，载《河南农业》2016年第16期。

四、城市中产阶级的乡村乌托邦

因为对城市人与人之间异化的关系、拥挤的环境、远离自然的空间等的不满,城市中产阶级向往能与自然亲密接触的农村环境,希望在农村中有一个亲密熟人社会的关系,并且有良好基础设施。他们向往农村"采菊东篱下、悠然见南山"的生活方式,物质生活不一定很富裕,但能有自由支配且与大自然亲密接触的闲暇时光却十分重要。蓝天碧水、鸟语花香、风花雪月,没有城市的喧嚣,没有城市的冷漠,没有城市的雾霾。

长久生活在城市中的城市人应该都有一个农村梦,这个农村梦所要补偿的是他们在城市中所缺乏的东西。一般人只是利用闲暇到农村去休闲养生,与大自然接触;一些比较理想主义的中产阶级分子则开始投身到在农村寻找乌托邦的事业中,比较典型的是文化学者欧宁等人在皖南进行的碧山建设计划[1]。

城市中产阶级希望到农村休闲养生,甚至有人到农村进行乌托邦式的乡村建设,这些都是无妨的。每个人都有自己的选择自由,宁愿收入少一点也要到农村享受与自然的亲密接触,或有能力保持城市与乡村之间的两地生活,这都是个人的自由选择,就像很多人选择到名山大川旅游一样,只要你愿意花费时间和金钱。

随着中国城市化的完成,整个中国社会经济发展到更高阶段,在城市的人就一定有更加强烈的"看得见山、望得见水、记得住乡愁"的乡村生活梦,且城市人有经济能力实现这样一个乡村生活梦。所有在城市生活的人都有机会去农村体验自然、享受生活。

---

[1] 参见李乐:《基于乡村性的乡村可持续发展探究——以碧山乡建计划为例》,载《中外建筑》2016年第9期。

不过，当前中国仍处在快速城市化的阶段，中产阶级乡村生活梦看起来还有点昂贵，他们的乡村生活梦只能由自己支付成本，若支付不起，就只能成为他们的"梦呓"。当前国家财政资源还远未充足到要支持城市中产阶级乡村梦的地步。反过来，因为进城农民能否在城市体面安居下来还有不确定性，也许进城失败的农民还要返回农村，所以为了保证农民的返乡权，当前国家政策采取了限制城市人到农村买农民宅基地盖房的政策。因为国家担心，一旦允许城市人到农村买房，农民卖掉房子和宅基地进城失败后，就失去了返回农村的可能。对到农村买房的城市人来讲，他们在农村买房可能只是为了每年有几周时间到农村看星星看月亮，而对进城失败的农民来讲，他们却可能是失去了最后退路与基本保障。

五、为大多数农民进行保底的乡村建设

最为重要的、真正需要重视的、必须作为战略的、唯一正确的乡村建设，其实是保底式的乡村建设。所谓保底就是保住农民进行农业生产和农村生活的底线，维持住农村最基本的生产生活秩序。当前中国正处在快速城市化的时期，农村人财物流入城市，农村出现空心化现象，农村原有的秩序难以保持，国家将资源自上而下地转移进农村，对于维护农村基本秩序具有十分重要的作用。

保底的乡村建设与前面三种乡村建设都是完全不同的，因为这样一种乡村建设并不指望农村比城市更好，而只是要保证还没有能力或不愿进城的数以亿计的农民仍然可以在农村生活得下去，让进城失败的农民还能够退得回来。留在农村生活的农民，他们的生活预期不如

城市中产阶级，但在农村生活可以与土地结合起来，有基本生产生活秩序，有熟人社会，有自己的住房，这样的农村生活又比城市贫民窟要强得多。在城市漂泊的生活远不如在农村身心安定的生活。

因此，保底的乡村建设就有两个十分重要的方面：一是必须照顾到绝大部分农村，尤其是一般的普通农村；二是以维持农村基本的生产生活秩序为目标。从这个意义上讲，当前国家财政支农资源如何下乡就大有讲究。有一种说法是国家资源下乡不能"撒胡椒面"，不然就看不到资源下乡的效果。如果是集中国家有限财政资源打造新农村建设示范点，以及高标准建设新农村，则国家资源下乡还是撒胡椒面好，因为撒胡椒面起码可以让所有村庄都受益。

当然，如何撒胡椒面是有讲究的，国家资源下乡变成单纯的慈善就没有意义了。国家资源下乡与农民组织能力的提高必须结合起来：要研究两者结合起来的途径与办法，就要充分利用中国农村集体所有制和村社制度中的既有组织资源，也要充分利用农村"中坚农民"与"负担不重的人"的力量。这方面可以做的文章还有很多。

以上四种乡村建设，只有保底这样一种乡村建设才是当前国家应当重点支持的，才是为绝大多数农民提供保障和福利的。其余三种乡村建设则不是国家的责任，国家政策更不要将这些乡村建设纳入到支持日程上去。这就涉及根本的问题，即乡村建设是为了谁，为谁进行的乡村建设才是正义的。

在现阶段，只有为占农民绝大多数人口的普通农民进行的乡村建设才是正义的。当前农村获利空间有限，中国经济增长以及获利机会主要在城市，所以农民要想获得更多收益，就必须进城务工经商。农民要想富裕，最好的办法是进城去寻找机会，而正是大部农民进城去了，才会留下更多的农村的获利机会，为仍然留守农村的农民增加获利空间。

在城市化的背景下，农村人财物流入城市，农村的空心化现象出现，导致农村基本生产生活秩序难以维系。而当前阶段仍然有6亿多农村人口生活在农村，且进城2亿多农民工还要依托农村和农业，因为他们的父母或子女还在农村，他们进城失败的话，还要返回农村。

通过国家资源下乡、各种制度设计来保持农村基本生产生活秩序，就使得中国最广大的农民仍然能够在农村安居乐业，就使得农民进可以进城务工经商获利、退可以回到农村生产生活。城市就业机会多、获利空间大，就有更多农民进城并在城市体面安居；城市就业机会减少、获利空间变小，就有更多农民留在农村安居。

并且，正是通过国家推动保底的乡村建设，农民在农村的生产生活才没有破产，农民就不会都作为流民流落在城市；反过来，如果城市遇到经济周期导致大量失业，失业的农民工就可以回到家乡暂避。无论遇到什么样的危机，农村都是中国现代化的稳定器与蓄水池[①]。反过来，如果农村失去了保底的生产生活秩序，农民流落在城市，一旦遭遇经济危机，出现大量的农民工失业，就意味着大量家庭会面临挨饿的威胁。大量流落在城市、没有稳定就业的农民群体，可能会在危机中成为加剧危机和转化危机的力量。经济危机变成社会骚乱，社会骚乱变成政治动荡，等等。看一看世界上几乎所有发展中国家的现代化历史，就能清楚地认识这一点。

---

① 贺雪峰：《城市化的中国道路》，东方出版社2014年版。

六、乡村的前途

中国农村有两个前途：一个前途是衰落与萧条，这是当前中国农村正在发生的情况，另一个前途是成为人与自然和谐相处的美丽乡村，成为疗愈城市人在城市所受之伤的休养地。

从当前乃至未来相当长一段时期看，现在经济机会主要在城市，农民都希望到城市务工经商以获得更多利益，农民也希望能在城市体面安居，享受到城市生活中的繁华、便利的城市文明。农民是没有乡愁的，他们只有"城愁"，就是能否在城市体面安居的忧虑。只有当农民进城了却无法在城市体面安居时，他们才不得不退回农村，农民进城是希望过上城市中产阶级的生活，而不是在城市漂泊流浪。只要农民想进城、在进城，只有进城失败才返乡，农村就必然变得萧条起来。

现阶段，城市人试图既获得城市生活的繁荣与便利、又享受到农村生活的宁静与自然，既有城市工作又有乡村梦，这显然还有点奢侈；若要享受，就必须由自己支付成本。只有当中国完成了城市化、实现了现代化，中国才可能有能力让所有人都可以与大自然有更多的亲密接触，甚至让相当多的人口同时实现城市梦和乡村梦。

从近期来看，中国农村会变得更加萧条，农村基本秩序也难以仅靠内生力量维系。因此，国家投入资源来进行乡村建设，维持农村基本生产生活秩序，就十分重要。这样一种保底的乡村建设应是当前国家三农工作的重点和重心。

从长远来看，随着中国现代化和城市化的完成，将来可能有一个逆城市化阶段的到来，那个时候，进城农民都有能力在城市获得稳定就业和收入机会，并因此在城市体面安居，国家也就有为城市市民提供相对便利的实现"乡愁"的财政能力，人与自然和谐相处的农村生活也可以走入寻常城市人家。

当前阶段，中国最大的"乡愁"是实现中华民族的伟大复兴，走出中等收入陷阱，由一个发展中国家变成发达国家。这个过程必然是艰难曲折的，是九死一生的，是要应对各种国内国际危机的，也是一点浪漫都没有的。要实现这个乡愁，就要为占中国农民绝大多数的普通农村的普通农民提供基本生产生活秩序，从而让中国农村成为中国现代化的稳定器与蓄水池。

现在的危险在于，在乡村建设中存在着一股浓浓的小资情调式的乡愁，这种乡愁忘记了当前中国所处时代的主题，具有强烈的个人情绪。目前来说，满足小资情调式乡愁的乡村建设有点过于奢侈了。

七、保底的乡村建设步骤

怎样进行保底的乡村建设？

第一，应当将国家主要财政支农资源用于对大多数一般农业型地区农村的农民的服务上，为他们提供基本的生产生活秩序，而不是用于也不可能用于让他们在农村致富。以让农民致富为目标的乡村建设都只能是补充性的，而不是最重要的。

第二，国家资源下乡一定要重点用于提高农民的组织能力，而不能直接补到农户了事。直补到户的大多数国家资源都发挥不了应当发挥的作用。资源下乡必须与调动农村社会内在活力挂钩。例如，成都通过村民议事会来使用国家转移而来的资源，将自上而下的资源与农民自下而上的需求偏好在村庄对接，这样一来就可以激活村庄组织能力。[1]

第三,一定要充分利用土地集体所有制和村社组织制度的优势来适应农村生产力变化的形势,为农民提供最好的服务。例如,正是土地集体所有,才有可能使中国农村解决困扰东亚国家和地区(日韩台)的土地细碎化的问题。[2]

第四,要注意推进农业机械化和推广各种轻简便农业技术,以降低农业生产的辛苦程度,为老年人从事农业生产提供便利条件。在普遍机械化的情况下,农业生产就不再需要肩挑人扛,就不再是重体力劳动,这样农村六七十岁的老年人也能从事。农业生产就如同城市人种花养草一样轻松。

第五,要注重农村文化建设。农业生产有很强的季节性,尤其是老年人种自家承包地,每年农忙时间也就2~3个月,大量农闲时间如何度过,闲暇是否有质量,就直接关系到农村生活质量的高低。建立老年人协会,开展各种文化体育活动,是新农村乡村建设的重要内容之一。

第六,要善于利用各种制度创新来推动乡村建设,提高农民的组织化程度。比如,李昌平提出的村庄内置金融就是一个相当有效的通过金融手段来提升农民组织能力的办法,值得在所有村庄推广。[3]

第七,国家要为农村提供较为完善的基础设施,如水电路等,和基本公共服务,如义务教育和基本医疗等。这方面目前做得总体不错。

第八,要善于利用农村社会中既存组织资源进行建设,比如可以

---

[1] 参见杜鹏:《村民自治的转型动力与治理机制——以成都"村民议事会"为例》,载《中州学刊》2016年第2期。
[2] 刘强:《农地制度论》,中国农业出版社2016年版。
[3] 参见李昌平:《创建内置金融村社及联合社新体系》,载《经济导刊》2015年第8期。

利用传统的组织资源，像广东清远利用宗族资源进行的自然村自治[①]；也要注重利用农村一些家庭负担不重但精力好、权威高、有热情的老年人，调动他们的积极性建设村庄，如湖北秭归的幸福村落建设[②]；农村人口大量进城以后，就给农村留下了一定的从农业和副业中获利的机会，从而使农村产生出了"中坚农民"，这些人的收入主要来自村庄社会关系，在村庄生活的年富力强的中坚农民，就是最好的村干部人选和保持村庄治理秩序的骨干力量。

第九，要利用从村庄外出乡贤的力量搞建设。

第十，充分发挥基层党组织在乡村建设中的作用。

---

① 参见贺雪峰：《广东清远村民自治下移的探索》，载《农村工作通讯》2016年第21期。
② 参见李永萍：《基层小微治理的运行基础与实践机制——以湖北省秭归县"幸福村落建设"为例》，载《南京农业大学学报》2016年第5期。

乡村建设的重点是文化建设

进入 21 世纪以来，中国城市化速度骤然加快，在短短十多年时间里，中国的城市化率就由 2000 年的 36% 上升到 2016 年的 57%。未来 20 年将是中国继续高速城市化的时期。高速城市化就是农村人口进城，农村人财物流入城市，农村出现空心化现象。但这并不意味着农村因此就不重要，因为即使中国城市化率达到 75%，仍然会有 4 亿~5 亿人口生活在农村。而且，农村实际上构成了中国现代化的稳定器与蓄水池，对于中国的城市化和现代化发展发挥了极为重要的作用。正因如此，中央已经一连十多年出台涉农一号文件，每年财政支农资金也达上万亿元。

现在的问题是，当前三农政策的关键在哪里？中央涉农一号文件里面具有含金量的政策实施效果如何？建设乡村的重点在哪里？这就涉及如何对乡村建设进行定位，以及如何理解当前中国农村存在的问题。我认为，当前乡村建设的重点是文化建设，与此相关，当前三农中存在的主要问题是对文化的破坏。中国未来三十年乡村建设和农村工作的重点应当集中到以乡村文化建设为中心的工作上来。

一、农村经济正处在历史最好时期

在 20 世纪 30 年代进行乡村建设时，梁漱溟先生认为当时中国主要的问题是文化失调，要救中国就必须救农村，而救农村的根本办法是解决农村文化失调与破产的问题。实践证明，梁漱溟的乡村建设道路是行不通的；一方面是没有彻底的社会革命和社会主义改造，传统中国农村很难为中国现代化提供足够强有力的支撑；另一方面，现代化必然要求工业化，尤其是要发展城市机器大工业，工业化和城市化才是中国现代化的唯一道路，农业立国根本不可能行得通。

新中国成立以后，中国通过城乡二元体制从农村吸取资源发展工业，快速推进工业化，到 20 世纪 70 年代建立了完整的国民经济体系，初步完成了工业化。到改革开放前的 1978 年，工农业产值占比发生巨变，农业产值占工农业生产总值的比重由新中国成立初期的 60% 下降到不足 30%，工业产值占到工农业总产值的 60% 以上。短短 20 多年，中国就由一个传统的农业国家变成建立了完整国民经济体系的初步实现了工业化的工业国家。改革开放以后，中国开始了快速的城市化进程，中国经济总量快速增加，二、三产业产值占国民生产总值的比重超过 90%，农业产值仅占国民生产总值的 9% 左右。二、三产业主要是在城市和沿海经济发达地区城市带完成的，以农业为主的传统农业型农村地区在经济上变得越来越不重要，中国经济发展主要集中于城市，因为聚集效应和规模效益，城市在发展二、三产业上具有远胜于传统农村地区的巨大优势。

就是说，当前中国的发展主要靠城市，从经济增长上看，农业所能起到的作用比较小（当然不是说农业就不重要，农业是基础，粮食安全问题是大问题），从这个意义上讲，农业立国根本就不可能，通过乡村建设来为中华文明开出新路、救国救民显然没有任何可能。中国经济发展多在城市（包括沿海城市带的农村地区），农村只是中国现代化的稳定器。这种背景下，乡村建设的主要目标显然不是经济目标，也不是要让农民留守农村在农村发财致富，更不是鼓励城市人到农村去掘金。

如前已述，虽然在中国国民生产总值中，农业占比已低于10%，但当前中国仍然有2亿多户小农，有2亿多农业劳动力，有6亿多生活在农村的人口。而且2亿多进城务工经商农民工的绝大多数都仍然与农村有千丝万缕的联系：他们大多数人的父母、子女都留守在农村，他们年老时可能还要退返农村。由占全国大约50%的人口来分享只占国民生产总值9%的农业GDP，农民就不可能依靠农业致富，农村就不是适合创新创业的地方，乡村建设的重点就不是经济建设。尤其不应鼓励农民从农业中增加收入，发财致富，因为农业占GDP份额太少，中国总共只有20亿亩耕地，在短期内中国农村人多地少的基本国情不可能改变。实际上，进入21世纪以后，农民收入增长主要来自进城务工经商。只有当大量农民进城以后，这些进城农民才可能将之前的农村和农业获利机会让渡给仍然留村务农的农民，从而提高留村务农农民的收入。

正是城市获利机会向农民开放，使得农民可以依据自己的家庭情况进行决策。城市就业机会多、收入高，农民就进城去。其中一些进城农民在城市获得稳定就业与较高收入，在城市体面安居下来。还有一些农民因为缺少在城市就业的便利条件，或者不愿进城，他们也可能通过流转进城农民土地耕种以形成适度规模经营，来增加自家经济收入。进入21世纪，国家进行农村税费改革，取消了农业税，农民获得了越来越多在城市务工经商的收入机会，农民收入持续增加，生活条件持续改善。仅仅从农村贫困人口的减少来看，改革开放之初，中国有数亿贫困人口，到2012年中国仍然有接近1亿贫困人口，到2017年末中国只有3046万贫困人口。

也就是说，当前农村的根本问题不是增加农民的收入，因为建立了健全的社会主义市场体制和体系，城市获利机会向农民开放，所有农民都可以进城获取这些获利机会，农民就会依据自己家庭状况进行理性决策，农民就不只是农民，他们并不是只能从农村获取收益。正是良好的制度建设和开放的市场机会让农民收入快速增长，农村贫困人口快速下降。

随着农民收入的增长，农民越来越有能力在农业生产中使用机械。当前农业机械化仍在快速推进，尤其在平原和丘陵地区的大田作物耕种中，机械化率相当高，农业生产普遍做到了机耕机种机收机运。2016年我国主要作物耕种收运综合机械化水平超过了65%，小麦基本实现全程机械化，玉米、水稻机械化水平超过75%。之前依靠肩挑人扛的重体力农业开始变得轻松起来，老年人也可以从事农业生产。机械化不仅大大减轻了农业生产的辛苦程度，而且配合各种轻简便农业技术的推广和化肥农药的普遍使用，大幅度减少了农业生产所费劳力，在一般农业型地区，农忙时间可能只需要2~3个月，其余时间都是农闲。

当然，这并不是说当前农业生产就没有问题，更不是说粮食安全就可以无视。当前中国农地制度存在的最大弊病是严重的土地细碎化问题没有解决，尤其是在当前中央强调农地确权的背景下，随着大量农民进城，农地承包权与经营权的分离带来土地经营中的各种问题。而在中国未来仍将长期保留数以亿计农村人口和农业劳动力的情况下，在机械化普及的条件下，农村劳多地少的基本格局将长期存在，老人农业就有合理性，且老人农业一般都会精耕细作，从而就可以保持相对较高的土地产出能力，也正是因此而可以保证当前全国包括粮食在内的农产品供给。

此外，进入21世纪以后，国家加大以工哺农、以城带乡的力度，大量国家财政投入在较短时间内大幅度提高了农村基础设施水平，尤其是道路、水利建设以及土地整治等都取得了很大进展，而以新农合和新农保为代表的农村社会保障体制也使农民有了更强的应对风险能力。

小结一下，进入21世纪以来，农民家庭收入水平持续增加，农村贫困人口快速减少，农业生产条件大幅度改善，机械化快速推进，农村生活基础设施和基本社会保障也大幅度改善。甚至可以说，在中国数千年历史上，只有进入21世纪的这十多年时间是中国农民收入增长最快、生产生活条件最好、社会保障最健全的时期，中国绝大多数农民也许正是在这个时期才第一次真正彻底地解决了温饱问题，有了基本的社会保障，从肩挑人扛的重体力劳动中解放出来，有了较多的闲暇时间。也是因此，我们完全可以认为，当前中国农民正处在历史上最好的时期。

但是，正如我们在媒体上常可以看到的，以及各种返乡人士所观察到的，当前中国农村绝对不是完美、没有任何问题的，而是问题多多。这些问题表现出来林林总总，如人情泛滥、彩礼横行、无序竞争、道德崩塌、老年人自杀率升高、高离婚率、不理性消费、刁民崛起等等，概括起来就是农村出现了社会失序，文化失调。

也就是说，当前农村问题的根本不在于经济方面而在文化方面，农村的破产是文化的破产。因此，乡村建设的重点应是文化建设。

二、农村的"拉力"与城市的"推力"

城市化导致农村人财物快速从农村流出，农村出现了空心化现象。快速城市化带来的农村人财物流出，也许是历史上第一次真正将过去相对封闭的村庄边界打破，保持了千年稳定的村庄秩序以及农民的价值世界发生改变，由此造成各种文化失调的问题。在经济增长主要发生在城市也只可能发生在城市的情况下，农村人口大量进城，农民收入增长越来越依靠进城务工经商收入。农村之所以重要，不在于农村可以为农民提供堪比城市的获得收入机会以及生活便利，而在于农村可以为农民提供经济收入和社会生活的保底。正是农村能为农民提供保底的生活条件，农村可以保持基本的生产生活程序，农民家庭就可以进城务工经商获取收入，进城失败又可以退返农村生活。正是农村保持了基本的生产生活秩序，农村社会为农民提供了保底，而让农民有了依据自己家庭情况在城乡之间进退的选择权。农民的进退选择权正是中国现代化进程中最为重要和最基本的缓冲空间，也是农村成为中国现代化的稳定器与蓄水池的前提。

换句话说，在当前乃至未来很长一段时期，中国都将处于快速城市化进程中，大量农民进城务工经商获取收入。不过，在中国目前的经济发展阶段，大部分农民工都很难在城市体面安居，他们因此就很难离开农村。一方面，进城务工经商的青壮年农民工，他们的年老父母和年幼子女可能仍然生活在农村，仍然从事农业生产，获取农业收入，且正是通过"以代际分工为基础的半工半耕"家计模式，农民家庭可以同时获得年老父母务农的收入和年轻子女进城务工的收入，农民家庭才有比较高的经济收入。就是说，当农民家庭青壮年劳动力进城务工时，中老年父母仍然从事农业生产获得农业收入，在没有减少农业收入的情况下，农民家庭青壮年劳动力进城务工获得的收入构成了农民家庭收入的持续增长。而且，农村生活消费水平比较低，自给自足经济的存在进一步降低了农民家庭支出的压力。这正是进入21世纪以来全国农民家庭收入持续增长的原因。

另一方面，进城务工经商的青壮年农民工，年轻时在城市工作生活，而年龄大了之后，他们可能很难再找到合适的就业与收入机会，又缺乏在城市体面安居的社会保障，他们就可能要返回农村。当进城失败农民工返回农村时，城市就不会有大量漂泊无根的底层人群，也不会出现大规模城市贫民窟，进城农民工也会不惧于进城的失败，因为"大不了回到农村去"。

正是农业为农民家庭提供了虽然不多却十分重要的保底收入，以及农村为进城失败农民工提供了最后退路，农村才成为中国现代化的稳定器与蓄水池。农业很难让农民发财致富，发财致富的主要机会在城市二、三产业，农村生活也很难媲美城市生活。不过，农业收入虽然很难致富却不难解决温饱问题，农村生活虽然没有城市灯红酒绿的繁华，却要好过漂泊无根的城市贫民窟生活，因为农民都有自己的住房和土地，以及村庄熟人社会的生活。

而当前农村基础设施的建设，农业机械化的推进，农村基本社会保障体系的建立，都使得在物质条件方面，农村真正成为进城失败农民不错的退路，以及缺少城市就业机会农村人口不错的生活场所。正是因为占到中国总人口一半以上的农村人口有了保底生存条件，有了基本保障和退路，中国现代化过程中才可以保持一般发展中国家所缺少的"发展中的稳定"。

农村目前仍然具有留住农民的拉力，而城市目前仍然具有难以容纳进城人口的推力，这一拉一推之间高水平均衡，为中国应对现代化进程中各种可能出现的困难提供了巨大缓冲空间。某种意义上，在当前中国发展阶段，城市所能提供的容纳进城人口在城市体面生活的能力是有限的。就是说，城市对进城人口体面生活的推力是相对既定的。建立高水平均衡的关键就是农村的拉力。农村越有拉力，进城失败的农民就越是不能忍受城市漂泊无根的生活，就越是会返回农村。很简单，农民进城是为了在城市寻找比农村更好的生活，当他们进城后，经过多年努力发现无法实现城市美好生活，他们就可能返回农村过虽然不如城市中产阶级却比城市贫民窟生活要好的生活。反过来，如果农村缺少拉力甚至产生巨大推力，进城失败农民无法返回农村，甚至缺少进城条件的农民也很难在农村生活下去，城市就不得不容纳远超其合理容纳能力的农村人口，城市就会产生数量庞大的贫民窟人口，中国现代化也会因此缺少了缓冲空间。

我们因此就要仔细讨论当前农村的拉力和推力，要研究农民的生产生活。如上所述，显然在当前乃至未来很长一段时期内，乡村建设的目标不是要让农民过上堪比城市中产阶级的生活，农村也不是发财致富的场所，而是要为进城失败或缺少进城条件的占到中国半数以上人口的农民提供保底的退路。从这个意义上看，当前农村的物质条件还是不错的，且仍然在继续改善中。当前农村并不苦于物质的方面，在生产生活、经济收入甚至基本保障方面都在大幅度改善。当前农民之苦更多苦于文化的方面，农村存在的问题更多是文化的问题。正因如此，我们认为，当前乡村建设的重点是文化建设，而非其他方面。

三、当前农村存在的问题

当前农村存在的主要问题不是农民收入太低、劳动太重,而是消费不合理、闲暇无意义,是社会关系的失衡,是基本价值的失准,是文化的失调。下面分别列举若干当前农村存在的问题。

1. 消费层面

当前农村存在的一个很大的问题是消费不合理。改革开放以来,尤其是进入 21 世纪以来,农民家庭收入持续增长,绝大多数农户家庭都已经摆脱贫困,到 2015 年全国贫困人口只有 5000 万左右。当前农村存在的一个严重问题是消费的快速增长,尤其是各种不合理、不理性消费快速增长。某种意义上,农民收入增长速度远远赶不上消费增长速度。据我们调查,在一些贫困山区,比如湖北秭归,农民收入的大约 1/4 要用于人情开支,一个普通农户家庭一年的人情开支就要上万元,人均达到 3000 元左右,人情仪式支出的同时,事主方也要办酒席,酒席的铺张浪费情况也很惊人。浙江农村办酒席,一桌酒席花三四千元很正常,条件稍好的家庭办酒席,三四十桌的情况也很普遍,婚丧嫁娶办一次酒席就要花费十多万元。与长江流域普遍沉重的人情酒席支出不同,华北农村仪式性支出十分浪费,甚至办丧事也要请戏班子唱戏,其中不少狂歌劲舞,与丧事悲伤凝重的气氛完全不协调。

农村消费中,最大支出是建房。改革开放以来,有些地方的农村已经建了三茬房,由砖瓦房到楼房,再到高标准别墅式装修的住房,还有相当一部分农户家庭到城市购买了商品房。随着住房质量、面积、花费的逐渐提高,每一次新的建房潮都几乎会花完农户所有积蓄,其中多数还会欠下债务。而实际上,农户家庭所建住房往往大而无用，之所以建超过农民经济承受能力的高大而奢侈的住房，很大程度上是为了攀比而非实际需要。

最近几年，农村又出现了买小车的攀比，有钱无钱都要买，贷款也要买小车。实际上，很多买车农户常年在外打工，买的车仅仅春节回家时开出来显摆显摆，春节一过，小车就关在车库（如果建了车库的话）里，纯属浪费。

当前农村消费尤其围绕男婚女嫁进行，农村婚嫁中普遍出现了女方索要高额彩礼的情况。除了高额彩礼之外，女方往往还要求男方家庭在城里买房、买小车，索要各种"三金"之类的物品。婚礼仪式也越来越新潮，甚至请婚庆公司来主持，更不用说普遍要拍婚纱照。有人形容，农民日常是一分一分地攒钱，到了儿子结婚时就是一万一万地花钱，结一次婚不仅将全家所有积蓄用完，而且往往欠下巨额债务。

此外，农村赌博情况也十分普遍，六合彩在农村更是长期流行。

在收入有限的情况下，不合理、不理性的消费造成了农民生活的困难。与其说农民之苦是收入太低，不如说是消费不合理。

2. 农村人情与村庄社会资本

当前中国有一些农村地区深受人情债的压力之苦，尤其是长江流域的重庆、湖北、湖南的一些地区和东北农村，农民收入的相当部分要用于人情支出。农村是一个熟人社会，在这个熟人社会中，婚丧嫁娶需要相互来往和互相帮忙。正是通过互惠的人情，熟人社会中的村民被建构为"自己人"，自己人的认同提高了村庄熟人社会共同应对自然和社会风险的能力，以及完成集体行动的协调性与情感，增加了村庄社会资本，构造了村庄社会。也使得熟人社会有了更多的价值内涵。

不过，当前有一些地区的农村出现了严重的利用人情来敛财的现象。刚开始时，婚丧嫁娶办酒席，收取的人情钱多于花费，办酒席有盈余。在传统时期，这种盈余可以算作亲朋邻里对举办人生大事村民家庭的经济支持。在农村社会快速变化且村庄结构性力量弱化的情况下，有农户家庭连续办了多次婚丧嫁娶酒席，收了多次人情。而有些农户若干年都只送出了人情却没有办酒席收回人情的机会，就会在之前相对约定俗成的酒席范围之外办酒席，收人情。这样的事情有了开头就有人跟风，在过去约定俗成的酒席以外，各种名目的酒席就大量产生，以至于办酒席都不用说明原因，这就是所谓"无事酒"。由此出现了酒席越办越多、人情越来越高，所有村民都因人情支出受到巨大压力的问题。有少数村民开始退出人情圈，最终越来越多村民退出人情圈，过去作为互惠的人情不再能维系下去，村庄熟人社会变成人情的沙漠，之前依靠人情来将熟人变成自己人的机制也因此很难发生作用，村庄社会资本快速下降。

3. 闲暇的无意义感

在机械化快速推进、化肥农药广泛使用的情况下，农业生产不再是重体力劳动，农忙时间大大缩短。这也许是中国农民历史上第一次获得充分的闲暇时间。尤其是在平原和低丘陵地区，因为机械化的普及，每年农忙时间可能只要2~3个月，一年中的大部分时间都是农闲，如何度过闲暇就成为决定农民生活质量的一个关键。

传统时期，农业生产力水平低下，农民只有终日劳作才能解决温饱问题，农忙时节自然忙得不可开交，农闲也要搞各种基础设施建设，以及忙各种家务，几乎没有闲暇。仅有的一些农闲时间都安排了各种节庆，比如秋收后有中秋、重阳，春播前有清明，春播后有端午，冬季有春节。节庆就有活动，就要忙碌。也就是说，在传统时期，农民的时间都被季节性展开的农业生产和社会性节庆所占用，几乎没有真正闲下来的时间。仅仅是农村中人数很少的地主阶级有空闲时间，而这个地主阶级一般也要参加劳动，同时又要耕读传家、获取功名。

新中国建立以后，国家进行工业化建设，从农村抽取资源，工业化的成果却迟迟没有回馈农业，农村劳动力在完成传统时期的农业生产任务以外，还被高度组织起来利用冬闲时间建设各种水利工程等基础设施。而且，人民公社还将农民组织起来开展文化教育活动，提高人的素质，民办教师、赤脚医生、文艺宣传队、各种会议等等，几乎将农民所有农闲时间都安排满了。

分田到户以后，一方面是农民劳动积极性的提高，一方面是农业机械化等生产力水平的提高，使人多地少的农村的农闲时间大幅度增加，且重体力劳动大幅度减少。几乎是突然而至的大量闲暇让农民难以适应，如何过好闲暇生活在当前农村成了问题。

突然而至的闲暇与千年形成的农耕生活习惯之间的不匹配，在身体上的表现是农村出现了普遍的心血管疾病，生活上的表现则是农民天天打麻将赌博，以及各种低俗文化的兴起。在当前农村人财物流出农村的背景下，农村社会中结构性力量的弱化进一步造成农村人际关系的弱化。

当前中国农村，农民也许是历史上第一次有了真正意义上的大量闲暇时间，可能这些闲暇时间不仅没有给农民带来生活品质的提升，反而造成了他们的无所适从甚至无意义感。赌博、迷信活动、地下宗教、人情泛滥、无序竞争，以及其他以感官刺激为基础的各种低俗文化的泛滥，大都与农村的闲暇安排有关。

4. 道德方面

在农村人财物外流的情况下，村庄传统结构性力量解体，基层组织体系功能弱化，农村社会产生了各种问题。其中，农村老年人作为弱势群体成了各种社会问题的最后承受者，并由此产生了严重的道德问题，其中最典型的是老年人自杀的问题。

在某些地区的农村（尤其集中于长江流域中部地区），农村老年人非正常死亡的情况十分普遍，甚至有老年人说现在农村就没有正常死亡的老年人。[1]

笔者在农村调研时发现，老年人非正常死亡也不全都是因为子女虐待，其中相当一部分是老年父母身体不好的时候担心拖累子女，选择自杀。他们觉得自己年龄大了，不再能为子女做贡献了，活着就是拖累子女，即使自己不自杀，村庄舆论也是"某某老糊涂了，都不知道自己该死了"，村庄舆论对处在绝对弱势的老年人十分不利，老年人失去劳动能力，尤其是生活难以自理之后，似乎唯一的选择就是自杀。老年人的普遍的自杀现象会使村庄社会中的所有人产生非常消极的预期。

5. 政治的方面

任何一个社会都有一些搭便车甚至利用时机捞取好处的人。在一个正常的社会中，这些事事搭便车捞好处的人会付出名誉的代价，并且处在社会边缘的位置。不然，村庄熟人社会就会人人争当搭便车者。人人搭便车，集体行动陷入困境，村庄社会就无法应对共同的生产生活事务，村庄社会就要解体。正是因此，任何一个正常社会都必有一

---

[1] 刘燕舞：《农民自杀论》，社会科学文献出版社2014年版。

套抑制搭便车行为的结构性力量,包括舆论力量。

当前中国农村出现的一个大问题是,保持了千年的稳定的村庄社会结构面临解体。之前相对封闭的村庄变得开放,农民可以从村庄以外获取收入,并且越来越多地从村庄以外获取收入。过去约束村庄搭便车行为的结构性力量解体,越来越多村民学习搭便车,甚至越来越多村民借国家项目在村庄落地的机会当钉子户获利。村庄缺少约束"刁民"的力量,"刁民"成为村庄中"堂堂正正"的力量,"刁民"得到好处,成为示范,就有越来越多村民变成"刁民"。"刁民"泛滥蔓延的结果就是,不仅村庄内部为公共利益所进行的集体行动陷入困境,而且国家要为村庄做好事也会处处遇到钉子户的刁难,好事不好办,好事办不好。

6. 终极价值方面

传统中国农村,农民的宗旨是传宗接代、光宗耀祖。所谓"不孝有三、无后为大",围绕生儿育女来完成人生任务,获得人生意义被认为是理所应当的。正是有了明确的传宗接代任务,农民所有行为都有目标,所有辛苦都有理由。这样的终极价值让农民可以含辛茹苦、忍辱负重,在有限的生命中实现无限的子孙延续的意义。

当前农村快速的变动不仅彻底打破了农民对传宗接代终极价值的信仰,而且让农民失去了进行村庄社会性竞争的稳定条件,从而在农村中普遍出现了急功近利的短期行为。正是本体性价值的丧失造成了村庄中激烈的社会性价值竞争,以及随之而来的价值荒漠化。农民不知道自己为什么活着,活着的意义是什么,什么活法才是对的。

以上六点应当是当前农村中普遍存在的可以总括为文化失调的问

题，当前农民之苦不是苦于物质匮乏，不是苦于劳动繁重，而更是苦于他们在生活中丧失了价值感。缺少了由人与人之间稳定联系所形成的相互期待与合作，无法从闲暇中生产出有品质的生活，反而产生出来各种低俗的伤害身心的恶习。正是从这个意义上，我认为，乡村建设的重点是文化建设。

四、造成文化诸弊的原因

造成当前农村文化诸弊的原因有很多，其中最为根本的方面是传统的相对封闭的村庄社会向现代的相对开放的社会转变中出现的不适应。直接的方面则是快速城市化导致农村空心化，从而产生了各种相应的变化。

数千年来，中国农村都保持了相对的稳定与封闭，这种稳定与封闭的最典型表现有两个方面：一是村庄人口比较稳定，村民基本上都是生于斯、长于斯、死于斯，村庄是一个熟人社会；二是村民主要收入来自村庄尤其来自土地。农民在村庄土地上劳作，从中获得收成，并生活于这块祖祖辈辈都赖以生存的土地上。

人民公社时期，虽然新中国在农村进行了从土地制度到社会结构、政治组织的全方位改造，普及了新式教育，推行了男女平等反传统的文化，使新中国的农村与传统时期的农村有了极大差异，但即使如此，村庄社会相对封闭和稳定的格局也未改变，农民仍然生活在祖祖辈辈生活于其中的村庄里，并且主要是从土地上获取收成。甚至到改革开放以后，农民仍然被束缚在土地上，在村庄中生产生活，村庄保持了超级的稳定与封闭。

真正的改变是在世纪之交，中国城市化进入快车道。在短短十多年时间，城市化率即由2000年的36%上升到2016年的57%，不到二十年时间，城市化率提高了21个百分点，1/3的农村人口进城，并且进城人口大都是青壮年劳动力。与此相关，农民家庭收入越来越依赖进城务工经商收入，甚至一半以上的农户收入都来自城市，真正村庄农业收入占农民家庭收入的份额越来越小。就是说，一方面，农民大量进城去了，一方面农民家庭收入越来越依赖村庄以外的收入来源。这就意味着保持了千年的超级稳定的封闭村庄社会，在进入21世纪前后，终于第一次发生巨变。这是理解当前中国农村出现文化失调的一个基本前提。

因为农村人财物的流出以及农民收入来源的多元化，农村社会结构发生重要变化。农村年富力强的劳动力进城以及农村精英进城，使农村社会出现了人才的断层，而收入来源的多元化使村庄中的道德惩罚失去了约束效能。之前通过边缘化村庄中的违规者从而保持社会基本秩序的机制，也失去了发挥作用的条件。从村庄结构性力量来讲，传统时期留存下来的超家庭血缘组织，如华南的宗族组织和华北的小亲族组织正在式微，取消农业税后，村社集体组织也越来越缺乏调节村庄关系的能力。在缺少村庄内部有效支持的情况下，过去在村庄事务中起到调解作用的权威人士（如五老）也越来越不敢和不愿出面调解。传统的相对封闭村庄中，以拒绝帮助农户应对婚丧大事来表达集体情感、让不守规矩村民付出代价的办法，在当前社会已经逐渐失去作用。全国农村都出现了原子化的趋向，每个人都追求个人利益的最大化，造成了集体行动的困难和公共事务的困难，并由此表现为当前中国农村社会中的种种负面文化现象。

在市场经济条件下，村庄中青年劳动力进城务工经商，留在农村的获利机会也被部分村庄精英所捕获。在都是仅依靠农村有限的土地来获取收入的情况下，农民家庭之间的收入往往相差不大，农户家庭收入的差距更多只是来自家庭生产周期的表现，即当家庭劳动力多时，家庭收入就高；家庭消费人口多时，家庭经济条件就不好。尤其是在新中国实行土改以后，农户之间的收入差异更小。分田到户也是按人口分田的，在同一个村庄，农户都有相差不多的人均耕地，也都在土地上有相差不多的收入。相对平均的收入水平使得农户之间不会有不理性的面子消费竞争。也正是数十年相对平均的收入为所有农户埋下了"谁也不会比谁差"的面子竞争动力。

分田到户以后，尤其是进入世纪之交，越来越多农户从市场上获得收入，农户收入差距越来越大，一部分人富裕起来。这些富裕起来的人引领消费，从而激发了那些仍然未富裕农户的追赶。正是苦苦的外在消费水平的追赶，让几乎所有农户都陷入到一个人为制造的社会竞争的灾难之中。

农民收入的快速分化与新中国建立以来村庄社会收入水平相对平均下形成的平等意识，加剧了当前农村社会中竞争的不理性。

诸如农村人情、建房、买车等消费，很大一部分都不是出于实际需要，而是竞争的需要。有钱人消费水平提高了，在村庄社会中就形成示范，村庄总体消费水平就水涨船高，仅依靠有限的农业收入是不可能赶得上消费潮流的。农户因此不得不想方设法增加收入来源。

消费主义的侵蚀也是构成当前农村诸多文化问题的主要原因之一。现代工业社会，消费主义具有必然性。机器化大生产必须有更加现代的消费，也正是消费水平的提高促使人们有更强的增加收入的动力。

问题在于，对于收入水平比较低的农村人口，尤其是对缺少收入的老年人来讲，消费水平高而收入比较低。且消费主义越来越以消费水平来衡量人的价值,广告和时尚成为消费主义的开路先锋。

构成当前农村文化失调的最主要内容则是价值方面的。传统社会与现代社会中人的自我实现是有本质差异的。传统农村社会中,个人本体性价值是隶属于家庭以及宗族的,而这个家族又是由去世的祖祖辈辈和仍未诞生的子子孙孙所构成的无限绵延的世系,每个人都生活在家族的"祖荫下",传宗接代因此成为农民的宗旨,成为农民将自己有限生命投入到绵延子子孙孙的无限事业中的依据。正因如此,无论环境条件多么艰难,农民都愿意付出努力来达到传宗接代的目标。[①]

新中国不仅要建设强大的工业化国家,而且要建设现代文明国家,其中核心是接受现代性叙事。国家权力直接介入到每个个体,以前横亘在国家与个人之间的宗族甚至家庭都被扫荡,每个个体从地方性社会中解放出来直接面对国家,宗族组织作为反动的封建堡垒被打倒,传宗接代则作为落后的封建思想受到批判。新中国成立前出生的一代人很难在短期内改变"传宗接代"的观念,"封建残余"思想严重。1980年前后实行强制计划生育政策时,新中国成立前出生的农民正当壮年,他们仍然具有强烈的传宗接代思想,无论如何要生一个儿子的想法成为阻碍计划生育的最大阻力。到2000年前后,育龄人口不只是生在新中国长在红旗下,而几乎都是在市场经济条件下成长起来的,他们接受了现代教育,具有了自我实现的价值观。对于年轻的社会主义新人来说,生儿生女都一样,个人价值和自我实现也许比传宗接代更加重要。这样一来,过去千年来支配农民行动的传宗接代的逻辑和在此逻辑下的活法就发生了改变,而新的活法仍然在探索中,还没有形成与实现个人终极价值相匹配的新活法。当前农村这样一种价

---

① 参见贺雪峰:《农民价值观的类型及其相互关系》,载《开放时代》2008年第3期。

值观的转换及由此产生的彷徨与混乱，就成为当前农村文化失调各方面不良表现的最深沉基础。进入21世纪，市场经济的充分发育，无孔不入的消费主义潮流，就进一步使收入水平处于中下层的农民群体不知所措，因此各种错乱行为开始出现。

五、如何进行农村文化建设

那么，如何进行农村文化建设？我认为有治标与治本两策，在当前一段时期内，农村文化建设的重点在治标。只有当中国已经完成了现代化建设，中华文明已经复兴之时，才有条件进行治本的乡村文化建设。

从治本的角度来讲，乡村是人与自然亲密接触的地方，又是熟人社会，是真正"看得见山，望得见水，记得住乡愁"的地方，是人与自然及与社会可以和谐相处的地方，也是每个人的心灵中需要拥有和珍藏的地方。在高度工业化以后，有机会与自然亲密接触，"采菊东篱下，悠然见南山"，远离喧嚣，远离都市，是每个人都会有的憧憬。

当前乃至未来很长一段时期内的乡村文化建设不是要治本，而是要缓解当前乡村文化失调所引发的各种弊病。这些问题难以根治，却可以缓解。尤其是在当前中国经济发展多在城市，农村物质性条件大幅度改善的情况下，缓解问题的乡村文化建设极为重要。

大致说来，有以下几个方面可以进行建设。

1. 抵制消费主义的蔓延，通过多元化的文化建设对冲消费主义文化对农村缺少收入条件的农村群体的破坏性影响。

2. 移风易俗。

当前农村出现的各种恶俗风气尤其是各种铺张浪费的奢靡之风与攀比之风，严重破坏了农村秩序，恶化了农村文化环境，影响了农民的关系，国家应当给予引导，通过倡导移风易俗，甚至通过一些"软法"，来限制地方恶俗，起到一定缓解作用。地方政府倡导移风易俗当然不是非得一刀切，事事都靠国家权力的强制，而要注重倡导，其中包括对党员干部要有更加严格的纪律约束。移风易俗的经验和办法很多，中国农村范围很大，不同农村情况差异很大，地方政府的倡导必须有针对性。总体来讲，移风易俗不可能为地方政府创收，地方政府在刚开始倡导时，可能会出现矫枉过正的情况，这也不是太大的问题，可以逐步克服。

3. 村庄政治动员。

地方政府倡导移风易俗，对于抑制农村出现的各种农民深受其害的消费攀比、铺张浪费，是可以起一定作用的。关键在于，农民自己是铺张浪费的受害者，只有他们组织起来，才更有力量解决铺张浪费的问题。一些地区农民自发组织红白事理事会，倡导仪式简办，限制酒席数量和档次，限制人情礼金数额，在实践中大受好评。

最近十多年时间，国家大量向农村投入资源主要有两种方式：一种方式是将资源量化到户甚至到人，比如农业综合补贴就是量化到户的；另外一种方式则是通过项目制，由各个"条条"来实施惠民工程。无论是直补到户还是"条条专政"，国家资源下乡都没有真正提高农村组织能力，提高农民自己组织起来解决他们在生产生活中遇到问题的能力。甚至因为国家资源是外来资源，在项目落地时，有村民借项目落地索要超额补偿，其他村民也有样学样，索要超额补偿，以至于国家资金投入农村为农民办好事，却发现好事不好办，好事办不好。

只有当国家投入资源改善农民生产生活条件与农民参与结合起来，

才能发挥农民的主体作用，调动他们的积极性，让他们自己改善自己的生产生活条件。没有村庄政治动员，没有农民参与，仅仅靠国家投入资源是很难建设好乡村的。

4. 闲暇时间安排。

当前农村十分重要的一个特点是农民有大量闲暇时间，如果能将闲暇时间高质量地利用起来，将极大地提高农民的生活品质。

人民公社时期，中国农村人多地少，存在大量剩余劳动力。人民公社通过强有力的组织体系和精巧的工分制，将剩余劳动力组织起来进行建设，从而在很短时间大大提升了农业生产基础设施水平和农民的素质，最典型的是将农民组织起来修建大型水利工程，在短短20多年就将中国耕地可灌溉面积由18%提高到46%，极大地改善了农业生产条件。人民公社还修建了近2亿亩梯田。除基础设施的改善以外，人民公社时期，教育、医疗、文化诸方面都通过充分利用农村人力资源（民办教师、赤脚医生、文艺宣传队员）来提高了农民的文化素质和身体素质。到改革开放前，中国人均GDP水平在全世界排名十分靠后，而社会发展指数却超过了中等收入国家的水平，即与此有关。

当前农村社会，农民大量闲暇时间不仅未被利用来进行生产，而且往往都被低俗、无聊、无意义甚至不健康的活动充塞。如果能够通过文化建设让农民的闲暇生活变得充实、健康、有品位，甚至可以组织起来通过以工代赈等办法清洁家园、建设家园，这样就会赋予农民闲暇以更高品质，农民在农村的生活也就会更加惬意、更有品位，收入没有提高，却可以切切实实增加农民对生活的满意度。比如，举办文艺体育活动，通过各种健康的活动将农民组织起来，让农民互相交流、互相欣赏，甚至互相帮助，就可以大大提高农民福利水平。

5. 农民的互助。

还可以让有大量闲暇时间的农民互帮互助。当前市场条件相当健全下，中青年劳动力几乎都会留村会进城去获取市场机会，所以他们多会留村。不过，农村老年人缺少在市场中获利的机会，所以他们多会留村。如果能将农村低龄老年人组织起来照看高龄老年人，并获得由地方政府背书的"老年照顾券"，就可以通过充分利用农村不同年龄老年人的闲暇形成互帮互助，由此缓解农村老年人的问题。

六、农村文化建设的意义

当前全国各地农村文化建设中有很多成功的案例，比如老年人协会、老年互助金融、老年大学、广场舞、腰鼓队、红白事理事会、农村棋牌协会、宗亲会、乡贤理事会、五老会、图书室、文体比赛、老年合唱队、健康讲习班、健走队、健康大讲堂、摄影协会、旅游团等等，都是值得总结推广的经验。

这样一些文化建设活动并不能够从根本上改变农村的萧条面貌，但可以为农民提供缓解文化破产压力、改善人际关系、应对生活困难的诸多手段，从而使生活在农村的农民仍然有品质相对好的生活。从而，农村就可以继续成为中国现代化的稳定器与蓄水池，中国现代化就会更加顺畅。再过二三十年，随着中国进入发达国家行列，大量农村人口进城，绝大多数进城农民都可以在城市体面安居，则以治标为主的农村文化建设就可能进入到另外一个以治本为主的阶段。那个时候，农村生活将变得品质更高。

如何应对农村老龄化
——关于建立农村互助养老的设想

  中国目前还是一个发展中国家，却已提前进入老龄化社会。目前中国老龄化水平为17.3%，据人口学家预计，到2053年中国超过60岁的老龄人口将达到峰值4.87亿，相应人口老龄化水平将升至34.9%，超过发达国家平均水平约2个百分点，超过世界平均水平13个百分点，跨入世界上人口老龄化程度最严重国家行列。[①]在当前中国快速城市化的背景下，随着农村青壮年劳动力的进城，农村老龄化问题就更加严重了。未富先老的中国如何应对农村老龄化就不只是策略性的，而且是关涉到一个相当长时期内中国发展战略的大问题。本文尝试提出建立基于老人农业和村庄熟人社会的养老互助体系的设想，以引起讨论。

---

① 原新:《人口老龄化对经济发展的影响和应对策略》(内部文稿)。

一、当前中国农民家庭的一般模式

中国农村实行土地集体所有制，所有农户都有宅基地，都按人均分有承包土地。人民公社时期以及分田到户之后相当长一段时期内，农民的主要收入来自土地产出。中国人多地少，分田到户以后，农户生产积极性的提高很快便将之前隐性的农村劳动力过剩显化出来，越来越多农村青壮年进城务工经商。随着中国加入世贸，中国城市化加速，城市就业机会也迅速增加。目前，中国绝大多数青壮年劳动力都已进城务工经商，留守农村的主要是老年人和儿童。

对于一般农业型地区的农户家庭来讲，青壮年劳动力进城务工经商大大增加了农户家庭收入，留守农村的老年父母一般都会仍然耕种自家承包地，获取农业收入。因为农村生活成本比较低，农户家庭通过以代际分工为基础的半工半耕家计模式来获得收入最大化。当前中国一般农业型地区大约有70%的农户家庭存在"以代际分工为基础的半工半耕"家计模式。

一般来讲，超过一定年龄的老年人在城市难以获得就业机会，比如大多数工厂不再愿意接受超过50岁的工人，工地劳动也拒绝老年人，因为很容易出现意外。即使长期在城市务工的青壮年，一旦年龄偏大就越来越难找到稳定工作，开始做脏、累、苦活，也越来越难以在城市生存。进城农民工超过50岁就开始返乡，这个返乡过程可能要持续十年，可能有很长一段时间处在农忙时在家务农、农闲时外出务工的状态。

农村中老年人尤其是中老年妇女大都会有一段时期帮子女带孙子。家庭条件比较好的子女在城市买房了，中国父母通常有帮子女带孙子的义务，一直带到孙子上小学为止，时间大约在老人50岁到60岁之间。孙子大了，上小学了，父母一般都不愿继续与子女共同生活在一起，主要原因是在城市狭窄空间共同生活容易闹矛盾。在老年人缺少固定收入来源且往往在城市生活的子女收入有限的情况下，老年父母与子女之间共同生活的心理成本极高，他们普遍都会感到不自由，"像坐牢一样"，因此普遍希望回到农村过自由自在的生活。回到农村，有住房，有承包地，有庭院，还有老年朋友，这样的日子就比与子女一起住在城市局促的空间里要舒服愉快得多。

二、老人农业与熟人社会生活

据原农业部产业政策与法规司司长张红宇在重庆举行的"中国农村经济论坛"上说的，中国从事农业生产的劳动力平均年龄在50岁以上。[1] 这个说法不一定准确，因为农业劳动力这个概念本身就很模糊。我们在农村调研，只要身体健康，农村老年人到了75岁甚至80岁仍然参加农业劳动。应当讲，当前农业劳动力的平均年龄要高于50岁的统计结果，且未来农业劳动力平均年龄肯定还会提高。

农业劳动与体制内的正规就业有一个很大不同就是不存在退休的说法。正规企事业单位，男60岁、女55岁就退休，农民则一般只要能动就都会劳动，耕种自家承包地，经营庭院经济，喂猪养鸡，捞鱼摸虾。一般来讲，当前中国农村人均耕地都很少，农业又有很强的季节性，在当前农业机械化已经普及且有完善社会化服务的条件下，农业生产中的重体力劳动已经很少了，农业生产主要是田间管理，每年

---

[1] 李松:《"老人农业"现象成困扰中国农业发展现实难题》，新华社重庆电，2011年7月11日。

农忙时间最多不超过三个月。按农民自己的说法，在农业机械化条件下，年龄大也干得了农业。而且，从春种到秋收，春天种下的是希望，秋天收获的是果实，农业生产的节气构成了农民生活的节奏，也构成了生活的意义。

中国农村土地集体所有，所有农户都有宅基地和承包地，所有农民都可以与土地结合起来。农民家庭中的年轻人进城务工经商，年老父母留村务农。一旦进城农民年龄大了，无法或不愿在城市安居，他们也随时可以返回农村从事农业生产。农村农业收入虽然比较低，但农村生活支出也很少，自给自足经济使农民可以获得较为丰富的副食，又有自家住房。

农村另外一个重要制度就是数百年来形成的村庄熟人社会。农民一般都是世世代代生活在同一个村庄，村庄中不是亲就是邻，相互之间熟悉，有社会的支持与互助，也有相互之间的礼尚往来，熟人社会产生出价值与意义来。这与在城市漂泊是完全不同的，因为这不仅意味着身体的安全，而且有心理的归属，有通过人与人之间交往、欣赏所产生出来的意义感。

村庄还是中国农民的归宿，落叶归根和入土为安都是以村庄为基础的。因此，回到村庄，不仅身体、心理上有安全感，而且灵魂也有了归宿。

从农业来看，只要具备农业生产的基本条件，老年人种田都是精耕细作，农业单产一定是很高的，尤其是粮食单产很高。因此，老人农业可以保障粮食安全。从老年人角度来看，在农业机械化条件下，每年农忙两三个月，其他时间都是农闲，农闲时间可以开展家庭副业，也可以休闲娱乐，还可以自由支配，且村庄有很多同龄伙伴。劳动不重、温饱有余、闲暇很多、自由自在，还有同龄朋友，可以种花养草，这样的日子就是老年人的神仙日子。

也就是说，老年人与土地结合起来，不仅可以保障粮食安全，而且可以为老年人提供较高品质的生活，甚至有老年人说美好生活从返乡种田开始，他们上无老下无小，人生任务已经完成，仅仅参加有限的农业生产，绝大多数时间都是自由自在的，甚至是想吐痰就吐痰，要抽烟就抽烟，温饱没有问题，不用看任何人的脸色。没有负担一身轻。

与土地结合起来的日子都是好日子。当然，前提是身体健康，具有劳动能力，至少要有生活自理能力。

三、失能老年人的养老

与身体健康具有劳动能力的老年人在农村的安逸日子形成鲜明对照，农村失能老年人在农村的日子可以说是相当凄惨了。我们在农村调研总可以遇到失能老人无奈的生活，媒体上也常见农村留守失能老年人悲惨处境的报道。

农村失能老年人处境不好与当前家庭养老功能的减弱有关，家庭养老功能的减弱又与两个因素有关：一是农民流动造成的家庭分离，二是代际赡养义务的弱化。很多农村老年人生活在农村，而子女生活在城市。只要老年人生活能够自理，他们的生活质量都可以很高；一旦生活难以自理，子女又不在身边，老年人的日子往往就很难过。在农村，子女对老年父母的赡养义务也在弱化。传统时期农村也有"久病床前无孝子"的说法，在现在劳动力流动的背景下，子女对父母的照料义务就更加弱化。通常老年人夫妻相互照料的情况占绝大多数。

若有一方去世，另外一方失能，就只能由子女来照料。在外工作子女留家照料失能父母，这种照料的质量一般都比较差。

失能老年人生活不能自理需要子女照料时，他们自己也会有很大的思想压力，认为自己拖累了子女，很容易发生老年人自杀的人间悲剧。农村老年人很害怕失能，有很多农村老年人说希望自己干干净净死，不拖累家人，最好是在还很健康（当然是在年龄已经有点大的情况下）时突然去世，而不是生慢性病，以致生活不能自理，拖累自己又拖累家人，"活就好好活，死就快快死"。

失去生活自理能力的老年人缺少家庭照料是当前农村老龄化问题中最严重的问题。相反，医疗和经济问题倒在其次：农村合作医疗一般可以为老年人提供基本医疗保障，老年人一般也有一定存款，子女也愿意支付父母赡养费，国家还有一定的基本养老保障。然而一旦失去生活自理能力，又缺少家庭成员周到细心的照料，老年人的生活质量就大幅度下降。很多失能老年人死于营养不良，也就是生活不能自理时无法按时吃饭；还有老年人去世多日而无人知。失能老年人处境或结局之凄惨就成为村庄熟人社会众所周知的事情，人间伦理惨剧就成为村庄上空最大的阴霾。

四、两种类型的农村老年人

综上所述，在农民可以与土地结合起来，每个农户（从而每个老年人）都有住房、耕地、庭院，以及农民生活在村庄这个生于斯长于斯的熟人社会的情况下，农村老年人（无论是城市返乡还是一直务农的）就有两种相当不同的类型：一种类型是低龄、有劳动能力的老年人，这种老年人往往上无老（父母已去世）、下无小（子女已成家），无负担，家庭农业收入、副业收入和庭院经济收入远超过了消费支出，他们还为自己养老存钱，为子女提供农产品，甚至有现金支持在城市艰难过日子的子女。这种类型的老年人，身体健康、家庭无负担，农业收入远高于家庭支出，农闲时间很多，同龄朋友也很多。与土地结合起来的低龄老年人，生活最稳定、安逸、惬意、自由自在。他们辛苦了大半辈子，甚至在城市漂泊流浪了大半辈子，终于回到农村来安享属于自己的生活了。

另外一种就是高龄、失能、生活不能自理的老年人，他们不仅丧失了劳动能力，而且生活不能自理，吃饭穿衣也变得困难，这种类型的老年人如果缺少家人的细心照料，其凄惨的状况可以想象。虽然多数失能老年人都得到了相应的照料（包括老年夫妻一方的照料），也有少部分失能老年人并未得到足够照料，生活质量很差，与之前有劳动能力时的状况天差地别。因为无法得到足够照料，失能老年人往往很快就会病情加重去世。

也就是说，当老年人可以在村庄中与土地结合起来时，可能有两个天差地别的生活状态：一是安逸自由的低龄老年生活，具有劳动能力，身体健康，收大于支。二是生活不能自理的高龄老年生活，温饱难以解决，内心十分煎熬。

一般来讲，到55岁左右农民就开始进入老年模式，越来越倾向于从城市回归农村，越来越能够从上有老下有小的家庭中解放出来，开始过与土地结合起来的以老人农业为基础的老年生活。55岁在农村还不能算老年而是壮年，一般都还要承担对子女的责任，比如为子女带孙子。他们还要尽可能扩大土地耕种面积以赚取更多收入。从55岁到70岁，农村老年人一般都仍然具有很强的农业生产能力，不同之处在于，年龄越大，种自家承包地以外的耕地越少，外出务工越少，以及经营副业越少。

到了70岁乃至75岁、80岁，农村老年人从事农业生产就越来越力不从心了，甚至生活都难以自理了。若夫妻双方都健在，即使有一方生活不能自理，另一方还可以照料，若夫妻中只剩一人且生活不能自理，就只能指望子女。大多数丧失生活自理能力的老年人都会得到子女最低限度的照料，极少数失能老年人得不到子女的照料。无论能否得到子女照料，失能老年人无法与土地结合起来，生活质量都比较差。这些在村庄生活的失能老年人的状况给仍然有劳动能力且生活质量很高的低龄老年人以消极的预期。

从有劳动能力的低龄老年人到丧失生活自理能力的高龄老年人，中间有一个过渡时期，即劳动能力越来越差以致无法再种地了，但生活自理没有问题。这个阶段的生活质量也介于低龄老年人高质量生活与高龄老年人低质量生活之间。

这样我们可以大致估算一下，可以与土地结合起来的中国农村老年人的状态。

第一种：55岁至70岁，有劳动能力，生活质量较高，每天都是好日子。

第二种：70岁至80岁，缺少劳动能力，生活能够自理，生活质量一般。

第三种：丧失生活自理能力的高龄老年人，生活质量比较低或者很低。

当然，年龄与劳动能力、生活自理能力不能画等号。有些老年人年龄很大的时候仍然具有劳动能力，还有些老年人却因为患病而过早丧失了生活自理能力。有些农户家庭中，老年人即使丧失生活自理能力，却可以通过夫妻另外一方的照料，或子女的照料，而有不低的生活质量。

从老年人个人生活来看，若是55岁返乡，开始与土地结合起来，则他们通常可以有大约20年的较高质量的生活，有三五年劳动能力较低生活可以自理的中等质量的生活，可能有三五年生活不能自理需要人照料的生活。当然，其中也有不确定性，最大的不确定性是在丧失生活自理能力之前突然去世。另外两种可能性是，丧失生活自理能力以后因缺少照料而很快去世，和虽然丧失了生活自理能力却有家人细心照料而继续生活多年。

从村庄来看，一般农业型村庄，55岁以上老年人若有250人，则这250人中至少有80%，即200人，是具有劳动能力且生活质量很高的低龄老年人，有30~40人属于劳动能力不足但生活自理能力没问题的老年人，还有15~20人为丧失生活能力的高龄老年人。这15~20名丧失生活自理能力的老年人大多数都得到了老伴或子女照料，生活质量还过得去。极少数丧失生活自理能力的老年人得不到足够照料而生活凄惨。这极少数高龄老年人的凄惨处境成为笼罩在村庄上空及所有老年人心头的乌云。

五、互助养老的构想

村庄是一个熟人社会，非亲即邻。村庄同时又是一个伦理共同体，是村民获得意义感的场所。村庄还是农民共同生产与生活的场所，是人情往来的单位。任何一个丧失生活自理能力老年人的悲惨处境都会在村庄引发舆论事件，引发心理反应。

在当前中国城市化背景下，在村庄生活的主要是老年人，如前已述，村庄老年人主要有两种类型：一是具有劳动能力的低龄老年人；一是丧失生活自理能力的高龄老年人。低龄老年人占到整个老年人群体的80%，丧失生活自理能力的高龄老年人占全村老年人的比例低于10%。

我们又知道，在当前农业机械化早已普及的情况下，有劳动能力的低龄老年人种自家承包地，每年农忙时间最多也就两三个月，有大量农闲时间，他们可能利用农闲时间到附近务工，或经营副业。

传统时期乃至进入21世纪之前的所有时期，总体来讲，村庄都是封闭的。进入21世纪后，中国城市化加速，农村青壮年劳动力大量进城，农村出现了普遍的"以代际分工为基础的半工半耕"家计模式，而且出现了进城务工经商农民年龄大了仍然要返回家乡种田的情况。以农民家庭长期分离为特征的状态，使得传统时期以家庭为基础的养老难以维系。因此，在当前时期，推动农村互助养老就有了强烈需求，也有很大的可能性。

具体来讲，在一个有250名老年人的农村，如果有200名身体健康、具有劳动能力的低龄老年人，有15~20名丧失生活自理能力的高龄老年人，则完全可能以村庄为单位，将低龄老年人组织起来为丧失生活自理能力的老年人提供基本照料，提供照料服务的低龄老年人可以获得一定的服务补贴，同时所提供服务的时间以"道德券"形式存入"时间银行"，待需要时可以将"道德券"从"时间银行"中提取出来获得相应照料。被照料的高龄老年人的子女承担一定服务费用，国家给互助养老一定的资金补贴。从而就可能在村庄形成多数低龄老年人照料少数高龄老年人，高龄老年人生活质量大幅度提高，而低龄老年人通过提供照料服务获得一定经济补偿和未来可用的"时间银行"

道德券的双赢结果。

村庄社会互助养老关键在以下几点：

第一，照料什么。对失去生活自理能力的高龄老人，首先是保证吃饭，一日三餐得有饭吃；其次是保证洗漱、卫生；三是精神照料。当然还可能需要医疗或其他更深度的照料，比如大小便失禁的情况。重病、重残的照料如果依靠村庄养老互助很不现实。所以老年互助一般是轻度照料，主要包括送餐、清洁卫生、洗漱、精神陪伴。

第二，在哪里照料。可以在高龄老年人家中，也可以集中在村庄人口聚居点作日间照料，甚至全天候照料。若有国家财政补贴或全额投资建设的村庄高龄老年人照料中心，一方面老年人自己组织养老互助，一方面国家给予补贴，是最好的。照料中心建设在村庄人口聚居点，若与村办幼儿园、村卫生室、村庄百货店、网购配送站建在一起，就更加便利。

第三，组织形式。老年人互助由老年人自愿组织，国家财政和乡村组织给予支持。老年人互助只有采取自愿组织的形式，才能最大限度调动农民自身的参与积极性，才能保证老年人互助的质量，也才能化解老年人互助中可能出现的风险和降低老年人互助的成本。国家和乡村组织支持老年人互助的形式有三种：一是财政补贴，二是具体指导，三是信用背书。

第四，老年人互助经费的来源。收入主要有三部分：一是受到照料的老年人的家庭承担，这部分费用不高，占到全部费用的1/2左右。按一个行政村有250名老年人，有20名常年住照料中心老年人计算，按现行标准，一个月1000元左右可以获得适当互助照料，合计收费24万元。二是财政补贴，大致占到整个互助照料经费的一半，即每个进入照料中心的老年人500元/月，一年大约补贴12万元。三是接受社会捐赠，尤其是本村乡贤的捐赠，预计每年获得捐赠12万元。三部分合计有48万元。

第五，老年人互助经费的使用。老年人互助经费的使用主要有三个方面：一是日常经费，其中主要是伙食、必要的日常开支，按每位老年人1000元/月，一年需要24万元；二是部分工作人员的照料补贴，比如有4位相对固定的低龄老年人负责照料中心日常工作，按每人2000元/月付酬，一年需要支付10万元工资；三是为义务参加老年互助的低龄老年人记分以外，支付少许补贴，比如500~1000元/月；四是其他开支。

第六，老年人互助中的"时间银行"，凡村庄低龄老年人都可以义务加入到护理、照料高龄老年人的行列，每日照料护理工作记分形成"道德券"，累计起来成为年老失能后可以免费享受照料的"道德券"积分，这种"道德券"积分存入"时间银行"，由乡村组织进行信用背书。时间银行的"道德券"积分不能兑换为现金，也不允许交易，只能用作未来接受照料时的免费凭证。老年人互助中，低龄老龄人参加照料，每月可以获得少许补贴。

第七，村庄所有超过55岁的农民都可以参加到老年人互助社中来，互助社实行自治，由老年人自己组织起来，选举产生互助社社长、副社长，自主进行管理、民主决策。乡村组织对老年互助社进行指导，国家对有效运转的互助社进行补贴。

在村庄熟人社会中，因为低龄老年人很多，他们既有全职在互助照料中心工作的积极性，又有义务提供照料的积极性。在村庄熟人社会中，因为信息全透明，互助照料中就不会有为界定权责所进行的复杂制度设计，就可以做到低成本和低风险，在互助照料中就不会出现其他正规养老机构常有的道德风险。

以 20 名高龄失能老年人需要照料为例，我们来计算一下老年互助社的收支与"道德券"。如前所述，每年的互助经费收入有 48 万元。现金支出中日常经费 24 万元，工资支出 10 万元，则结余为 48-34=14 万元。这 14 万元只用于支付参加老年互助社义务劳动的少许补贴和其他杂项开支。假定照料 20 名高龄失能老年人，每天需要 5 个低龄老年人参加义务照料，一年下来就需要 365 天 × 5 人/天 =1825 人。

按全村有 200 名健康低龄老年人来计算，每一年每个低龄老年人平均需要提供 1825 ÷ 200=9.125 天。就是说，只要每个低龄老年人每年参加 9 天照料高龄老年人的义务劳动，就可以为互助社提供充沛的照料者。低龄老年人的义务劳动还会获得"道德券"和适当补贴。在农村闲暇时间很多的情况下，健康的低龄老年人提供义务劳动，应该是很轻松的事情。

村庄中建立老年人互助照料中心，生活不能自理老年人受到照料，在村庄熟人社会的生活就比较好。而低龄老年人有劳动能力，与土地结合起来，也几乎不用在国家财政支持的养老保障中生活。这样一来，农村老龄化问题就化解于无形。

顺便说一句，老龄化问题其实不是年龄问题而是制度问题。当前中国实行男 60 岁、女 55 岁退休制度，所有正规就业退休以后就可以拿到退休金。一个社会中，拿退休金人口的比例越大，这个社会中拿工资人口的比例就会相对越少，劳动人口减少而消费人口增加，整个社会的活力就会下降。尤其是中国这样未富先老的国家，随着老龄社会提前到来，劳动人口减少就往往很难为退休老年人提供可以体面生活的退休金。

实际上，当前中国有两个方面因素使中国可以避免老龄化问题，即虽然老龄化了却不是问题。第一，随着中国饮食卫生条件和医疗条件的改善，中国超过60岁的人口占比越来越大，同时，超过60岁的人口中身体仍然健康者也越来越多，这些身体健康的60岁以上人口仍然可以是劳动力。第二，中国农村家家户户都有承包地，有住房，有村庄熟人社会的归属。超过60岁在城市再找到就业机会相对较为困难，且城市生活成本也较高，一旦他们回到农村，与土地结合起来就可以继续作为劳动者参与劳动，就不需要依靠高额退休金也可以保障相对体面的生活。甚至劳动本身也使他们更有成就感，生活也更有意义、有乐趣。

反过来讲，正是农村这条退路，可以让农民与土地结合起来，使中国有了应对老龄化的最佳武器。

六、正视养老机构的困境

相对于基于村庄熟人社会的互助养老，正规养老机构具有高成本和高风险的弊病。

高风险就是正规养老机构必须要防范在照料老年人时出现的各种意外，从而必须建立各种设施，形成各种制度，以规避风险。于是，在养老机构与老年人以及老年人家属之间，就会形成复杂的博弈。

高成本是因为正规养老机构必须具备资质条件，以及必须有正式的护理员和管理机构。同时，要防范风险就一定要有更多保险资金的投入。

正规养老机构一般都是建立在非熟人社会中的，非熟人社会，人与人之间的关系就不能仅靠习惯、人情与信任，而要靠制度。完全靠收费营运的高风险和高成本的商业养老机构，农村失能老人完全不可能进入。

政府建立的农村福利院主要是照料农村"五保"老人。从我们调研来看，五保老人很少有愿意进入到脱离村庄的福利院生活的，原因是福利院没有自由，以及没有真正基于关心所提供的服务。甚至当五保老人失去生活自理能力后，福利院的照料水平很低，虐待也很普遍，原因之一是福利院只有较少的护理人员，以及脱离了村庄熟人社会。国家为每位五保老人提供的保障经费有限，不可能通过正式渠道来雇请较多护理人员。

村庄熟人社会互助养老的好处是，因为有农村低龄老年人义务参加护理照料，而且村庄熟人社会中的信息对称，所以村庄养老成本低、效果好。

除了商业性的养老（基本上只能对应高收入群体），政府举办的福利院养老（基本上对应农村五保群体）、干休所（基本上对应军队干部）以外，中国养老主要靠家庭。在当前的城市化背景下，农民家庭客观上存在着普遍的家庭分离，家庭养老就面临着巨大挑战。虽然仍然会有大部分农村老年人要依靠家庭养老，但同时也会有越来越多农村老年人难以获得有保障的家庭养老。因此，在中国农村建立互助养老制度就具有重大现实意义。

政府、社会、企业办养老，成本都会十分高昂，原因有三：一是按市场价雇请护理人员，成本太高了；二是养老过程中出现伤亡意外的风险太大。武汉市新洲区有一个村集体办了一个失能老年人照料中心，有一次因为老人抽烟引发火灾，幸亏及时发现灭火了，没有造成伤亡。一旦出现伤亡，谁也担不了责。村支书受此事件惊吓，也不再敢办失能老年人照料中心了。

高成本与高风险决定了农村养老不能靠政府、社会和市场，也不能仅靠农民家庭，因为子女可能已经进城去了。农民养老的办法是让农民互助，政府对农民互助及自治的老年人照料中心进行补助，这种补助不同于一般的"民办公助"，而是对互助的补助，对村庄低龄老年人照料高龄老年人的补助，对低龄老年人义务照料高龄老年人所获时间银行"道德券"积分的信用背书。

七、老年人协会

与互助养老同等重要并可以相互支持的一个农村老年人组织是老年人协会。

如前已述，在当前农业机械化已经普及的前提下，农村老年人种田，精耕细作，都可以种得好，且每年农忙时间很少，有大量农闲时间。农闲时间如何过得有质量、有文化、有意义，就成为决定农村老年人幸福指数高低的关键。决定农闲时间是否有质量的最基本方面是老年人能否组织起来，有集体的文化活动、社会活动。

从文化上和社会上将老年人组织起来，一个办法就是建老年人协会，由老年人协会来组织农村老年人，使他们"老有所乐"，并在此基础上"老有所为"，也可以与养老互助的"老有所养"形成相互支撑。

当前农村组织老年人协会有两个极好的条件：一个就是农村老年人有大量闲暇时间，他们都很盼望闲暇时间能有高质量的文化生活，二是农村有很多有闲暇时间的"负担不重的人"，这些"负担不重的人"因为子女在外工作有成就，或自己当过村干部，或见过大世面，而有很强的为村庄老年人提供服务的意愿与能力。要将这两个条件结合起来，只需要一个很小的外在推动力量。

2012年以来，笔者在湖北省洪湖市和沙洋县四个村倡办老年人协会，为每个村每年仅提供5000元至1万元老年人协会活动经费，并为每个村老年人协会提供（建设）了一个140m^{2}的老年活动中心。结果，四个村老年人协会就一直运转良好，每一届老年人协会会长、副会长和常务理事都是无报酬的，村庄中却有很多"负担不重的人"愿意来竞争会长、副会长，他们最大的收获就是"老有所为"，为老年人服务，受到老年人尊重和村民敬重。有了外力的推动，希望提高闲暇生活质量的"老有所乐"的老年人与希望通过为老年人提供服务而"老有所为"的负担不重的老年人如干柴烈火，一点就着，延续下来多年；老年人协会成为四个村老年人的组织，老年人从老年人协会组织的活动中提高了生活质量。有老年人总结了成立老年人协会之后的三个改变：时间过得快了，心情舒畅身体变好了，上吊自杀的老年人少了。四个村老年人协会主要做了这样几件事情：第一，除农忙以外，老年人活动中心每天都开门，日常活动主要是打牌、看电视戏曲、聊天；到老年人活动中心具体做什么倒是其次，关键是村庄老年人有了一个属于自己的随时去随时都很热闹的去处。第二，主持重阳节、春节庆典。第三，为高龄老年人祝寿庆生，为去世老年人开追悼会。第四，维护老年人的基本权益，看望重病老年人。第五，评选五好家庭、五好老人和五好儿媳。第六，组织各种文体活动，尤其是主持诸如广场舞、腰鼓队等活动。可以说，只用极少的投入与推动，四个村的老年人协会就都十分有效地运转起来了，成为村庄中最有活力的组织。

老年人协会主要是希望"老有所为"的老年精英，将有"老有所乐"需求的老年人组织起来，提高闲暇时间生活质量，增加村庄社会资本。在老年人协会基础上，再建立基于村庄熟人社会的养老互助社，就可以为农村失去生活自理能力的高龄老年人提供照料，让这些高龄老年人"老有所养"。如此一来，中国农村就可以以很低成本让所有农村老年人有一个较为幸福的老年生活。

八、小结

中国未富先老的国情决定了中国应对老龄化问题不能照搬照抄所谓发达国家的先进经验，而必须深入分析中国国情，找到适合中国实际的办法。

中国农村老龄化是中国老龄化的重要组成部分。中国农村最大国情就是，实行土地集体所有制，且中国是原住民社会，农民都有世代生活于其中的村庄熟人社会。土地集体所有制决定了所有中国农户家庭都有宅基地、住房，都有属于自己的承包地。村庄熟人社会决定了农民回到村庄生活是有意义的，身体上、心理上都有安全感。农民超过55岁，在大城市便很难再有就业获利机会，国家又很难提供进城农民在城市体面生活的养老保障，到了一定年龄，农民就退回村庄，与土地结合起来。他们可以从土地上获得收入，获得就业，获得与农时相一致的生活节奏，获得建立在农业生产基础上的熟人社会的社会关系。他们大多数时候都在农村生活得很安逸，有大量的闲暇时间，可以通过老年人协会组织起来"老有所乐"，唯一让人担忧的是丧失生活自理能力。不过，如果国家愿意倡办农村养老互助合作社，由村庄低龄老年人义务照料高龄老年人，就可以大大缓解失能老年人的困境，为所有人的"老有所养"提供保障。如此一来，中国就可能建立起完全不同于基于正式制度的应对农村老龄化的有中国特色的互助养老制度,从而为中国缓解老龄化压力、增加经济发展活力、最终建成发达富裕的社会主义强国提供条件。

反贫困战略中的扶贫政策与社会保障政策

改革开放以来,中国农村贫困人口从 1978 年的 2.5 亿减少到 2017 年末的 3046 万;按当前中国政府的规划,到 2020 年中国农村将消灭贫困。可以说,中国反贫困取得了决定性胜利。中国反贫困的成功得益于三管齐下的反贫困战略。所谓三管齐下,即国家分别和先后从宏观层面经济发展、中观开发扶贫、微观社会保障三个层面开展反贫困。三管齐下的反贫困战略,为中国农村反贫困的决定性胜利奠定了基础。

一、三管齐下的中国反贫困战略

中国农村反贫困的胜利,宏观层面取决于新中国前 30 年的工业化,以及改革开放以来的市场化与全球化。正是改革开放以来中国经济的持续发展,才让中国绝大多数人口摆脱了贫困。

中国人口众多,地域广阔,全国不同地区发展不平衡,与全国经济快速发展明显不匹配的一些老少边穷地区，资源贫乏，交通通信不便，基础设施简陋，教育医疗条件较差，这些地区人民的生活水平远低于全国平均水平，贫困人口也主要集中在这些地区。因此，中共中央、国务院在1984年发布了《关于帮助贫困地区尽快改变面貌的通知》，指出："特别是还有几千万人口的地区仍未摆脱贫困，群众的温饱问题尚未完全解决。其中绝大部分是山区，有的还是少数民族聚居地区和革命老根据地，有的是边远地区。解决好这些地区的问题，有重要的经济意义和政治意义。"1986年国务院设立贫困地区经济开发领导小组（1993年更名为国务院扶贫开发领导小组），负责拟定扶贫开发的法律法规、方针政策和规划，调查、指导全国扶贫开发工作。1994年国家出台《国家八七扶贫攻坚计划》，2001年出台《中国农村扶贫开发纲要（2001—2010年）》，2011年出台《中国农村扶贫开发纲要（2011—2020年）》，形成了完整系统的扶贫开发政策。中央认为，扶贫开发"是统筹城乡区域发展、保障和改善民生、缩小发展差距、促进全国人民共享改革发展成果的重大举措"。

开发扶贫的重点是区域开发，其中的典型做法是评选出贫困县，对贫困县进行重点支持。1986年国家划定了258个国家级贫困县；在1994年"八七"扶贫攻坚规划中，国定贫困县增加到592个；2001年5月，国务院扶贫领导小组颁布《中国农村扶贫开发纲要（2001—2010）》，重新认定了国定贫困县；2017年6月，国务院扶贫办根据《中国农村扶贫开发纲要（2011—2020年）》精神，按照"集中连片、突出重点、全国统筹、区划完整"的原则，在全国划分了11个集中连片的特殊困难地区，加上已明确实施特殊扶持政策的西藏、四省藏区、新疆南疆三地州，共14个片区680个县作为新阶段扶贫攻坚的主战场[1]。到2017年，全国共有832个连片特困地区县和国家扶贫开发工作重点县。2017年这些地区实际整合涉农财政资金超过3000亿元[2]。

正是区域性的扶贫开发以及对贫困县、贫困村的项目投资，极大地改变了贫困地区的基础设施条件，提高了贫困地区农民的生产生活水平，增加了农民的收入，快速减少了农村贫困人口。

进入21世纪，国家取消农业税，大幅度增加向农村的财政转移支付。从2002年开始，国家提出要引导农民建立以大病统筹为主的新型农村合作医疗制度（下称"新农合"）；2009年，作为国家深化医疗卫生体制改革的主要战略部署，以新农合作为农村基本医疗保障制度的地位得以确立。2017年各级财政对新农合的人均补助标准达到450元，相对2002年的人均10元，短短十几年提高了数十倍；2003年，民政部开始部署农村低保建设工作；2007年，国务院决定在全国建立农村最低生活保障制度，中央财政每年支出城乡最低生活保障资金超千亿元。2016年，各级财政支出农村低保金1014.5亿元。2009年，国务院决定开展新型农村社会养老保险（下称"新农保"）试点并很快在全国推广，目前农村基础养老金为每月70元。这些面向农户个人或家庭的社会保障政策极大地缓解了农户家庭的贫困状况，提高了农户家庭应对风险的能力。

上述经济发展、开发扶贫和社会保障构成了中国反贫困的三个不同层面。经济发展是中国反贫困战略取得成功的决定性的宏观条件；以区域开发为主要特征的开发扶贫大幅度提高了老少边穷地区的基础设施条件和经济发展水平，因此这些地区大量贫困人口得以脱贫；社会保障政策则针对农户或个人进行支持，其中的新农合对防止农户因

---

[1]《关于公布全国连片特困地区县名单的说明》，国务院扶贫办网，2012年10月14日。
[2]《2017年我国832个贫困县整合涉农资金超3000亿元》，光明网，2018年2月17日。

病返贫起到很大作用,最低生活保障可以为农村缺少收入来源和劳动能力的贫弱农户解决温饱问题,新农保则为农村老年人提供了难得的现金收入。经济发展、开发扶贫、社会保障构成中国取得反贫困决定性胜利的宏观、中观和微观制度与政策体系,正是宏观、中观、微观三个层面政策同时起作用,才使得中国农村在改革开放以来的短短几十年取得举世瞩目的反贫困成绩。据国家统计局对全国31个省市区16万居民家庭的抽样调查,按现行国家农村贫困标准测算,2017年末,全国农村贫困人口3046万人,比2016年末减少1289万人;贫困发生率3.1%,比2016年末下降1.4个百分点。党的十八大以来,全国农村贫困人口从2012年末的9899万人减少至3046万人,累计减少6853万人;贫困发生率从2012年末的10.2%下降至3.1%,累计下降7.1个百分点。与此同时,贫困地区农村居民收入加快增长。全国农村贫困监测调查显示,2017年贫困地区农村居民人均可支配收入9377元,按可比口径计算,比2016年增加894元,名义增长10.5%,扣除价格因素,实际增长9.1%,实际增速比2016年快0.7个百分点,比全国农村平均水平高1.8个百分点。①

二、中国反贫困战略中的扶贫攻坚

应该说,当前中国反贫困取得成绩的根本原因是全国宏观经济政策支持下的持续经济发展。1978年中国人均GDP只有300多美元,2017年已达8000多美元,这是中国农村贫困发生率由30%大幅度下

---

① 《2017年末我国农村贫困人口减少到3046万人》,新华社北京电,2018年2月1日。

降到3.1%最为坚实的经济基础。开发扶贫将资源重点投入到贫困地区，着力建设贫困地区基础设施，降低贫困地区进入全国市场的门槛，对贫困地区进行产业扶持，提高了贫困地区的生产能力和适应市场的能力，防止了贫困地区农民收入与全国平均收入水平差距的快速拉大，从而在反贫困中起到了显著作用。

随着贫困的减少，开发扶贫在反贫困中的作用开始下降，且开发扶贫也存在若干缺陷，其中最显著的一个缺陷就是贫困县不愿意脱贫，因为列入贫困县就会有国家财政扶贫资金和专项政策支持。为了获得专项支持，全国普遍出现了争当贫困县、被评定为贫困县则举县庆贺的不正常现象。

而且，随着贫困人口的减少，农村贫困原因更加多样化，贫困分布也更加弥散。开发扶贫中贫困户普遍受益较少，而资本和富裕农民受益更多，从而产生了精英俘获现象[①]。与此同时，当前农村贫困发生但不仅仅发生在贫困县和贫困村，在贫困县和贫困村以外也有普遍的贫困需要引起关注。新时期出现了越来越普遍的瞄准失败现象，一直以区域开发为重点的农村扶贫工作越来越力不从心。

正是在这一背景下，2014年中央提出了"精准扶贫"战略，将之前以区域为重点的开发扶贫扩展到对建档立卡贫困户的精准扶贫，改过去的"大水漫灌"为"精准滴灌"。"精准扶贫"战略在以区域为重点的开发扶贫战略基础上，将扶贫重点落实到直接帮扶贫困户上来。"精准扶贫"包括精准识别、精准帮扶、精准管理、精准考核等贫困治理的全流程，其中，"精准帮扶是对识别出来的贫困户和贫困村，深入分析致贫原因，落实帮扶责任人，逐村逐户制定帮扶计划，集中力

---

① 参见邢成举、李小云：《精英俘获与财政扶贫项目目标偏离的研究》，载《中国行政管理》2013年第9期。

量进行扶持"[①]。2015年,习近平总书记在"减贫与发展高层论坛"上明确提出了"五个一批"的精准脱贫措施,主张发展生产脱贫一批,易地搬迁脱贫一批,生态补偿脱贫一批,发展教育脱贫一批,社会保障兜底一批。随后,"五个一批"的脱贫措施被写入《中共中央国务院关于打赢脱贫攻坚战的决定》。

过去开发扶贫重点是区域性的,扶贫支持的重点是区域,比如连片特困地区、贫困县或贫困村,国家扶贫资源一般不会到户。农民收入由国家统计局进行抽样调查即可以确定贫困发生率,并以此为基础来确定贫困县和贫困村。一旦精准扶贫要到户,就首先产生了如何识别出贫困户的问题。《中国农村扶贫开发纲要(2011—2020年)》明确规定,扶贫对象是在扶贫标准以下具备劳动能力的农村人口。在这里,扶贫对象有两个标准:一是收入水平低于当地贫困线,二是具备劳动能力。2008年十七届三中全会决定对农村低收入人口全面实施扶贫政策;当年底,国家将农村绝对贫困标准与农村低收入标准合二为一,统称扶贫标准[②]。

2011年中央决定将农民人均纯收入2300元(2010年不变价)作为新的国家扶贫标准,到2016年全国贫困线大约在人均纯收入3000元。因为提高了扶贫标准,全国大部分农村地区的低保线要略低于扶贫标准。截至2015年底,"全国贫困地区832个扶贫重点县(含重点县和片区县两个口径)有708个(或85.1%)农村低保标准低于国家

[①] 参见黄承伟、覃志敏:《我国农村贫困治理体系演进与精准扶贫》,载《开发研究》2015年第2期。
[②] 参见韩广富、刘心蕊:《习近平精准扶贫精准脱贫方略的时代蕴意》,载《理论月刊》2017年第12期。

贫困线"[①]。最近几年，全国大多数省市区正在尝试将贫困线与低保线"两线合一"。

在精准扶贫战略背景下，精准识别贫困户，其中最重要的标准是农户收入是否低于扶贫标准。凡是收入低于扶贫标准的农户，除极少数五保户以外，基本上都被纳入到各地的贫困户中。现在的问题是，2017年全国贫困户为3046万人，而2017年11月民政部公布的农村低保户对象为4063.3万人。也就是说，当前农村低保户人数竟然比贫困户人数更多。在低保线低于贫困线的情况下，农村低保人数多于贫困户人数只有两种情况可以解释：一是低保户的评定标准与贫困户评定标准不同；二是部分低保户即使家庭人均收入超过了当地最低生活保障也被纳入到了低保之中。就第二种情况来讲，在实践中普遍存在将农村重病、残疾人员纳入低保的规定，比如河南省就明文规定农村二级以上残疾一律纳入低保。就第一种情况来讲，从理论上，扶贫的重点是有劳动能力的农户；但在实践中，除极个别情况（如五保户）以外，所有家庭人均收入低于当地贫困线的农户都被评为贫困户，不漏一人一户。也是因此，家庭人均收入低于最低收入线的低保户也自然被评为贫困户。2012年，全国贫困线远高于低保线，除特殊情况以外（如家庭人均收入高过贫困线却存在重病重残人员），低保户都被认定为贫困户。2012年以后，随着农村扶贫力度的加大，大量贫困户脱贫，到2017年农村仅剩3046万贫困人口，农村低保人口超过了农村贫困人口。如果贫困和低保识别都是精准的话，当前农村贫困人口基本上都应当是低保户，或者说，仅靠低保兜底就可以消灭农村贫困了。这样来看，当前农村精准扶贫的阶段就应当结束了，整个农村反

[①] 参见左停、赵梦媛、金菁：《路径、机理与创新：社会保障促进精准扶贫的政策分析》，载《华中农业大学学报》2018年第1期。

贫困工作的重点就变成以农村低保为中心的社会保障工作了。

实际情况却与以上推论相差很大。一方面，当前全国仍然处在精准扶贫的攻坚阶段，国家正投入极大的财力和人力于精准扶贫中；另一方面，农村低保的评定越来越脱离其设立之初的最低生活保障内涵，而与其他社会保障政策混同起来，比如一些地方政府要求无条件将农村二级以上残疾纳入到低保之中。

三、扶贫政策的演变及其与低保政策的交叉

虽然从功能上讲，开发扶贫与以低保制度为代表的社会保障制度都可以起到反贫困的作用，扶贫政策与低保政策在反贫困中起作用的方式却是显然不同的，这种不同主要表现在三个方面：（1）扶贫开发偏向于中观层面的经济政策；而低保制度属于微观层面的社会政策。（2）扶贫开发政策重点是提供区域性基础设施，多是通过项目进行投资开发。扶贫开发为区域内所有农户提供生产生活便利，农户家庭劳动力因此可以有为便利的生产条件，可以增加农业、副业或外出务工的收入。或者说，扶贫开发的重点是为农村有劳动力的家庭提供生产和就业机会以增加收入；低保则主要针对家庭中缺少劳动力的农户，是无条件的"补差"。（3）扶贫即使精准到户也不允许直接发钱，而只是进行帮扶，包括帮扶技术、贴息贷款；而低保则是直接发钱"补差"。

我们再来看扶贫政策是如何演变的。

如前已述，2014年以前中国农村扶贫的重点是区域而非农户家庭，主要手段是开发，主要措施是通过项目来改善地区基础设施、发展农

业生产等。这样一种主要面向区域的开发扶贫政策为区域内所有农户提供了生产生活的便利，因此农村劳动力具有了与全国其他地区相差无几的基础设施条件（比如交通、电力通信、水利设施等）和进入市场的机会。国家开发扶贫只是为所有农户提供了依靠自己主动响应来增加收入的机会。主动响应要有两个条件：一是有劳动能力，二是有响应意愿。一个虽然有劳动能力却不愿意响应各种生产和市场机会的人，是不可能从开发扶贫中获得充分利益的。

对于家庭中缺少劳动力或虽然有劳动力却不愿意响应各种生产与市场机会的农户，扶贫开发是难以惠及的。从理论上讲，如果这些家庭的收入水平低于当地最低生活水平，就应当无条件地被纳入农村最低生活保障，由国家进行"补差"。这个"补差"也仅仅是"补差"，即将低保户家庭收入补到最低生活保障线。这个"补差"是无条件的，而最低生活水平不可能设定得太高，不然就会出现鼓励有劳动力的人不劳动而当懒汉的可能。

现在的问题是，因为扶贫开发中出现了精英俘获以及贫困原因的多样化，为了提高扶贫资源的使用效率，国家提出精准扶贫战略，将扶贫重点由区域下降到农户，国家扶贫的重点不只是区域开发，而更重视对精准识别出来的贫困户进行一对一帮扶。精准识别贫困户的根本标准就是农户人均收入是否超过贫困线。大量缺少劳动力或虽然有劳动力却缺少劳动意愿的农户就被纳入到必须精准帮扶的贫困户中来。实际上，在之前的扶贫开发中，这些贫困户主要是靠低保维持最低生活水平。也就是说，当扶贫政策由扶贫开发为主变成精准扶贫时，扶贫政策就被导入到社会保障政策中，就与农村低保政策产生了交叉与重叠。

扶贫政策本质上是要激活农村劳动力，是对有劳动力和有劳动意愿家庭的精准帮扶,从而让这部分农民家庭获得较高收入,摆脱贫困。扶贫政策与低保政策最大的一个不同就是,低保是直接发钱,而扶贫重在扶,是支持和帮助,是提供条件与机会,增加家庭收入仍然要靠农户家庭自己去努力。因此,扶贫的一个基本要求是不允许直接或变相给贫困户发钱。

在开发扶贫阶段,国家只是为所有农户提供外在的基础设施或市场条件,并不对每个具体农户的脱贫负责,农户如果想要脱贫,就必须自己努力利用各种外在的机会与条件。没有劳动力的农户家庭或不愿响应外在机会的农户家庭,当他们收入低于最低生活保障线时,由国家无条件"补差",但这个最低生活水平的标准不高。正是因为这个标准不高,绝大多数有劳动力的家庭都会积极主动地利用外在机会来发展生产(包括外出务工)获取收入,以提高家庭生活水平,摆脱贫困。

在精准扶贫阶段,所有家庭收入低于贫困线的农户都被纳入到贫困户中,然后进行帮扶,而这个贫困线又是高于农村最低生活保障线的,这样就会产生两个严重的问题:一是对家庭缺乏劳动力的农户如何扶贫?显然,这样的农户家庭是无法得到帮扶的,因为不具备可以帮扶的条件,也就只可能通过低保来兜底,从而达到脱贫。这个时候,就要将低保线提高到贫困线,两线合一,正如当前全国大多数省区市正在做的一样。如果低保线与贫困线合一了,那些有劳动力却不愿劳动的农户家庭就会获得超出最低生活水平的国家直接补钱的好处,这就会激励某些贫困户"等靠要",从而产生政策偏差。二是如果两线尚未合一,为了让家庭缺少劳动力的农户脱贫,就只可能在低保收入以外直接或间接发钱,而这又违反了扶贫强调"扶"的政策基本要求。

总而言之，在中国反贫困的制度体系中存在着两个完全不同又相互补充的制度，即扶贫制度与低保制度。扶贫制度即通过对有劳动力农户的帮扶，让这些农户摆脱贫困。帮扶有两个阶段，即开发扶贫阶段和精准扶贫阶段。开发扶贫的重点是解决贫困集中发生的老少边穷地区基础设施缺乏和市场条件不足的问题，从而为贫困地区农村劳动力提供与全国农村同样的获取收入的机会。因为外在环境条件的改善，老少边穷地区大部分有劳动力的农户通过响应环境机会而提高了收入，摆脱了贫困。那些缺少劳动力的农户家庭，以及有劳动力却不愿响应环境机会或者响应失败的农户，当他们收入水平低于最低生活水平时，国家无条件地将他们纳入低保，为他们"补差"，以维持基本生活。精准扶贫的重点则不再是仅仅为贫困户提供外在的环境机会，而是将所有贫困户纳入到直接帮扶的范围之中，且要求限期脱贫。这样，贫困户脱贫的主要责任不在贫困户而是在帮扶责任人和地方政府；而贫困线又是高于低保线的，这就必然造成大批贫困户"等靠要"。也就是说，扶贫政策与低保政策交叉，一方面可能激励某些贫困户习惯性地"等靠要"；另一方面，由于两线合一，某些农村通过低保兜底而表面上消灭了贫困，实际上因为区域发展不平衡，大量需要开发式扶贫来提供基础设施和市场条件的地区却再也享受不到开发式扶贫带来的福利。

四、当前中国农村反贫困政策中的三层错位

以区域为重点的扶贫开发，识别出贫困区域是相对比较容易的事情，因为贫困地区往往经济社会发展显著落后，贫困发生率比较高。

将贫困识别下降到农户，贫困识别难度显著增大，其中最重要的是，因为贫困户会受到政策关照，农户就会倾向隐瞒实际收入争当贫困户。

如果农户收入都是透明的，可计算的，确定贫困户也会很简单，即看其是否达到人均收入的当地贫困线标准，低于贫困线自然就是贫困户。但实际上，当前农民收入不仅可计算性很差，而且透明度也不高。从可计算性来看，农民的农业收入往往不够稳定，自给自足收入难以计算。从透明度来看，农民外出务工收入难以计算。农民收入多少只能依靠农户自己申报，在争当贫困户的背景下，农户隐瞒实际收入的情况就很普遍。正因如此，以"社区评议"为基础的贫困户评选办法被普遍采用，这个办法的根本就是由社区群众投票选出贫困户。村庄是一个熟人社会，哪一户经济条件好哪一户经济条件差，哪一户富哪一户穷，村民都很了解，因此，社区评议往往比较准确。不过，社区评议也有可能受到人际关系的干扰，尤其容易受到家族关系的干扰，导致村庄真正贫困却人缘不好的农户落选。且社区评议一般是上级先下达贫困户指标，其中贫困户与边缘贫困户的差异很小，很难区分，因此在评议中容易引起争端。

总之，无论是收入标准还是社区评议，都不是完备的认定贫困户的方法。全国不同省区市就在实践中摸索出了各种不同的贫困户识别方法。大体上可分两种：一种是排除法，比如规定家庭有公职人员、在城市买有商品房、有大型农具、有大额存款的农户不能被评为贫困户；一种是条件筛选法，比如贵州识别贫困户的"四看法"——一看房，二看粮，三看劳力强不强，四看有无读书郎。条件筛选法与《中国农村扶贫开发纲要（2011—2020）》提出的到2020年我国扶贫开发政策针对扶贫对象总体目标中的"两不愁、三保障"逻辑是同样的，即"稳定实现扶贫对象不愁吃、不愁穿，保障其义务教育、基本医疗和住房"。"两不愁、三保障"是衡量贫困户是否脱贫的重要条件，也当然成为入选贫困户的条件。比如，笔者在河南农村调研时发现，住房破烂（危房）的农户就自然是贫困户，而实际上这户人家可能只是不愿意花钱建房而已。

正是因为贫困识别、帮扶、脱贫过程中都存在难以精准量化的问题，精准扶贫最为困难之处就在于很难精准。为了在形式上显得精准，扶贫过程中就往往在形式上、程序上做很多看起来精准的表面文章，其中最典型的是建档立卡和各种资料填报，从而将扶贫的极大部分时间与精力乃至资源都用到做文案上了。比如，精准扶贫强调"五个一批"，即发展生产、易地搬迁、生态补偿，发展教育、社会保障等五种途径来脱贫，但通过为所有贫困户建档立卡后却发现，最为根本的问题仍然是发展生产和社会保障，这又回到社会保障与低保政策的交叉上了。

国家要求消除贫困的最后期限是2020年，在巨大的政绩压力下，贫困地区只能投入巨大资源进行扶贫。贫困地区财力有限，扶贫需要的投资巨大，仅靠国家和省级扶贫资金是远远不够的。因此，国家给贫困地区特殊政策，允许贫困地区将各种自上而下的财政资金打包使用，从而在贫困地区出现了非扶贫资源流向扶贫事业的情况，并因此造成对贫困地区其他事业的影响。这样就产生了当前农村反贫困的第一层错位，即贫困地区的扶贫事业使用了贫困地区一般事业发展所需的资源。

当前农村反贫困中的第二层错位是，以扶持建档立卡贫困户为中心的帮扶，将本来应当是由社会保障来兜底的家庭缺少劳动力的农户也纳入进来，从而产生了扶贫与低保之间的重叠与错位，扶贫逐步替代了农村低保，或农村低保制度成为了扶贫制度的一个补充。当前反贫困领域中不仅存在扶贫与低保的错位，而且还存在扶贫与其他各项社会保障制度的错位，典型就是提高贫困户合作医疗报销比例，其理由是贫困户经济困难，更缺少承担医疗费用的能力。再如，对贫困户给予教育资助以及危房改造资金，从而造成贫困户可以享受到远多于边缘贫困户的经济好处，导致农村新的不公平。

当前反贫困中的第三层错位是低保制度与其他社会保障制度之间的错位。本来低保制度是由国家对低保户进行收入"补差"，然而在实践中却给了低保户若干其他优惠，比如提高合作医疗报销比例、优先享受大病补助、子女上学给予额外补贴、优先享受各项福利等。更糟糕的是，因为低保户医疗报销比例高，全国几乎所有地区都出现了将得大病农户纳入低保户从而达到让农户看病少出钱的目的，而这样做存在拖垮合作医疗的风险。有些省区市规定将所有二级以上残疾都纳入低保，也必然产生低保制度与社会救助制度的错位。

五、未来中国反贫困的制度设计

纵观今日中国反贫困战略，存在三个层面的政策与制度体系，除宏观经济发展政策与制度以外，还有中观与微观的两层设计，中观层面制度设计的核心是开发扶贫，主要针对区域性的基础设施和市场条件；微观层面制度设计的核心是社会保障制度，主要针对农村各种不同人群的不同需要。在中国反贫困取得决定性胜利之际，贫困本身的多元化和复杂性引发扶贫政策由开发扶贫到精准扶贫演进，扶贫政策与社会保障政策由此产生了交叉甚至错位。

笔者认为，在未来中国反贫困制度设计中，应当对当前扶贫与社会保障之间的错位有清醒认识，应当让扶贫重返中观的开发扶贫层面，重点是连片特困地区的区域性基础设施与市场制度建设。同时，应当进一步健全农村社会保障制度，确保低保制度主要针对那些缺少家庭劳动力的农户以维持其基本生活水平，新农合为所有农户提供基本医疗保障，新农合加上大病救助致力于防止农户因病致贫，新农保为所有农村老年人提供基本的养老保险。其他如残疾救助、特殊救助（如孤寡老人、孤儿等），应与上述政策配套，形成相互补充的、完整健全的社会保障体系。

当前中国反贫困实践中出现了普遍的政策错位，如精准扶贫与农村低保的重叠与错位，也包括与医疗教育政策等方面的重叠和错位，严重影响扶贫目标的最终实现。未来的制度设计一定要清晰认识到当前中国反贫困制度的上述错位，应当设计出相互区别、相互支持、相互补充的中国反贫困制度体系。只有这样，中国农村的反贫困战略才能走出目前的困境，中国的反贫困事业才会事半功倍。

精准扶贫与农村低保的制度绩效问题

前文从反贫困的角度讨论了农村低保与扶贫之间的异同，重点讨论了反贫困领域存在的政策错位及可能造成政策效率损失。笔者最近在农村调研发现，作为反贫困重要制度安排的低保制度与扶贫政策在实践中的效果差异巨大，因此专文再来讨论之。

2018年暑假笔者在湖北T县和X县农村调研了农村的精准扶贫情况。T县和X县都是湖北省的贫困县，不过，从笔者的调研来看，这两个县的农户家庭经济条件都还是不错的，真正的贫困户是很少的。之所以被列为贫困县，其中一个原因是这两个县都是新设立的县，县级工业基础薄弱，财政收入比较少，两个县都试图通过申报国家级贫困县来获得国家扶贫资金的投入。为了成功申报国家级贫困县，两县都有意地压低农民人均收入，多报贫困户的比例。我们调研的两个村虽然都不是贫困村，但在2016年前所报贫困户比例还是比较高的。我们也到这两个县的贫困村看过，贫困村农户经济条件与我们调研村基本上没有差异，因为几乎所有农户收入都来自中青年劳动力外出务工收入加上中老年农民务农收入。在两县贫困户统计中，低保户和五保户都是统计为贫困户的，贫困户中的非低保户和五保户被称为一般贫困户。以下我们介绍两县两村贫困户的基本情况和扶贫与低保工作。

一、两个村的样本

1. T县A村情况。

T县A村，550人，193户。2018年共有44户贫困户，119人；其中五保户9户9人，低保户14户34人，一般贫困户21户76人。

A村贫困户识别中最容易识别的是五保户，凡是没有子女的超过60岁的农户都可以纳入五保。五保户主要是村中老年光棍。按当前政策五保户每年补贴8000多元。A村9户五保全是光棍且都住在村里。其次是低保户也比较容易识别。2016年前A村有23户低保户，2016年进行大数据比对，不符合低保条件的有10户，剔除后还剩13户，虽然所剩13户也并非都符合低保条件（比如家庭人均收入低于当地最低生活保障线），但这13户是A村除五保户以外经济条件最差的无疑了。2016—2018年A村新增一个低保户，这一户有四口人，两个小孩读书，丈夫中风，妻子虽然在酒店上班，每月有3000多元工资，却也有肾病。经村民评议，一公示两公开，这一户被纳入到低保户中，按每口人每月200元补差，一年可以补9600元，教育、医疗上都有所帮扶。

2008年开始全国推行的农村低保制度一度极不规范，因为农户收入情况很难统计。实践中，村庄中缺少劳动力的绝对贫困户的收入在当地农民收入断裂带①以下，甚至可谓赤贫，温饱问题没有解决，这部分农户一般都纳入到低保户中了。另外一部分纳入到低保的农户，经济条件与一般农户相差不多，甚至有开豪车吃低保的情况，引起社会舆论的极大反感，也引发村民不满，这些低保被称为"关系保""维稳保""人情保"等等。2016年通过大数据比对，绝大多数不符合低保条件的低保户都被剔除出去。新增低保户，应保尽保，严格卡住低保的进口，这样就使低保工作规范了起来，按户"补差"工作做起来也很容易。

最为困难的就是识别一般贫困户了。

最初，为了申报国家级贫困县，T县要求将80%的农户列为贫困户，A村确定了150户贫困户，2015年填报的贫困户数据降到110户，经过多轮回头看、再回头看和大数据比对，也经过上级驻村工作队和村干部反复入户，以及村民多次评议，到2017年终于确定了全村一般贫困户为21户。为确定这21户贫困户，A村经过了10多轮的反复，尤其是要与已经填报到国务院扶贫办数据库的数据对应，以及捋顺贫困户数据之间合理的逻辑关系，驻村扶贫工作队可谓耗尽心力。2015年确定110户贫困户时资料就是随意填报的，这个数据通过全国扶贫信息网络系统进入国务院扶贫办数据库之后，上级要求精准识别贫困户，A村就只得一轮又一轮地为了捋顺扶贫逻辑关系而绞尽脑汁反复填报表格。

A村扶贫工作队共有10人，都是上级部门下派工作人员，其中2人常驻，每周五天四夜驻村工作，另外8名工作队员每人包2~3户，每个月必须与贫困户见一次面，要"当亲戚走"。

---

① 参见贺雪峰：《农民收入分层结构的断裂性》，载《决策》2018年第6期。

如何扶贫呢？A村扶贫主要是对发展产业的贫困户进行奖补，比如种田达到一定规模，可以每亩奖补100元，奖补面积不能超过10亩，10亩就是1000元。其他比如种板栗、养鱼、养猪、种蔬菜等都有奖补，奖补最高不超过每户3000元。A村累计已发放产业奖补2万元，另外向全村11户贫困户发放了政府贴息创业贷款10万元。

贫困户还有其他好处，主要是在医疗和教育方面：医疗上，可以提高合作医疗报销比例；教育上，凡是贫困户子女，上学都有1200~3000元的教育补助。

另外有一户贫困户，一家三口，夫妻均60岁，身体健康，唯一的儿子30多岁，未婚，长期在外搞传销，房子多年没有维修，成了危房，政府免费为该农户在镇上的安置点修建75平方米住房，花费10万元。按村干部的说法，该户一家三口都是劳动力，之所以住危房，是因为一家三口都是"懒汉"，建档立卡时填写致贫原因是"发展动力不足"。免费盖房实际上变成了"养懒汉"。

驻村扶贫工作队最重要的工作是填表。结对帮扶人员每月要到贫困户进行家庭家访，主要是宣传扶贫政策，更具体就是宣传贫困户可能从扶贫政策中得到什么好处。这样的宣传第一次还有效，次数多了，贫困户就很反感。因此结对帮扶干部不得不每次自己花钱买点米或油带给贫困户。

为了调动贫困户的脱贫致富积极性，A村按上级要求每个月召集贫困户开会，要求贫困户搞好家庭卫生。贫困户没有参加会议的积极性。地方政府在镇上开了一家爱心超市，只要贫困户按时参加村里召开的贫困户会议，并打扫干净自家院落，就可以凭村委会开具的证明到爱心超市领取米和油，贫困户因此才有参加村委会召集会议的积极性。

上级要检查精准扶贫满意度，不仅要调查贫困户的满意度，而且要调查非贫困户的满意度。在精准扶贫中，贫困户得到的好处越多，非贫困户就越是会认为扶贫是"养懒汉"，就越是不满意。而且21户一般贫困户中有多户未享受过任何扶贫好处，他们也很不满。

因为扶贫，仅仅最近两年时间，A村光在买复印纸上就花去了1700元，另外每年还要花费1万~2万元在镇上打印和宣传。

国家在A村投入的扶贫资源十分有限，与A村相邻的B村是贫困村，据说国家已经投入扶贫资金超过1000万元，而实际上B村经济条件与A村几无差异。

2016年前，A村所在乡镇共有1300多户低保户，2016年进行大数据比对后，绝大多数"关系保""人情保"被清理出去，目前全镇只剩下300多户低保户，其中包括最近两年新增的10多户低保户。镇民政办主任说，现在农村低保工作已经很规范严格了，并且越是规范严格，农民满意度越高，上访也越少。

2. X县C村的情况

X县的C村，贫困户情况与A村很相似。C村有324户，贫困户有72户，其中低保户21户，五保户2户，一般贫困户有49户。调研期间，村委会办公正在对新增两户低保户进行公布，这样低保户就变成23户，贫困户为74户。2014年上级下达到C村的一般贫困户为83户，经过反复的大数据比对和回头看、再回头看，C村最终确定一般贫困户为49户。按C村村支书的说法，这49户一般贫困户的人均收入都远远超过了国定贫困线。

X县的扶贫办法与T县几乎是一样的，唯一不同的是，X县有光伏扶贫项目。国家开发银行为每个一般贫困户提供5万元贴息贷款，由县里统一组织将贴息贷款集中到县光伏发电公司，公司每年给每个一般贫困户3000元分红，实际上是间接给一般贫困户分钱。

小结一下，从以上两个县两个村贫困户情况的介绍来看，农村贫困户主要由三种人构成，即五保户、低保户和一般贫困户。五保户和低保户的工作已经十分规范了，因为主要是甄别出真正贫困户以及对贫困户（五保和低保）进行救助与补差。无论是村干部还是上级派驻的驻村工作队，或县乡两级，都几乎没有在五保和低保上花费功夫。A村所在乡镇民政办只有一个工作人员，却很好地完成了五保、低保的甄别与救助工作。需要说明的是，2016年《国务院关于进一步健全特困人员救助供养制度的意见》（国发〔2016〕14号）规定：城乡老年人、残疾人以及未满16周岁的未成年人，同时具备以下条件的，应当依法纳入特困人员救助供养范围：无劳动能力、无生活来源、无法定赡养抚养扶养义务人或者其法定义务人无履行义务能力。农村五保户从此纳入到特困救助制度中。

相对来讲，精准扶贫工作耗费了基层大量时间与精力和资源，效果却不够好。为什么？

二、低保制度的逻辑

之所以会造成以上差异，就在于低保与扶贫是两种不同的目标，且采取了不同的方式。我们先来看目标的不同。

所谓农村低保，就是农村最低生活保障，其保障对象是家庭年人均收入低于当地最低生活保障标准的农村居民。2004年开始试行农村低保，2008年全国普遍推开。"低保"的特点是"应保尽保"，无条件进行"补差",即凡是农户人均纯收入低于当地最低生活保障标准的差额均由低保金补齐。

因此,实施农村低保制度,最重要的一环是识别出农村低保户以及计算出农户人均纯收入与当地最低生活保障标准的差额。实践中,恰恰在如何计算农户收入上存在着极大难度,因为农户收入中有很多传统的非货币化收入,而且他们在外务工经商的现金收入也很难统计。正因为难以准确统计农户收入,农村低保户识别就需要靠社区瞄准,村干部在主导社区瞄准时往往具有很强的主导权。结果就是,刚开始实施农村低保政策时发生了很多不规范的情况,最广为人知的就是各种"人情保""关系保""维稳保"的出现,以及引起强烈社会不满的"开豪车吃低保"现象。最终的解决办法有二:一是严格规范农村低保,反复清理、清查农村低保中各种小微权力的腐败;二是对农村低保户进行大数据比对,规定凡是不符合条件的低保户一律清理出去。2016年前后全国农村低保大数据比对,很多地方有接近一半的低保户因不符合条件而被清理出去。经过大数据比对,虽然可能仍然有不符合低保条件的农户没有清理出去,但这样的农户占低保总数的比例已经很小了。极个别户均收入低于当地最低生活保障标准的农户被大数据比对清理出去,地方也可以针对特殊情况进行会商讨论,以进行更加精细准确的甄别。最为关键的是,2006年以后,全国农村新进低保户,符合低保条件的"应保尽保",一户一识别,严把低保进口关,农村低保因此就规范起来了。群众对低保的满意度也比较高,低保户当然也受到了政策照顾。正如前面我们调研的T县和X县的情况一样,当前农村低保工作常规化了,真正变成了惠民工程。

农村低保的规范化、常规化,其中一个重要条件是运用了大数据比对。而大数据比对之所以有效,是因为低保户具有与一般农户相当不同的结构性特征。比如大数据比对中有如下一些项目：有无大额存款，有无商用车辆，有无城市商品房，有无财政供养人员，有无个人轿车，有无高价证券，等等。一般来讲，家庭中凡是有以上诸项中的一项，这一户就不可能是低保户，就应当从低保名单中清理出去。正是因为大数据比对本身的精准，2016年前后全国有些地区接近一半的低保户经大数据比对清理出去，几乎没有引起任何争议。

造成以上大数据比对结构性条件的原因，恰在于低保户的收入水平显著低于一般农户。当前中国农村，一般情况下，只要农户家庭有劳动力，这个农户家庭就很容易从农业和外出务工经商中获得远高于当地最低生活保障标准的收入。那些缺少劳动力或主要劳动力生病无法参加劳动的家庭则缺少基本收入，这些家庭收入水平就会显著低于一般农户。从而在村庄中会形成一条十分显著的农民收入断裂带，95%的农户家庭收入都远高于这个收入断裂带，占比不超过5%的农户家庭收入不及这条断裂带。

与大数据比对相一致的是，农村低保户一般有两个特征：一是家庭缺少劳动力，二是家庭缺少基本收入，其贫困是当地村民的共识。在大数据比对之前，家庭收入低于断裂带的农户绝大多数都已纳入低保户名单中，因为这是包括村干部之内的所有当地人的共识。

大数据比对之前，农村低保存在的主要问题不是"应保未保"，而是不应保的被纳入到了低保户中，因为低保是国家财政出钱，由此出现了普遍的"关系保""人情保"。因为村庄中存在显著的农户收入断裂带，大数据比对清理出来的不符合条件的农户，与当地农户一般性共识是匹配的，所以低保制度就获得了农民的极大支持，低保政策因此成为善政。

三、精准扶贫的逻辑

低保户当然也是贫困户。不过,国家进行精准扶贫的考虑与低保制度是完全不同的。低保是应保尽保,直接发钱"补差",以保障农户家庭收入可以达到当地最低生活保障水平,维持基本的家庭再生产。扶贫则是针对有劳动力家庭的,是试图通过扶贫来让农户家庭致富。扶贫的目标并非要让贫困户获得当地最低生活保障的水平,因为一般贫困户的收入已经在最低生活保障水平线上了,而是要让贫困家庭进一步增加收入以致富。因为一般贫困户家庭收入在当地最低生活保障水平以上,国家财政就不应当再给这些贫困户发钱,如果发钱就缺少正当性和正义性。正因如此,当前全国农村精准扶贫政策很重要的一条是不允许直接和间接给贫困户发钱。

不发钱,如何帮助贫困户脱贫致富呢?办法就是利用政策支持贫困户,让贫困户通过自己的劳动增加收入。政策部门认为,贫困户之所以贫困,是因为他们缺少致富的技术、致富的资金、致富的思路,因此国家对贫困户的扶贫措施就是结对帮扶,一户一策:农户缺资金,就提供政府贴息贷款;农户缺技术,地方就对农户进行技术培训;农户缺少外出务工的技能,地方就免费安排贫困户进职业学校进行技能培训。精准扶贫政策要求将所有贫困户纳入到精准帮扶中来,并且都要限期脱贫。

不过,精准扶贫政策很快就遇到了两个难题:一是帮扶贫困户脱贫致富难度极大,二是识别贫困户极难。这个过程中,国家对精准扶贫的高度重视进一步增大了以上两个难题的难度。

首先来看帮扶贫困户脱贫致富的难度。农村低保之所以容易规范,一是应保尽保,二是只要对低保户直接发钱"补差"就可以。对贫困户帮扶的困难在于，国家不允许（当然也不应该允许）给贫困户发钱，而是要帮扶贫困户发家致富，这个帮扶的认识前提是，贫困户之所以贫困，是因为他们缺技术、缺资金、缺市场信息，所以就为他们提供技术、资金、市场信息的帮扶。问题是，在当前市场经济已经十分发达的条件下，农户要脱贫致富奔小康，就要面向市场进行生产，面向市场就有风险，地方政府帮扶农民进行面向市场的生产，就可能遭遇市场风险，一旦遭遇了风险，谁来承担风险？若由地方政府承担风险，农户进行农业生产投入不必担风险，他们就会更加盲目大胆地投入，地方政府最终当然是不可能承担得起这个风险的。实际上，在地方政府的农村扶贫工作中，几乎所有发展生产的扶贫都是不成功的。[①]

更重要的是，当前部分农村贫困户之所以贫困，不是因为技术、资金问题，而是因为好吃懒做，所以有一种普遍的认识就是"扶贫首先要扶志"。既然让贫困户脱贫是国家的世纪任务，是结对帮扶政府工作人员的责任，是地方政府要限时完成的考核目标。那么，那些好吃懒做的人为什么要自己去辛勤劳动，而不指望地方政府给自己好处呢？实际上，当前精准扶贫中出现的一个普遍情况就是扶贫养懒汉。笔者调研的 T 县 A 村，村支书讲，每天在街上打麻将的都是村庄中的贫困户，越是打麻将就越是懒惰也就越贫困，国家越是帮扶他们，他们也就越懒惰。贫困户脱贫变成扶贫干部和地方政府的事情而不是贫困户的事情了。

国家越是强调让每一户农户脱贫致富，就有越多贫困户依赖国家来帮扶他，希望国家给他特殊政策与好处，当然最好是直接发钱；也

[①] 参见许汉泽、李小云：《精准扶贫背景下农村产业扶贫的实践困境》，载《西北农林科技大学学报》2017 年第 1 期。

就会养越多懒汉。

实际上,当前中国几乎存在着无限的市场机会,最典型的就是进城务工经商。在已经形成全国统一劳动力市场的情况下,一个农户家庭只要有一个劳动力进城务工经商,其家庭收入就会远超过当前农村贫困线。在都有家庭劳动力的情况下,贫困户与一般农户的差异往往仅在于农户是否勤劳,是否有增加收入的意愿。有劳动力的农户家庭宁愿降低收入也要天天睡懒觉,那也是他们的自由,这样的贫困是扶不起来的。

从这个意义上讲,低保补差是合理的,帮贫困户脱贫致富是很难的,甚至可能是有点多余的。某种意义上,贫困是一种文化,既然是文化,就不可能在短期内改变。①

精准扶贫中存在的更大问题是对贫困户的识别。

一般来讲,低保户是农村收入低于当地最低生活保障水平的农户,通俗地讲,这些农户是温饱问题尚未能完全解决的农户,这样的农户与一般农户在家庭收入上存在着一个显著的"收入断裂带",所以就比较容易识别。相对来讲,一般贫困户与一般农户收入差距没有低保户与一般农户差距大,所以识别起来就更有难度。在国家强大的精准扶贫政策下,因为贫困户容易得到政策上的好处,所以农户争当贫困户,这造成了贫困户识别上的更大难题。

作为世纪任务,国家扶贫战略投入大量国家资源,为防止国家投入资源的浪费,真正有效地将扶贫资源用到扶贫上来,国家提出精准扶贫战略。且自2014年开始进行农村贫困户的建档立卡工作,并将所有贫困户建档立卡信息纳入到全国扶贫信息网络系统进行统一管理。

---

① 参见贺海波:《贫困文化与精准扶贫的一种实践困境》,载《社会科学》2018年第1期。

2014年贫困户建档立卡是按国家统计局发布的2013年底全国农村贫困人口规模8249万人为基数，然后分解下达到全国各地农村进行的，建档立卡《扶贫手册》包括家庭基本情况、致贫原因、帮扶责任人、帮扶计划、帮扶措施和帮扶成效等六个方面的内容，这些内容全部纳入到国家扶贫信息系统。

国家要求地方建档立卡，填报信息，地方政府和乡村组织当然不可能在短期内就能够认真对待《扶贫手册》六个方面的内容，包括也不可能识别出真正的贫困户。所以，全国绝大多数农村都是拍脑袋按照上面分解下来的贫困人数相当随意地选择出贫困户，并完成了贫困户建档立卡工作的。

虽然2015、2016年国家一再强调要精准识别贫困户，但因为无论是贫困户还是地方政府都并不清楚贫困户帮扶办法、力度及当贫困户的含金量，所以地方政府和乡村组织的建档立卡工作与过去向上级报送各种报表一样，普遍存在随意填写和上报的情况。问题是这一次建档立卡上报上去的数据直接进入全国扶贫信息系统，进入了国务院扶贫办数据库，不再可以随意更改。

后来的情况众所周知，就是国家扶贫力度大，贫困户的含金量高，谁当贫困户谁就可以得到好处，过去随意填写的贫困户名单就必然引发争议。国家对地方扶贫也越来越不放心，结果就是自上而下一轮一轮督查，地方也因此一轮一轮地回头看、再回头看。很多地方用了三年时间才形成一个相对确定的一般贫困户名单。

尤其是2015—2017年这几年，中央与地方在精准扶贫工作上经过了多轮博弈。一方面中央对扶贫的要求越来越严，投入力度也越来越大；另一方面，地方在精准扶贫前期识别阶段，随意填报贫困户基础数据，造成后续所有扶贫工作无法开展，而建档立卡数据又进入全国扶贫信息系统无法更改，地方政府就通过一轮又一轮的回头看，以及各种地方"智慧"来应对中央要求。比如纳入到贫困户的农户被大数据比对出在城市有商品房，若这个商品房是在评定为贫困户前就买了，地方就不能不作为"错评"，若是之后买的，就作为可以享受政策的已脱贫贫困户。

中央对地方不信任，强调痕迹管理，并要求扶贫材料体现扶贫的动态变化，基层也就不得不将主要精力用于填报资料和捋顺材料间的逻辑关系上。精准扶贫工作的重点变成应付上级检查。

小结一下，2014年农村贫困户建档立卡，当时是以国家统计局统计的农村贫困人口作为基数分解到各地填报的，这个统计数据就存在严重问题。最典型的是，按这个数据甄别出来的贫困户，大多数贫困户收入与一般农户收入基本上没有差异，甚至大部分贫困户的收入都远高于当时国定贫困线。这样就造成了两个问题：第一，如果严格按照国定贫困线，就不可能有8000多万贫困人口，第二，按8000多万的基数分解产生的贫困人口，其中大部分被纳入贫困户，其收入与一般农户几乎无差异。这种情况下，国家要对纳入全国扶贫信息系统的贫困户一户一策结对帮扶，要让贫困户脱贫致富。因为国家扶贫力度大，造成被错评为贫困村和贫困户的村、户获得大量国家政策好处，而一般农户却没有得到好处，由此引发一般农户的严重心理不平衡和不满。这种不满反馈到中央，中央就要求地方回头看、再回头看，导致地方政府及乡村组织将多半精力花费在应对上级要求和检查上了。

也就是说，在农民收入很难精确统计的情况下，在农户增收必须面向市场而市场本身具有风险的情况下，越是要求精准扶贫，越是要求限期帮扶脱贫，越是要求建立自上而下的扶贫信息数据库，扶贫就越会变成上级与下级、地方与基层、基层与贫困户、贫困户与帮扶干部以及贫困户与非贫困户的矛盾、斗争和利益博弈。结果却是，国家花费大量资源和精力进行扶贫，而扶贫取得的成效与付出的代价不成正比。

四、低保制度与扶贫政策的比较

扶贫工作显然是有自身规律的，如果将低保和五保也算作扶贫的话，则低保和五保工作现在已经做得十分好了。其中五保就不用说了，仅就低保来讲，之所以可以做好低保工作，首要的就是低保遵循了自身的规律，表现在两个方面：第一，筛选甄别出低保户方面，遵循了当前"农村收入断裂带"上与"农民收入断裂带"下的规律，从而为大数据比对发挥作用提供了条件。第二，低保工作是"应保尽保"，实行"补差"原则，该补多少就补多少，让所有农户的家庭收入都可以达到当地最低生活保障标准以上，从而防止无法解决温饱问题引发的悲剧。

相对来讲，当前精准扶贫存在的问题也可以主要从两个方面讨论：一是地方实践中普遍陷入变扶贫为让农户致富的误区。实际上，在当前条件下，农户作为独立的市场主体，他们有自主响应市场的能力与意愿，扶贫工作的重心应当是为农民提供基本的参与市场的条件，而不应当是结对帮扶农民具体应对市场以致富。市场有风险，每个市场主体都应当依据自身条件及对市场风险的判断应对市场，成功了收获归自己，失败了损失也归自己。若农户收入水平落入到最低收入标准以下，国家就应当无条件地将其纳入到低保范围中来。致富应当是农户自己的事情，国家只应当为农民提供致富所需要的基础条件，尤其是农民所无力解决的市场条件、基础设施以及基础教育和基本医疗条件。二是人为筛选出来的一般贫困户变成特权群体。在初始阶段大量不符合条件的贫困户被建档立卡纳入到全国扶贫信息系统以后，国家支持贫困户力度越大，乡村社会内部的矛盾就越多，村庄中心理失衡、价值颠倒成为普遍情况。更糟糕的是，自上而下严厉的扶贫政策使得地方政府、乡村组织及扶贫干部在工作中动辄得咎，不知道应当如何去做。上级不信任下级，试图通过办事留痕和上报数据，以通过数据的逻辑关系比对判断下级是否说谎（或者说谎是否说圆了），并通过不间断的督查和第三方机构，对扶贫工作进行简单粗暴的评估，导致地方政府、乡村组织和扶贫干部将主要时间与精力用在填报资料和应付检查上面。

扶贫工作是一项艰难的工作，需要时间，也要有耐心，要认真细致。造成贫困的原因也是十分复杂的，相当一部分原因是文化教育的原因，比如缺少进取精神，不适应市场竞争，不习惯进城务工经商尤其是不适应进厂务工，并且这种文化本质上也无所谓好坏。这个时候，国家要求农村脱贫的愿望越迫切，计划越具体，督查越严厉，扶贫效果可能就越差，就越是会出现扶贫政策养懒汉，以及上级与下级、乡村与贫困户、贫困户与扶贫干部之间复杂的博弈局面。

五、结语

实际上，在笔者看来，当前农村扶贫中出现的根本问题并不是技术性的，而是方向性的。中国反贫困设计实际上是有两个层次的：一个层次就是农村低保制度，对所有低于农村基本生活保障标准的农户无条件"补差";另一个层次是对区域性贫困进行开发,即过去的开发扶贫。客观上讲,中国有一些地区自然环境恶劣、交通水利基础设施较差、教育医疗服务落后、基本市场条件不完善,这些地区就应当通过国家开发或搬迁移民来为所有人提供通过自己勤劳双手改变命运的基础条件。国家要做的是为所有人提供同样的基础设施、基本服务和进入市场的条件,为所有人提供平等进入市场的资格与机会,至于作为市场主体的农户是否响应这样的市场机会,那是农户自己的决策。农户在市场上打拼,如果他们发达了,所有好处都是他们自己的;如果失败了,甚至无法解决基本生活问题,国家会为他们提供最低生活保障。也就是说,有了低保兜底,再针对具体农户进行大规模扶贫就没有那么紧迫和必要了。扶贫战略的重点应当针对区域或特定类型群体,比如对少数民族地区提供相对高水平的免费教育。当前农村工作中涉及贫困的两大类工作,即低保和扶贫,低保覆盖面甚至不低于扶贫工作,却因为符合农村实际而很快就规范化了。低保工作成为当前农村基层的常规工作,在化解农村贫困、守护乡村正义方面起到重大作用。当前农村扶贫工作成效不够显著,甚至在很多地区的扶贫实践中,较为普遍地出现了费力不讨好的问题,其中的原因值得更加深入的调查和研究。

土地制度篇

论农村宅基地中的资源冗余

当前正在进行的农村土地制度改革试点中，33个试点地区有15个地区进行农村宅基地制度改革。宅基地试点最重要的内容是让进城农民有序退出宅基地，从而节约农村土地资源，保障中国18亿亩耕地红线。当前最为人诟病及最令人不解的是，在中国快速城市化的背景下，农民进城了，他们在农村的宅基地却没有退出来。农民不仅没有退出宅基地，而且在城市化进程中，农村人口减少了，农村建设用地反而增加了，从而出现在当前以及很长一段时期以来城市化进程中城市和农村建设用地同步增长的奇怪现象。农民进城了，城市建设用地自然就会增加，问题是进城农民没有退出他们在农村的建设用地（主要是"宅基地"），从而造成了土地资源的严重"浪费"。

不过，如果我们换一个角度来看，农民进城了，他们却只是进城务工经商，并没有真正在城市安居，更难以在城市体面地完成家庭的再生产。为了应对进城失败的可能性，农民在进城后一段时间内仍然保留在农村的宅基地和住房，以作为进城失败的退路。这样来看，农民进城后仍然保留农村宅基地，而不是将宅基地退出，复垦为耕地，这就不是浪费，而是农民进城的保险，是农民的基本保障，是应对农民进城失败的必要"浪费",是合理的资源冗余。这样的资源冗余不仅有必要,而且对于保障农民利益、避免中国城市贫民窟的出现、应对中国经济周期,以及保障中国现代化进程中的稳定,都极为重要。

本文拟通过三个部分来讨论具有积极功能的农村宅基地资源冗余,试图为理解农村宅基地功能和当前农村宅基地制度改革提供一个认识框架。

一、为什么农村宅基地应当保留一定的资源冗余

据《人民日报》报道:"习近平主席给莫迪介绍时,说了两条,一条是中国的城市化率。另一个,他专门讲到了中国的政策考虑,不能让进城务工人员走上不归路,要给他们在农村留条后路,一旦在城里待不下去了,还能回到农村。他着重强调,决不能使中国出现贫民窟。"[①]

习总书记的讲话十分清晰地说明了中国城市化与印度城市化的差异,其中最重要的一条是,中国城市化过程中为进城农民工留下了退路,一旦农民进城失败,他们就可以返回农村。而包括印度在内的大部分发展中国家,农民进城都是不可逆的;进城失败了,在城市待不下去,农民无法返回农村,这些无法返回农村又难以体面融入城市的进城农民聚集起来,就形成了发展中国家普遍存在的贫民窟。

具体到中国,之所以中国未出现其他发展中国家几乎都存在的大规模城市贫民窟,关键是中国为进城农民工"在农村留条后路,一旦

---

① 参见莫迪问习近平:《能否讲一讲中国的"新时代"》,载《人民日报》2018年5月1日。

在城里待不下去了，还能回到农村"。从实践上看，这条后路就是农民仍然保有农村的宅基地、住房和承包地，当农民工难以在城市体面安居时，他们随时可以返回农村居住和耕种土地；从制度上看，则是中国土地公有制，包括集体成员所有、按人均分的耕地制度和一户一宅的宅基地制度。只要是集体组织成员，农户都享有免费获得、无偿使用宅基地的权利。

从这个意义上讲，正是中国现行农村宅基地制度及其实践，保证了进城失败农民的返乡退路，防止中国城市出现大规模贫民窟。中国现行宅基地制度及实践是中国现代化进程中极为重要的基础条件。

问题是，现在中国正处在快速城市化进程中，农民大量进城，我们应该如何看待农民进城后，他们仍然保留农村宅基地不愿退出，使得当前城市化进程中"城市与农村建设用地双双增加"，以及由此造成的建设用地"浪费"问题呢？

农民进城后不退出农村宅基地究竟是不是浪费，关键在于我们要理解中国农民城市化的特点以及中国现代化的特点。

改革开放以来，中国城市化率从不足20%上升到2017年的58.52%，大量农民进城了。不过，如果仅从户籍人口计算，2017年中国城市化率只有42.35%，户籍城市化率与实际城市化率相差约16个百分点，就是说，有超过1/4的城市人口仍然是农村户籍。户籍人口城市化率远低于国家统计局统计的城市化率，原因之一是国家统计局是按居住地来统计城市人口的，进城务工经商时间超过6个月就被统计为城市人口了。然而，当前中国农民城市化具有两个十分重要的特点：一是农民家庭往往只是青壮年劳动力进城，老年父母和年幼子女留守农村，从而形成当前中国农村占主导地位的"以代际分工为基础的半工半耕"家计模式；二是农民年富力强时进城务工经商，年龄大了，在城市丧失就业机会，他们可能会返乡。[①] 这两个特点决定了，虽然农民家庭有劳动力进城，但是仍然有留守人员，以及虽然农民年轻时进城，但是年老时仍可能返乡。无论哪一种情况，进城农民都不会盲目退出宅基地。宅基地不仅为农民家庭提供了生产生活的基础，而且为进城失败的农民提供了返乡保障。

此外，进城青壮年农民虽然在城市务工经商，他们在年节时间却往往返乡，一方面是父母子女仍然留守农村，他们要返乡照看父母子女；另一方面，进城农民还需要返回村庄寻找社会关系和生活意义。他们进城了却不可能也不愿意斩断与村庄的联系，经济上、社会资本上和生命意义上的联系都无法斩断。

在当前中国发展阶段，城市很难为进城农民提供在城市体面完成家庭劳动力再生产的就业与收入条件，农民年轻时进城，年龄大了仍然难以在城市体面安居，就需要返回农村。从年老父母的角度来看，即使他们的子女在城市有住房，有稳定收入，这些年老父母也大多不愿与子女一起生活在城市，因为一起生活就意味着受到子女的各种约束，不自由，就像坐牢一样。与子女短时间一起生活，很亲密，是亲人，但长时间在一起生活就变成了仇人。进城农民买了房子也往往只是年轻子女在城市居住、生活和工作，年老的父母仍然在农村居住生活以及耕种土地。

小结一下，当前中国农民进城有以下几个特点：第一，农民家庭中往往是中青壮年劳动力进城务工经商，农村劳动力进城了，城市化率提高了，留在农村的农民家庭数量并未显著减少；第二，因为缺少对在城市体面安居的预期，农民进城时大多会保留返乡退路，而不愿

[①] 参见夏柱智、贺雪峰：《半工半耕与中国渐进城镇化模式》，载《中国社会科学》2017年第12期。

选择"不可逆"的进城策略，最重要的是保留他们在农村的宅基地与耕地；第三，进城农民倾向在年节时间返回农村，以保持与农村经济、社会、价值方面的联系；第四，农村老年人不愿与子女一起在城市生活，因为"城市生活不自由"，而只要与土地结合起来，有村庄熟人社会，老年人在农村的生活就比在城市有更高的质量、更好的品质。由此造成了中国城市化进程中的两个显著后果：第一，大量农民进城了，农村出现了空心化现象，农户家庭数量却未显著减少；第二，中国城市化率快速提高了，农民却没有退出农村宅基地，农村建设用地没有随着农民进城而显著减少。甚至陈锡文讲，与社会主流舆论认为农村住宅空心化程度很高的判断相反，"据国家电网公司对其经营区域内居民房屋空置率（年用电量低于20千瓦时）的统计，城镇居民房屋空置率为12.2%，而乡村居民住房空置率为14.9%"[①]，农村住宅空置率仅仅比城市住房空置率略高。

农民进城了，却仍然保留农村宅基地，保留进城失败的返乡退路，这显然是农民对自己进城风险的理性评估。在当前中国经济发展阶段，不可能所有进城农民都可以在城市获得稳定就业与收入并体面安居，而几乎必然会出现大量进城农民难以在城市体面安居的进城失败的情况。一旦进城失败，他们就可以返回农村，与土地结合起来，在农村过熟人社会中的体面、安逸、悠闲的生活。正因进城失败可以返乡，中国才没有出现进城失败农民在城市的漂泊聚积的现象，也就没有出现发展中国家通常都存在的大规模城市贫民窟。

除此以外，全球化时代，中国经济结构已经深深嵌入世界经济体系，也就嵌入到世界经济周期中。这样的经济周期一定会有周期性的

---

① 参见陈锡文：《从农村改革40年看乡村振兴战略的提出》，载《中国党政干部论坛》2018年第4期。

风险，典型的如2008年世界金融危机造成中国大约2000万农民工失业。对于任何一个国家来讲，2000万农民工失业就意味着2000万个家庭失去收入来源，就会引发严重的社会危机。中国情况完全不同，因为所有失业农民工都可以顺利退回农村。回到农村后，失业农民工"正好可以休息一段时间"，而他们回家的生活成本也不过是在家里吃饭时"多摆一双筷子"。正因进城农民留有返乡退路，他们进城失败可以选择返乡，中国就具有极强的应对经济周期的能力，就不会因为出现了经济或金融危机而造成社会危机、政治动荡。这正是改革开放40多年中国在快速经济发展中保持了高度社会政治稳定的关键。

当前中国城市化快速发展，大量农村人口进城，农民却并未同步退出农村宅基地，这个事实可以有两个完全不同的价值判断。

第一个判断是，农民进城了，要增加城市建设用地，却没有同步退出农村宅基地，由此造成当前中国城乡建设用地同步增长的现象，这样就造成了严重的土地资源浪费。尤其是一些人认为城市建设用地十分稀缺与珍惜，而对农民进城却未退出宅基地极为痛惜，因此极力主张农民城市化进程中应当"人地挂钩"①，即农民进城就应当退出农村宅基地，以减少当前农村土地资源、尤其是建设用地资源的低效与浪费，以提高建设用地效率，以节约集约用地。

第二个判断是，农民进城了，因为中国是发展中国家的特点，进城农民可能无法在城市体面安居，农民倾向保留返乡的权利，具体就是虽然进城却并不同步退出宅基地。这并非土地资源的浪费，而是一种必要的资源冗余，这样一种资源冗余是一种社会保险，是农民的基本保障，也是中国现代化进程中必需的保险。正是进城农民没有同步

---

① 参见王锋：《关于加快实施"人地挂钩"政策的初步思考》，载《资源导刊》2011年第12期。

退出农村宅基地,农村保留了一定的宅基地冗余,而保留了农民进城失败的退路,防止了中国城市出现大规模贫民窟,极大地提高了中国应对经济周期、金融周期的能力。农民进城之后,相对闲置的宅基地并非绝对浪费,而是有用的冗余,是农民的保险,也是中国社会的保险。一旦中国实现了高度现代化以及完成了城市化,进城农民已在城市体面安居,不再需要农村这条退路,他们保留的作为进城失败退路的农村宅基地保险就不再需要,农村宅基地的资源冗余就无必要,农民宅基地就可以复垦出来种粮食了。

从保留农村宅基地必要资源冗余的角度,来看当前农村宅基地制度改革、认识农村宅基地实践,以及理解农村宅基地这一土地资源,就会有完全不同于现行农村宅基地改革的政策主张。

二、当前关于农村宅基地制度改革中的激进主张

土地作为一种不可再生资源,十分宝贵。尤其是中国人多地少,耕地面积有限,保护耕地就具有极为重要的意义。中国当前一个广泛的共识是一定要守住"18亿亩耕地红线",不然就可能出现粮食安全问题。在耕地有限的情况下,中国快速城市化,经济发展和城市建设必然要占用土地,尤其是要占用耕地。为了保证18亿亩耕地红线不被突破,国家要求实行土地占补平衡,即城市建设占用了耕地,必须通过复垦形成同等数量和同等质量的耕地来补充。在可供开垦土地资源有限的情况下,农民进城以后,要在城市占用建设用地,他们的农村宅基地闲置下来了。如果将农民闲置宅基地复垦为耕地,一般来讲,农民在农村占用宅基地面积比较大,土地节约集约利用程度远没有城

市建设用地高，农民进城退出宅基地，进城占用建设用地，两者相抵，由农民退出宅基地复垦而来的耕地要多于城市新增建设用地，中国城市化进程就不会出现耕地的减少，18亿亩耕地红线就守住了。

基于以上设想，当前政府部门提出城市化进程中的"人地挂钩"政策，即在农民进城时退出农村宅基地，增加城市建设用地，地随人走，节约集约用地。其主要制度工具是"城乡建设用地增减挂钩政策"。城乡建设用地增减挂钩政策是将农村建设用地的减少与城市建设用地的增加相挂钩，农村建设用地主要是指农民的宅基地，具体实践中就是让进城农民腾退出宅基地，再将宅基地复垦出耕地，形成农村建设用地减少的指标，挂钩变成城市增加建设用地指标。地方政策实践中，重庆的"地票"、河南推出的"宅基地券"等都是增减挂钩的典型。

问题是，要让农民退出宅基地，就必须向农民支付退让费，让农民愿意退出宅基地。按重庆实践的经验，以每亩大约15万元的退让费让农民退出宅基地，农民有很高的积极性。农民退出宅基地，拿到补偿款，就不能再作为集体经济组织成员申请宅基地了。也就是说，凡是参加了"地票"项目的进城农民就不可以再返回农村了，他们的进城是不可逆的。

为保护耕地而推出的城乡建设用地增减挂钩政策在实践中产生出两个有所差异的方向：一是地方政府试图借用增减挂钩政策来增加城市建设用地指标；二是出现了宅基地是财产，让农民退出宅基地就可以让农民致富的普遍认识，[1]这种认识甚至被运用到增加农民财产性收

---

[1] 参见郑新立：《〈土地管理法（修正案）〉应成为推动改革的利器》，载《农村工作通讯》2017年第17期。

入以及精准扶贫上来①,从而极大地影响到当前正在进行的农村土地制度改革实践。

城乡建设用地增减挂钩政策实施的前提是,地方政府进行城市建设需要新增建设用地指标,而国家每年下达的新增建设用地指标不能满足地方建设所需,由此造成城市建设用地指标的稀缺。正是城市建设用地指标稀缺使建设用地指标产生了价值,增减挂钩政策将减少农村建设用地与增加城市建设用地指标相挂钩,则减少农村建设用地就可以产生出新增城市建设用地指标的价值,比如 15 万元/亩。地方政府如果能用低于 15 万元/亩的代价减少农村建设用地,让农民退出宅基地复垦为耕地,地方政府就有动力推动农民退出宅基地。而且,地方政府倾向于以尽可能低的成本推动农民退出宅基地,以获得新增城市建设用地,由此在很多地区尤其是华北农村普遍出现了"农民被上楼",以减少农村建设用地、增加城市建设用地指标。

换句话说,国家为了保护耕地,通过刻意减少城市建设用地指标来保持地方城市建设用地指标的稀缺,迫使地方政府节约集约用地。同时又通过增减挂钩政策,为地方政府减少农村建设用地来增加城市建设用地的做法开了口子:地方政府为了获得稀缺的城市建设用地指标,想方设法让农民退出宅基地。在这个意义上,地方政府是在强人所难。这种行为产生了很多恶果,其中最具代表性的正是华北地区普

---

① 2017 年国土资源部印发《关于进一步运用增减挂钩政策支持脱贫攻坚的通知》,明确省级扶贫开发工作重点县可以将增减挂钩节余指标在省域范围内流转使用,并要求"适当减少节余指标流入地区新增建设用地安排,经营性建设用地尽量要求使用增减挂钩指标,以提高增减挂钩节余指标收益,进一步加大对脱贫攻坚工作的支持力度"。2016 年中办国办印发《关于支持深度贫困地区脱贫攻坚的实施意见》,明确了深度贫困地区开展城乡建设用地增减挂钩可不受指标规模限制,探索"三州三区"及深度贫困县增减挂钩节余指标在东西部扶贫协作和对口支扶框架内开展交易,收益主要用于深度贫困地区脱贫攻坚。

遍出现的"农民被上楼"。

第二个方向则更为"有趣",即因为国家刻意减少地方政府城市建设用地指标来达到地方政府城市建设用地指标的稀缺的目的,形成了城市建设用地指标的价值,比如15万元/亩,通过增减挂钩政策,就意味着农村减少建设用地就可以挂钩形成15万元/亩的指标价值。也就是说,农民每退出一亩宅基地就可以获得15万元的财产性收益。农民宅基地因此就变得值钱了,农民就可以通过退出宅基地来获得财产性收益(15万元/亩),然后带着财产性收益进城。如果国家对地方政府供给的城市建设用地指标更少,地方政府城市建设用地指标稀缺程度越高,指标价值越高,比如可能达到40万元/亩,则农民退出宅基地就可以获得更高财产性收入,就可以带着更多财产性收入进城。这样一来,国家通过严格的耕地保护政策,通过控制城市新增建设用地指标,借助增减挂钩政策,为进城农民提供了通过退出宅基地获得一笔巨大财产性收益的机会。

既然农民退出宅基地可以产生出如此巨大的财产性收益,当前中国正在进行的农村精准扶贫就自然希望借增减挂钩政策来筹集资金。河北阜平和安徽金寨都通过增减挂钩筹集了数十亿元扶贫资金。目前国家已出台政策,允许贫困地区通过增减挂钩指标跨区域交易来让贫困地区农民退出宅基地获得指标收益。为了保证指标高价,国家就自然要求通过定向减少发达地区城市建设用地指标来提高其指标稀缺程度,提高其指标价值。

现在的问题是,即使可以为退出宅基地的农民或贫困地区筹到大量财产性收益,这些财产性收益是从哪里来的?是天上掉下来的?是农民退出的宅基地上进行生产获得的?都不是,而是由国家通过刻意定向减少发达地区城市建设用地指标形成的发达地区向贫困地区的财政转移支付。这里没有产出生任何财富,而只有财富的转移。

本来只是为了保护耕地、节约集约用地而推出的增减挂钩政策,经过以上两个方向推进就完全变味了。其结果是,无论是地方政府为了增加城市建设用地指标而逼农民上楼,还是为了让农民获得所谓财产性收入而让农民退出宅基地,增减挂钩政策都极大地推动了农民退出宅基地,不仅将本来应该退出的宅基地退出了,而且将不应该退出也不能退出的宅基地都退出了。为了支付农民退出宅基地的费用,地方政府支付了巨额成本,城市建设用地成本被人为推高了(城市建设用地必须额外支付数十万元/亩的增减挂钩指标费),从而进一步加大了农民在城市安居下来的成本。当前农村土地制度改革的一个重要方向是将增减挂钩作为主要制度手段来为精准扶贫、增加农民财产性收入等目标筹措资源,即将本来应当通过公共政策来完成的资源转移以虚拟的增减挂钩指标交易来完成了,并由此造成严重的资源错配。

举例来说,以增减挂钩政策来筹措精准扶贫资源,重要的一点是让农民退出宅基地,将退出宅基地复垦为耕地,从而形成可供交易的城市新增建设用地指标。但问题是,贫困地区一般都是高寒山区,耕地资源极为稀缺,农民建房一定不会在稀缺的耕地上建,而大多建在山坡上,这些房子拆后退出的宅基地根本就不可能复垦为耕地。在实践中,贫困地区获得的增减挂钩指标大都是拆了农民的房子按退出的宅基地来计算面积,但结果是,农民的房子拆了,宅基地退出了,指标也挂钩到城市了,复垦出来的耕地根本就无法耕种而被抛荒。这里的资源错配有四点:一是不该拆农民的房子;二是农民没有宅基地就不可以再返乡了;三是复垦的投入浪费了,因为复垦出来的耕地无法耕种;四是指标换来的资金提高了城市建设用地成本,从而增加了农民城市化的成本。唯一的好处是将发达地区的资金以指标交易的形式转移到了贫困地区。但既然是资源转移，何必去拆农民房子，而不直接通过公共政策来实现更加公开也更加公平有效率的转移？

也就是说，现在越来越多人倾向将增减挂钩作为主要政策手段来为农民增加所谓财产性收入、来为贫困地区筹措扶贫资金以及来为地方政府获得新增城市建设用地指标，结果就是地方政府及农户为了获利而将本来不应该拆的房子拆掉了，不应当退出的宅基地退出了。这种政策的极端就是将大量缺少在城市体面生活能力的农户不可逆地推向城市，农民一旦进城失败也不能再返乡，遇到世界性的经济周期，国家也就失去了农村这个退路，农村也就不再能充当中国现代化的稳定器与蓄水池了。

从增减挂钩的政策初衷来看，虽然花费代价极高，却能将农民该退不该退的宅基地都腾退出来复垦为耕地，从而增加了中国耕地面积，守住了中国18亿亩耕地红线。

下面我们就来讨论宅基地退出本身。

三、农民退出宅基地应当是一个过程

之所以农民进城之后仍然愿意保留在农村的宅基地，是因为农民有对自己进城风险的清晰评估，他们担心万一进城失败还要返回农村，就保留下宅基地这个退路。从农民角度来讲，所谓宅基地不过是一块不方便耕种的坡地、旱地、荒地，在上面建了房子，为农业生产和农村生活提供服务与保障。农民进城安居后，就不再需要宅基地了，他们就自然会在宅基地上种树、种大豆、种蔬菜、种粮食等等，这是一个自然而然的过程，即使今天也在全国大多数中西部农村进行着。一旦进城农民进城失败了，他们还可以回来在原来宅基地上建房子居住生活。①

现在增减挂钩政策通过给退出宅基地农户补偿而让农户永远退出宅基地，农民即使进城失败也不能再回来。一旦宅基地退出可以获得补偿，以前农民自动退出的宅基地就变成待价而沽，无论退出宅基地能否复垦为耕地，所有农民都会拿宅基地与地方政府讨价还价。地方政府尤其是占有最多土地资源的中西部地区的地方政府，不可能拿出巨额资源补偿退出宅基地的农民，所以真正进城不再需要宅基地的农户也会中止正在退出宅基地的行为。

按中国有2亿多亩宅基地计算，以20万元/亩让农民退出宅基地，地方政府需要筹措40万亿元资金，按10年计算，每年需要4万亿元。显然，地方政府不可能拿出如此巨额财政资金。

一般来讲，农民退出宅基地的办法有两种：

第一种，农民进城并在城市安居了，他们不再需要返回农村，就会自动将宅基地复垦种粮食。在现阶段，因为中国仍然处在发展过程中，城市无法为所有进城农民提供稳定就业和高水平收入，国家也无法为所有进城农民提供在城市体面生活的社会保障，进城农民就会为防止进城失败而留下返乡退路。因此，他们一般都愿意保留自己在农村的宅基地，即使这些宅基地多年不用已经复垦种了粮食，他们仍然可能在进城失败后重新在宅基地上建房。农民保留宅基地是他们在当前中国经济发展阶段的保险行为，是相当理性的，也是中国城市没有出现大规模贫民窟的原因。

这种办法的好处在于，农民退出宅基地是一个自然而然的过程，

---

① 贺雪峰：《谁是农民》，中信出版社2016年版。

是基于农民自身的理性选择。国家在其中只起有限作用，地方政府也无须花费巨大财力。并且，农民理性保留宅基地为中国避免出现城市贫民窟和应对经济周期提供了基本条件。坏处则在于，宅基地退出是一个相对缓慢的过程，开始时只是一些边远地区农民搬到交通便利的地方或在城里买房，这些村庄空心化了，宅基地自然退出了；再就是相对便利的村庄也变得萧条，因为城市生活让农民生活更加美好，这些地区也逐步退出宅基地。随着中国现代化和城市化的完成，国家有能力为所有进城失败人口提供在城市基本生活的保障时，农民就越来越不需要农村退路，农村宅基地就自然而然地退出还耕了。这个过程也许要20年。

第二种，在农民仍然普遍无法在城市安居的情况下，通过增减挂钩政策等制度手段人为推进农民退出宅基地，甚至以此来达到让农民获得财产性收入及精准扶贫的目的。这将会造成一些负面影响，一方面地方政府必定要付出极大的财政成本，另一方面是大量进城失败的农民可能无法返回农村，从而在城市形成大规模的居无定所的漂泊农民群体，形成大规模城市贫民窟，也使中国丧失应对经济周期的能力。

但这种办法也有一定的好处，就是可以更快地让农民腾退出宅基地，从而在短期内增加农村耕地，数量大约1亿亩。

现在我们来比较这两种方式，核心是第二种方式要获得由宅基地复垦出来的大约1亿亩耕地的代价是多少。这个代价主要有二：一是地方政府支付的财政成本，按20万元/亩计算，1亿亩需要20万亿元，这个代价是很高的；二是农民不可逆进城所可能造成的城市大规模贫民窟以及丧失应对经济周期能力的风险，大规模贫民窟和丧失应对经济周期能力的风险都是政治风险，即发展中国家通常出现的经济发展过程中的政治社会不稳定的风险。显然，无论是20万亿元的财政代价还是政治社会风险，都是不可承受之重。

实际上，第二种方式相较于第一种方式也仅仅是将本来就是土地资源的部分农村宅基地提前复垦。无论是否复垦，宅基地都是中国不可再生的土地资源，早一点复垦晚一点复垦，土地面积并没有增加，只是早一点复垦种粮食可以有经济价值，甚至可以保证中国的粮食安全。不过，当前中国仍然有18亿亩耕地，18亿亩耕地生产的粮食已经供过于求了。所以现在讲粮食安全，关键在粮食生产能力而不是非得将所有耕地都开足马力生产粮食出来。同样，耕地资源并不是要让所有土地变成耕地，而是要保持耕地数量，保留耕地生产能力，要储粮于地。当前中国正开展退耕还林、还水、还草政策，就是因为退耕之后的林、水、草仍然具有生态功能，仍然是中国不可再生土地资源，甚至将来仍然可以开垦为耕地。

农民宅基地可以复垦为耕地，但当前中国并未出现粮食危机以致非得复垦农民宅基地来种粮食。农民未来迟早会退出的宅基地是中国未来保有的耕地资源，这个资源的保有比现在复垦用来耕种粮食更重要。当前中国18亿亩耕地出现了普遍的季节性抛荒，国家也开始通过季节性休耕来保持土地地力。这就说明，当前中国并不缺生产粮食的耕地，我们需要的是中国保有生产粮食的能力。从这个意义上讲，宅基地迟一点或早一点复垦为耕地并非大事。如果将本来还要依托宅基地来完成劳动力再生产的农民赶进城市，就不仅是要花费巨大地方财政成本，而且可能造成中国现代化进程中的严重政治社会风险。

四、作为资源冗余的农村宅基地

在中国快速城市化背景下,指望农民进城"人地挂钩",即有多少农民进城,就应当增加多少城市建设用地,并同时减少多少农村建设用地(主要是宅基地)。这种政策就过于机械,缺少对中国特色城市化,以及中国农民家庭生计模式的基本理解。中国城市化是农民可进可退的城市化,是农民家庭中年轻人进城、老年人留守的城市化,是年轻时进城、年老时返乡的城市化,是经济形势好进城、经济形势不好返乡的城市化,是运气好就进城、进城失败就返乡的城市化。总而言之,是动态的、可逆的城市化[1]。正是城市化的可逆性使中国避免了一般发展中国家普遍存在的大规模城市贫民窟,使中国具有极强的应对经济周期的能力。在中国实现现代化、完成城市化之前,当前这样动态的农民可逆城市化道路具有极大合理性。

农民进城了,农村出现了空心化,一部分农村宅基地闲置了。进城农民在城市务工经商,相当部分进城农户可以在城市体面安居下来,他们不再需要农村宅基地,便将农村宅基地复垦为耕地种树种粮食。万一进城农户进城失败,他们还可以顺利退回农村,因为他们仍然有宅基地,可以在宅基地上建房,耕种自家承包地。农民只要可以与土地结合起来,就有办法解决基本生活。实际上,正是因为进城失败可以退回农村,他们才敢在进城时放手一搏,以投身于那些具有风险也有更多利益的事业。[2]

---

[1] 参见陈文琼、刘建平:《发展型半城市化的具体类型及其良性循环机制——中国农民进城过程的经验研究》,载《城市问题》2017年第6期。
[2] 参见夏柱智、贺雪峰:《半工半耕与中国渐进城镇化模式》,载《中国社会科学》2017年第12期。

因此，在现阶段甚至未来30年，在国家无力为所有进城失败的农民提供相对完善的保障前，应当保留农民进城失败的返乡退路，表现在宅基地上，就是要让农民在未来相当一段时期内仍然将宅基地掌握在自己手上，即使进城了，也仍然让宅基地闲置在那里（当然也可以种树种粮食，不过性质上仍然是宅基地），使农民在进城失败后可以返乡。表面上看起来是土地资源的浪费，其实不是，因为土地仍然在那里，相反，这块宅基地给了进城农民安全感，是农民进城时留下的防范风险的资源冗余。正是有了这个资源冗余，农民进城失败就可以返乡，社会结构就有了弹性，经济周期的风险才容易化解。

当前关于农村宅基地制度改革的思维中存在的最大问题是线性思维，这种思维试图通过"人地挂钩"，在农民进城的同时让农民退出宅基地，这样的"人地挂钩"看似节约了耕地（或复垦出来耕地），实际上问题极大，诸如成本极高、进城农民失去退路、中国现代化进程中应对经济周期能力下降等，结果使得整个中国社会结构变得刚性易碎，风险极大。

在当前中国发展阶段，保持一定的宅基地资源冗余，对于中国城市快速发展、应对经济周期、防范社会政治风险、保障农民基本权利都具有极为重要的作用，这样的土地资源冗余不是资源浪费，而是一个健康社会所必需的风险投资。

城乡建设用地增减挂钩政策的逻辑与谬误

当前学界和政策部门充满了对土地不切实际的想象,并因此提出了各种制度设计,出台了各种奇怪的政策措施,造成了当前关于土地认识和土地实践上的混乱。造成混乱的一个重要源头是城乡建设用地增减挂钩制度。本文简单讨论增减挂钩制度的缘起和实践,并在此基础上重点讨论增减挂钩制度所引发的认识混乱。笔者认为,从实践来看,增减挂钩制度造成了巨大资源浪费,从理论上看,增减挂钩制度被学界和政策部门作为一项基础制度来设计土地制度改革,存在严重的认识误区,并且正在将本来是中国"制度红利"的土地制度带入困境。反思增减挂钩制度,废止增减挂钩制度,刻不容缓。

一、增减挂钩制度的缘起

2000年11月国土资源部出台《关于加强土地管理促进小城镇健康发展的通知》,第一次提出小城镇建设所需的土地指标要"立足存量、内涵挖潜",促进集约用地。2000年12月国土资源部出台《关于加强耕地保护促进经济发展若干政策措施的通知》,提出要"实行建设用地指标置换政策",城乡建设用地增减挂钩政策初具雏形。2004年10月国务院出台《关于深化改革严格土地管理的决定》,在"加强村镇建设用地管理"条目提出:城镇建设用地增加要与农村集体建设用地减少相挂钩。紧接着国土资源部出台《关于规范城镇建设用地增加与农村集体建设用地减少相挂钩试点工作的意见》,将增减挂钩纳入"试点"探索。2008年6月国土资源部印发《城乡建设用地增减挂钩试点管理办法》,将这一工作统一表述为"城乡建设用地增减挂钩试点",明确了增减挂钩的基本内涵、具体做法和基本要求。

从增减挂钩政策的具体内容来看,这项工作可以分为三个具体环节:(1)对拆旧区农民宅基地上的房屋、构筑物和附属物进行拆除或清除,并对农民进行补偿,建设还建安置点(拆迁和安置);(2)将拆旧区的农民集体建设用地整理复垦为耕地(农村土地整治工程);(3)拆旧还建后节余的土地指标在建新区落地,增加城镇建设的土地供应(进行农用地转用和土地的出让)[1]。

从以上增减挂钩政策源起的疏理可以看出,之所以要出台这一制度,是国家为了节约集约用地尤其是保护耕地。在实行土地用途管制和建设用地指标控制的背景下,增减挂钩政策具有一定合理性。在1998年修订《土地管理法》以前,地方政府占用耕地进行建设较少受到约束,为了经济发展和城市扩张大量占用耕地,引发了整个社会关于粮食安全的焦虑。因此1998年修订《土地管理法》的重点就是保护耕地,对土地用途进行管制。地方政府进行建设时必须有建设用地指标,若占用耕地必须有相应面积新增耕地的补充,即占补平衡。正是在此种背景下,2000年11月国土资源部出台通知,提出"小城镇

---

[1] 参见田孟:《农村集体建设用地的性质与功能》,载《福建农业大学学报》2016年第6期。

建设所需要的土地指标要'立足存量、内涵挖潜'",将之前的农村建设用地复垦为耕地,作为新增建设用地指标落地在拟建设地块上进行建设,就既未减少耕地面积,又为经济建设提供了建设用地,一举两得。

为了保护耕地,政府实行土地用途管制和下达年度建设用地指标,国家为了节约集约用地,每年下达给地方政府的建设用地指标都会偏紧,由此产生指标的稀缺。稀缺产生价值,建设用地指标因此就变得有价了。国家采取的土地用途管制政策越严格,下达的建设用地指标越少,地方政府建设用地指标的缺口就越大,就越是愿意付出更大代价来获取新增建设用地指标。因此,在国家采取偏紧的新增建设用地指标供给策略的情况下,地方政府有很高的通过增减挂钩来增加建设用地指标的积极性。

要通过增减挂钩来增加城市建设用地指标,就需要减少农村建设用地,主要就是让农民退出宅基地,将宅基地复垦为耕地,从而形成相应的挂钩指标。让农民退出宅基地,就要安置农民,通常的办法是让农民"上楼"。正常情况下,只要由城市建设用地指标稀缺性而产生出来的指标价值高于让农民退出宅基地的补偿成本(包括安置成本),地方政府就有参加增减挂钩的积极性。并且,国家越是收紧对地方政府新增建设用地的供给,地方政府进行建设就越是受到新增建设用地不足的约束,建设用地指标稀缺程度就越高,这种稀缺产生出来的价值就越高,地方政府就越有通过高成本让农民腾退宅基地以获得挂钩指标的积极性。

在这种背景下,地方政府想要进行建设,就不仅要支付征地成本,而且要通过增减挂钩政策来获得新增建设用地指标。通过增减挂钩获得新增建设用地指标的成本,就是减少农村建设用地所付出的成本，主要是让农民腾退宅基地、安置农民的成本。地方政府用地成本提高了。

地方政府为了获得新增建设用地指标，就通过增减挂钩政策来"拆旧"，来让农民退出宅基地，那么就必须给农民补偿。补偿办法有多种，其中一种是让农民上楼：地方政府将原来的自然村拆掉，让农民集中居住，典型是山东等华北农村普遍采用的"农民上楼"模式。因为地方财力有限，给农民的补偿普遍不足，且农民上楼后离耕地较远，进行农业生产也不方便，出现了如农具无处放、粮食无处晒、牲畜无处养、菜园无法种等问题，所以农民普遍不愿上楼，地方政府就强迫农民上楼，以致引发很多恶性事件。相对来讲，成都市财力比较充足，又是全国城乡统筹改革试验区，因此拿出较多财力来进行"拆旧"，农民退出宅基地之后一般都可以获得比较好的安置，甚至有些拆旧村建了别墅式的农民安置点。

另外一种补偿办法，是重庆市的地票制度。重庆市按每亩大约15万元的标准对农民因拆旧所减少的农村建设用地予以补偿。地票制度与一般增减挂钩政策中"拆旧地块"与"建新地块"形成"项目区"有很大差异，主要是形成地票的"拆旧地块"与地票落地的"建新地块"不再一一对应，从而，农民退出宅基地导致的农村建设用地的减少就具有了一般性，这种一般性就造成了农村宅基地似乎比一般土地要值钱得多的假象，以及宅基地退出的难题。

二、地方政府利用增减挂钩政策的动力

从上一节的分析中可以看到，城乡建设用地增减挂钩政策出台的

目的是保护耕地，节约集约用地。正是出于节约集约用地的目的，国家采取了偏紧的新增建设用地指标供给策略，地方政府城市建设用地指标稀缺，产生了通过减少农村建设用地来获得新增城市建设用地指标的动力，因此有通过增减挂钩来"拆旧""建新"的积极性。只要"拆旧"（即让农民腾出宅基地，将宅基地复垦为耕地，并安置农民）的成本不高于城市建设用地指标稀缺所产生的价值，地方政府进行增减挂钩都是有利可图的，也就有动力进行增减挂钩。

现在的问题有二：一是国家为保护耕地，节约集约用地，到底应当采用偏紧到什么程度的新增地方建设用地计划？保护耕地与地方经济建设和城市发展之间的关系或限度在哪里？二是不同地区对建设用地指标的需求是不同的。越是经济发展快的地区越需要新增建设用地，越是经济发展慢的地区越不需要新增建设用地指标。经济先发展起来的地区如上海、浙江，最需要的不再是国家建设用地指标而是占补平衡指标，因为这些地区已无地可补了。增减挂钩指标可以同时作为占补平衡和新增建设用地指标，而使实行建设用地减量化的上海也愿意购买增减挂钩指标作为占补平衡指标。

第一个问题本文不讨论。我们讨论第二个问题，即在全国不同地区，因为经济发展水平、国家供给建设用地指标的差异，而使不同地区地方政府建设用地指标的稀缺程度完全不同的，从而建设用地指标的价值也完全不同。又因为全国不同地区"拆旧"成本差异很大，比如人口流出的中西部农村，"拆旧"成本很低，湖北增减挂钩给到腾退宅基地农户的补偿大约只有2万元/亩，而苏南给农户的补偿大约为100万元/亩。这就造成了不同地区地方政府进行增减挂钩的积极性相当不同。

更麻烦的是，建设用地指标的稀缺性往往不能有效地表达出来。

几乎所有地方政府都有巨大的多要建设用地指标来进行建设的冲动，国家正是因此采取偏紧的建设用地指标供给。问题是，建设用地指标的稀缺程度难以量化，因为城市扩张和经济建设需要使用的土地本身是有弹性的，不同用途土地实现的价值是有差异的，且土地价值的实现往往要有一个很长的过程并且具有巨大的不确定性，因此就很难形成一个明确的城市建设用地指标价。

减少农村建设用地的"拆旧"涉及如何安置农民问题。"拆旧"涉及农民切身的、根本的利益，因此，"拆旧"往往变成一项灾难性的工程，引发无数的矛盾与上访，造成巨大的治理困局。凡是有过"拆旧"经历的地方政府都一定会痛感其中的艰难。因此，除了经济成本以外，"拆旧"还有很大的组织成本。

所以，地方政府试图通过增减挂钩来获得新增城市建设用地指标，往往不只是出于经济理性，而且有政治上的考虑，以及对增减挂钩制度的误会。

误会来自以为可以通过增减挂钩指标交易来获利。山东德州计划将全市 8000 多个自然村全部拆掉进行社区建设，以减少农村建设用地，通过增减挂钩制度形成相应的新增城市建设用地指标。按德州有关部门同志估算，"农民上楼"至少可以腾退出 100 万亩农村宅基地，从而可以产生 100 万亩城市建设用地指标，"按每亩 40 万元将指标卖给青岛，德州市就可以获得 4000 亿元指标费"[①]。按德州市的设想，这 4000 亿元中，2000 亿用于安置腾退宅基地的农民，2000 亿则成为地方政府的新增财力。德州市的这个想法显然行不通，而且青岛市并不缺建设用地指标，以及青岛怎么可能消化得了 100 万亩新增建设用地

---

① 2015 年笔者在山东德州调研时当地官员的话。

指标？德州市疯狂的增减挂钩拆村运动，仅过三年时间就不得不停止了。造成地方政府巨额债务和农民巨大不满。德州的情况在华北地区的山东、河南、河北，以及安徽和苏北具都有相当代表性与典型性。

与华北不同，成都市在城乡统筹试验区建设中试图利用增减挂钩政策来为农村建设筹资。在城乡统筹过程中，成都市针对农村减少建设用地形成新增城市建设用地指标，以 30 万元/亩的标准为新农村建设筹集资金。在城乡统筹试点的数年内，成都市通过增减挂钩为近千个自然村提供了重建资金，资金总量接近 1000 亿元。为了尽可能多地通过增减挂钩来形成新增城市建设用地节余指标，成都市将自然村的林盘也计算为农村建设用地。如果不计入林盘的话，即使按节余指标 30 万元/亩的标准，所筹资金也远远无法满足农民腾退宅基地后重新安置所需。林盘算作建设用地的后果是，新安置点不再有林盘这个成都平原农村的景观了。

成都市的理想是，通过增减挂钩来为建设美丽农村筹资，而农民腾退宅基地所形成的新增城市建设用地节余指标又可以为成都市的发展提供土地资源支持。问题是，第一，30 万元/亩的建设用地指标费进一步提高了成都土地地价；第二，实际上，成都市建设用地指标并不紧张。反过来，增减挂钩所形成的 20 多万亩增减挂钩指标花费了成都市上千亿元的财力，从而降低了成都市经济增长和城市发展的潜力。与成都经济实力相当的武汉市，没有花费巨大代价劳神费力地去推行增减挂钩以获得新增城市建设用地指标，却只是简单地以城市发展需要为由要求国家增加城市建设用地指标，武汉发展也完全没有因为城市建设用地指标稀缺而受到影响。

重庆地票制度与山东、成都都有一定差异，其中的关键是，重庆试图借地票来推动农民进城，即凡是农民退出宅基地复垦为耕地所形成地票，重庆市均按15万元/亩的价格来收购，从而为退出宅基地的农户提供进城所需安置费。"重庆农村土地交易所自2008年12月末成立至2016年2月底，累计交易地票17.4万亩，347.61亿元……有11.75万亩地票落地使用，地票成交单价由首场的8万元/亩，逐步提升并稳定在20万元/亩左右，地票价款扣除复垦成本后，全部归'三农'所有。其中宅基地收益由农户和村集体经济组织按照85∶15比例分享。"[①]

小结一下，虽然国家采取了偏紧的新增城市建设用地供给策略，造成了地方政府建设用地的稀缺，及由此稀缺所形成的城市建设用地指标价值，却由于城市建设用地指标稀缺的模糊性而导致建设用地指标价值的不确定性。又因为减少农村建设用地要涉及千家万户农户切身利益，容易造成巨大矛盾，地方政府就很少真正因经济理性进行增减挂钩的操作。相反，因为中国正处在快速经济发展和城市扩张进程中，城市建设用地的增加是必然的，也是要服务于经济建设的，采取偏紧指标供给并非不供给而只是为了防止地方浪费土地。地方政府发展中确实需要新增建设用地的，国家也一定会满足，虽然可能稍有滞后。实际上诸如成都、武汉、重庆这样的大都市是从来不会缺建设用地指标的，这些城市也都通过申报国家开发区获得了巨量的建设用地指标。

因此，地方政府进行增减挂钩往往有获得城市建设用地指标以外的两个不同的目标：一是山东德州为代表的指望用节余指标卖钱来增加地方政府收入的情况，以华北地区为典型；二是以成都、重庆为代表的城乡统筹改革试验区。成都、重庆的主要目标不在于为城市获取

---

① 参见蔡继明：《城乡建设用地"增减挂钩"的政策效应》，载《中国党政干部论坛》2016年第6期。

新增建设用地指标，而在于为农村建设或农民进城筹措经费。从这个意义上讲，成都、重庆的增减挂钩重点在于向农民转移支付。成都、重庆的如意算盘是，他们通过增减挂钩向农民转移的财富，又可以通过新增城市建设用地指标的价值从市场上找回来。结果就是，政府仅仅通过增减挂钩就向农民转移了数百亿的资源，一方面让农民增加了财产性收入，扶了贫，建设了新农村，让农民进了城；另一方面地方政府却没有付出财政成本，因为新增城市建设用地指标从市场上卖掉的收入就可以填补政府财政亏空。真有这等好事吗？

三、增减挂钩理论与实践中的谬误

也就是说，本来只是为了保护耕地、节约集约用地而推出的城乡建设用地增减挂钩政策，被地方政府片面理解为可以通过减少农村建设用地来增加城市建设用地指标，再进一步可以通过指标交易来生产出巨额土地财富，从而增加地方政府财政收入，增加农民土地财产性收入，建设了新农村，乃至于扶了贫。这样就彻底歪曲了增减挂钩制度的本质，也误会了土地的性质和土地制度的性质。

从以上讨论可以看到，农村建设用地减少（主要是农村宅基地减少）与城市建设用地指标的增加，这个对应关系的前提是国家保持对地方新增建设用地指标偏紧的供给，从而在地方上造成建设用地指标的相对稀缺。这显然有一个前提，即国家不能因为建设用地供给不足而给地方经济发展和城市扩张造成太大的负面影响。增减挂钩正是在地方建设用地指标相对稀缺的前提下，通过农村建设用地减少与城市建设用地增加相挂钩，而使农村建设用地减少具有了价值。所谓农村建设用地的减少，即将农村建设用地复垦为耕地，这样形成新增城市建设用地指标，这个指标覆盖到建新地块，形成城市建设用地。要特别注意，建新地块是在城郊征地所得，征地需要支付成本，以及城郊特定地块的土地级差收益与建设用地指标是没有关系的。农村建设用地减少所形成的价值仅仅是地方政府城市建设用地指标稀缺所产生的价值。

如果没有土地用途管制，没有建设用地指标计划下达，没有增减挂钩，那么农村建设用地复垦为耕地后就不可能产生农地以外的价值。实际上，在增减挂钩制度条件下，农村建设用地复垦为耕地，耕地价值十分有限，目前带给农民所谓土地财产权以及新农村建设或扶贫资金的都是其指标价，即挂钩所得。这种所得显然是依靠土地政策，而非真正使用农村建设用地生产出来的财富。因此，这样一种农村建设用地减少所产出的财富只是一种财富转移，归根结底是由地方财政完成的财富转移，是政策性的，而并没有任何额外财富产生。

既然农村建设用地减少所获补偿只是政策性的财富转移，则农民对以宅基地为主体的所谓农村建设用地就存在所谓财产权，也不存在所谓财产性收益。因为全国绝大多数中西部农村，农民进城后，宅基地大量闲置，并没有充分利用，唯一的利用方式就是复垦种粮食，由此可以产生收益，但这类收益十分有限。有人以城市建设用地来想象农民宅基地，认为农民是"抱着金饭碗讨饭吃"，中央政研室原副主任郑新立甚至认为农民宅基地价值100万亿元[①]，只要放活宅基地（即允许宅基地买卖）就可以让农民一夜暴富，这种认识显然是荒谬的。

郑新立计算农民宅基地价值的办法是按照安徽金寨县增减挂钩的

---

① 郑新立：《〈土地法（修正案）〉应成为推动改革的利器》，中宏网，2017年8月7日，http://finance.china.com/domestic/11173294/20170817/31115339.html。

标准，将农民腾退宅基地形成的指标以50万元/亩的价格挂钩交易出去，全国有2亿多亩宅基地，总价当然就有100万亿元了。不考虑金寨县增减挂钩的政治因素，假定购买金寨县挂钩指标的合肥市的城市建设用地指标的确非常稀缺，从而愿从金寨县购买挂钩指标，也有一个前提，就是安徽省必须规定合肥市只能从金寨县买挂钩指标。否则，安徽省几十个县都有大量宅基地可以退出形成新增城市建设用地指标，而省内却只有一个地方财力比较强的城市即省会合肥，就一定会出现所有县竞相向合肥卖指标，这样指标价就会降低到接近农民退出宅基地的安置成本的水平，这个安置成本在湖北省大约为2万元/亩。这样一个2万元/亩的成本仅仅略高于部分农民腾退出宅基地的代价，农民从中所获利益极为有限，显然就不存在所谓财产性收益，更不存在所谓"农民抱着金饭碗"的情况。

要保持增减挂钩指标的高价，只有两个办法，一是人为造成地方政府城市建设用地指标的稀缺，二是只允许极少数特权地方退出农村建设用地形成挂钩的城市建设用地指标。

城市建设指标越稀缺，可以挂钩农村建设用地减少而形成的城市建设用地指标越少，指标价值就越高。这个价值可以达到100万元甚至200万元/亩，前提当然是要严格限定挂钩指标的供给，以及人为造成城市建设用地稀缺。然而，一方面，城市建设需要的新增建用地是有限的，远远低于当前2亿多亩农村建设用地的存量，另一方面，人为造成城市建设用地稀缺会影响经济发展和城市化，这显然是不可能的。

而严格限定挂钩指标的供给，比如只允许安徽金寨县和河北阜平县的挂钩指标交易到特定市区，实际上就不仅没有市场配置，而且是完全特权式的计划。全国绝大多数农村是无法从农村建设用地减少中获得所谓巨额土地财产性收益的,当然也就不可能产生100万亿元的财富。

现在有一种普遍性的误会,以为通过扩大增减挂钩范围就可以形成更大的土地级差收益,从而增加增减挂钩指标的价值。例如,姚树荣等人认为,要探索增减挂钩市场化运行机制建设,其中之一是"取消项目范围限制,允许在全国范围内跨省进行建设用地指标交易,最大限度释放土地级差收益,用于精准扶贫工作"。[1]

周其仁教授在答《经济参考报》记者问时也有这类影响很大的明确表达[2]:

《经济参考报》记者问:土地流转这种模式非常好,会不会出现比如说有一天北京的土地少了,把湖南的耕地、宅基地指标卖给北京这样的情况?

周其仁答:这是个非常有意思的事情。我们也在研究半径的问题,结论是半径越大差价越大就越好。经济规律是在越穷的地方,地价就越低,在市中心地价则较高。我下乡在黑龙江,我今年到下乡的地方看,当时的连队全拆掉了,形成小集镇,这叫垦区的城镇化。连队一拆掉,建设用地算下来节约40万亩。现在当地不知道怎么用了,只能是复垦打粮食。我就跟当地人说,这建设用地里头还有资产呢,就是原来盖房子的权利。如果能把40万的指标卖到重庆去,或者把贵州的地卖到上海去,这对城乡统筹、对区域协调发展、对收入分配意

---

[1] 参见姚树荣、龙婷玉:《基于精准扶贫的城乡建设用地增减挂钩政策创新》,载《西南民族大学学报》2016年第11期。
[2] 参见周其仁:《以土地转用抑制土地财政,成都模式可行》,载《经济参考报》2011年10月31日。

非常大。当然，现在中央政策是不允许跨省交易的。为什么禁止跨省呢？就是担心执行上有问题。下一步能不能跨省，挑战很大，还要一步一步来做。

实际上，扩大增减挂钩范围，全国农村都可以通过减少农村建设用地来形成挂钩指标，并在全国形成统一的市场交易，结果必然是挂钩指标的供过于求而导致挂钩指标的成本价降低，却不会形成更大的土地级差收益、增加增减挂钩指标的价值。

扩大增减挂钩范围、建立全国增减挂钩市场，可以最大限度释放土地级差收益的想法，其数学表述为：

（最高指标购入价 – 最低指标生产成本）× 全国可以腾退减少的农村建设用地面积 = 农村建设用地减少所可以产生的总财富

这显然是一种静态思维。因为全国市场必然意味着供过于求，最高指标购入价会无限趋近最低指标生产价，两者相减接近于零。

正是基于"扩大增减挂钩范围就可以产生出巨额土地财富"的想象，增减挂钩政策被国土资源部作为压箱底的政策用于精准扶贫，用于乡村振兴，用于增加农民财产性收入，作为基本政策工具用于各个方面，结果造成了社会上关于土地和土地制度的误解，以及实践中的各种混乱与巨额损失。

比如，2017年国土资源部印发《关于进一步运用增减挂钩政策支持脱贫攻坚的通知》，明确省级扶贫开发工作重点县可以将增减挂钩节余指标在省域范围内流转使用，并要求"适当减少节余指标流入地区新增建设用地安排，经营性建设用地尽量要求使用增减挂钩指标，以提高增减挂钩节余指标收益，进一步加大对脱贫攻坚工作的支持力度"。2016年中办国办印发《关于支持深度贫困地区脱贫攻坚的实施意见》，明确了深度贫困地区开展城乡建设用地增减挂钩可不受指标规模限制，探索"三州三区"及深度贫困县增减挂钩节余指标在东西部扶贫协作和对口支扶框架内开展交易，收益主要用于深度贫困地区脱贫攻坚。

据报道，"2016年增减挂钩支持扶贫开发新政出台以来，各地国土资源部门完善配套政策措施，开展政策指导，组织项目立项，建立交易平台，探索交易方式，增减挂钩节余指标的成交额不断攀升。2016年2月—2017年9月，河北等省份增减挂钩节余指标流转收益461亿元，高于国家同期对易地扶贫移民搬迁投入资金"[①]。

这是要特别注意，第一，国土资源部通知明确要求"适当减少节余指标流入地区新增建设用地安排"，就是为了增加节余指标流入地区指标稀缺程度，从而人为提高指标价值。二是只允许深度贫困地区产生增减挂钩节余指标，以及特许"三州三区"进行对口的跨省指标交易，以减少指标交易中产生的供过于求问题，从而实现由发达地区城市向深度贫困地区的资源转移。这样的资源转移显然不是市场行为，表面上是增减挂钩政策为深度贫困地区生产出来巨额财富，实际上是借增减挂钩这一政策工具来实现发达地区对深度贫困地区的对口支持。其中并没有新增财富，而只有财富通过增减挂钩的政策工具由发达地区向深度贫困地区的转移。

---

① 参见郑子敬:《深度贫困地区增减挂钩节余指标跨省交易的路径研究》，载《中国土地》2017年第12期。

四、应当废止增减挂钩政策

以上讨论中可以很清晰地看到，城乡建设用地增减挂钩政策只是一项为保护耕地、节约集约用地而由国土资源部主导的政策，这项政策因为涉及当前经济发展与城市扩张中城市建设用地指标供给的问题，而引发广泛关注，又因为增减挂钩作为政策工具被用于增加农民财产性收入、城乡统筹、新农村建设、乡村振兴以及精准扶贫，而在社会上包括学界和政策部门产生了广泛误解，以为增减挂钩政策可以额外生产出巨额土地财富，以为只要退出宅基地农民就可以带着巨额财产性收益进城，从而将所有注意力集中起来折腾农民宅基地。这些认识显然过于简陋了。农民退出宅基地所产生的唯一真实价值是复垦而来的耕地，耕地是用于种粮食的，农地当前的平均地租不超过500元/亩，当前很多地方增减挂钩让农民退出宅基地的成本达30万元，即使只按5%的年息计算，地租高达1.5万元，是500元平均地租的30倍。为了追求这根本就不存在的30倍收益，增减挂钩政策在实践中变成了拆农民房子以复垦农民宅基地种粮食。而当前中国粮食短缺到非得拆农民房子来种粮食的地步了吗？显然没有。中国各地都存在休耕与抛荒，完全没有必要非得将农民在荒地和旱地上建的房子拆掉、再将宅基地复垦出来种植粮食。此外，有些地区之所以贫困就是因为生态自然条件恶劣。在这些地区搞增减挂钩所退出的宅基地是无法复垦为耕地的，也是无人耕种的。

实际上，增减挂钩没有创造出任何财富出来，只是转移了财富。增减挂钩作为转移财富的政策工具，将城市财富向农民转移。从这个意义上讲，在当前中国城乡统筹和融合的背景下，以城带乡、以工助农也未尝不可。

增减挂钩政策表面上是一个市场行为,是城乡建设用地的挂钩交易,实际上,正如上述分析所表明的,增减挂钩本身并非市场的合适载体,且在政策实践中由于地方政府误解造成了巨大的浪费,以及各种严重的实践灾难[1]。

当前增减挂钩政策存在的最大弊病是,本来只是转移财富,却让整个社会都以为增减挂钩政策可以创造财富,从而可以为农民提供财产性收益,可以进行新农村建设,可以搞乡村振兴,可以扶贫,可以让农民带着财产进城,可以显化出土地价值,可以通过入市产生出巨额的财富,可以产生高达 100 万亿元的土地财富,由此设计出了各种虚假市场机制,结果使得增减挂钩的制度成本极高,产生了很多破坏性后果,包括急不可耐地拆农民房子等等,却没有也不可能产生出任何实质性的收益。

更糟糕的是,当前中国正在进行的土地制度改革大都是以并不存在的所谓土地财富为假定前提,以增减挂钩作为基本的政策工具,从而将本来具有极大制度红利的中国公有土地制度改得支离破碎,问题多多。

当前增减挂钩政策所起转移资源的功能,因为其虚假市场性质造成了当前土地实践和资源转移实践中的各种混乱和损害。从这个意义上讲,转移资源不能再用增减挂钩这样笨拙的工具,而应当用公共政策。用公共政策工具转移资源,既公正又透明还可控,从而可以减少不必要的制度成本。

当前增减挂钩政策最大的问题是其实施远远超出了本来的应用范围,而被作为一项基本政策工具使用,从而造成了各种想象与误会,

---

[1] 典型如山东德州的"两区同建",河南农村新型社区建设。

包括专家学者和政策部门的误会，这种误会包括混淆城市建设用地、农村建设用地、建设用地指标之间的基本差异，简单地以城市建设用地价值来想象农民宅基地价值，导致媒体表现出一波又一波的莫名亢奋，地方政府作出一轮又一轮的错误决策。

增减挂钩政策近年来引发了社会广泛误解，造成了巨大实践困境与资源损失，国家应当废止增减挂钩政策。

如何理解征地冲突
——兼论《土地管理法》的修改

一、解释征地冲突的三种范式

最近 10 多年来，征地冲突一直是社会热点问题，引发巨大社会关注。有研究认为，当前农民上访和群体性事件有接近一半与征地有关。学界对征地冲突有两种截然相反的解释范式：一种是农民维权的模式，即地方政府征地时违反了法律，侵害了农民的权利，农民奋起反抗维护自己权利，这就是当前学界流行的维权话语。另外一种解释范式是利益博弈范式，即土地征收过程中存在大量模糊利益空间，征地时各方利益主体为了使利益最大化，就会进行激烈的利益博弈，并因此产生征地冲突，包括上访和群体性事件。

除以上两种解释范式以外，关于征地冲突还有第三种解释范式，即认为产生征地冲突的主要原因是征地制度不合理。这个不合理表现在三个方面：一是征地补偿太低，二是征地缺少协商性，三是征地范围过宽，非公共利益的征地是造成征地冲突的主要原因。这样一种解释范式可以称为制度范式。

在征地实践中，地方政府倾向低价征地，尤其是中西部地区的地方政府财政实力有限，缺少给农民足够征地补偿的财力，征地过程中不经过农民同意就强征强拆，引发征地冲突。正是由于过去出现了比较多的侵害农民利益的征地冲突，所以中央一再强调不允许强征强拆，强调要给予土地被征收农户足够补偿。对于媒体报道的强征强拆引发的恶性事件一律进行了严厉的处理。最近10年，征地拆迁中给予农民的补偿快速提高，征地拆迁中的恶性事件也大幅度下降。应当说，当前地方政府在征地拆迁中侵害农民合法权利的情况大幅度减少。反过来，因为中央不允许强征强拆，农民就可能为了获取更多征地拆迁补偿而与地方政府博弈，索要超过法律规定的利益。越是地方政府为了进行建设而必须征地拆迁的区域，农民就越是可能集体行动起来要求更高补偿。且农民越是团结、越是坚持，就越是可能逼迫政府让渡出利益，获得好处。征地拆迁中还会出现敢于搏命的钉子户，即使只有他一户反对，也足以阻碍征地拆迁，钉子户越是坚持，地方政府就越可能让步，否则就可能发生恶性事件。无论是地方政府还是钉子户都不愿意看到恶性事件发生。问题是，地方政府对一户钉子户让步给予了超额利益，其他农户就会觉得不公平，认为老实人吃了亏，也会向地方政府索要利益。如果农民现在的集体行动逼迫地方政府提高了征地拆迁补偿标准，过去征地拆迁农户就会向地方政府找补，要求地方政府补回过去征地拆迁的不足。当前中国正处在史无前例的快速城市化进程中，在城市快速发展的推进面上，由于中央明确要求不允许强征强拆，土地必被征收的农民必然会通过不同意征地拆迁来要求更多补偿，从而造成地方政府两难的局面。

即使在征地拆迁补偿不高的中西部地区，因为征地补偿的收入远高于农业收入，且征地补偿可以一次性变现，所以农民也普遍是盼征地的。征地一般还会有拆迁，拆迁就要安置，安置的住房远较之前的农房值钱。因此，农民也普遍是盼拆迁的。农民盼征地、盼拆迁是以征地拆迁所获利益与征地拆迁前的利益比较而来的。尤其是未能征地拆迁农户具有强烈的征地拆迁以获补偿的愿望，期望通过征地拆迁一夜暴富。只是全国绝大多数农户的土地都不在城市或国家基础设施建设工程的推进面上，所以没有征地拆迁机会。城市建设推进面上的农户则期望借千年等一回的征地拆迁机会，争取更多更大的利益。

构成以上维权或博弈范式基础的是制度安排。当前中国征地制度包括两个重要方面。一是所有建设必须使用国有土地，农地必须经过征收才能用于建设，农村集体土地不能直接用于建设，这就限制了农民直接通过在集体土地上搞建设，来获取土地非农使用增值收益的机会。农地只能农用，农民只能获得农地农用的价值。这是中国土地作为基本生产资料的公有制性质所决定的。二是按土地原有价值给予补偿，最高不超过30倍原则。实践中大多突破了30倍的上限，不过按土地原有价值进行补偿和30倍上限，成为农民维权或利益博弈的基准。或者说，无论是由农民维权还是由利益博弈所产生的征地冲突都是以现有征地制度作为基准展开的。国土资源部土地管理司司长郑凌志说："征地引发的问题，我认为核心是利益，根子在制度，出路在改革。"正因如此，郑凌志认为，在《土地管理法》修改中"按照中央提出的缩小征地范围，规范征地程序，完善对被征地农民合理、规范、多元保障机制的改革要求，此次修法对土地征收制度作了重大调整"。[①] 简单地说，国土资源部试图通过修改土地征收制度来消除当前农村土地征收中的冲突。

---

① 国土资源部土地管理司司长解读《土地管理法（修正案）》重点内容，http://www.soutudi.so/news-15294-47-view.htm。

然而，在笔者看来，按当前《土地管理法（修正稿）》（征求意见稿）对土地征收制度进行修改，并不能消除征地冲突，相反，在中国城市需要征收土地的现阶段，新的征地制度改变了农民维权或利益博弈的预期，而可能引发更多更不可控的利益博弈与征地冲突。现行征地制度要远好于征求意见稿的修正，更要好于当前学界与政策部门一些人主张的激进模式。

二、现行征地制度下的征地冲突

在现行土地用途管制、进行建设只能使用国有土地的制度安排下，农地只能农用，农地就只可能获得有限的农业收入，出租出去只能获得有限土地租金。当前农地市场租金普遍在500元/亩左右，农户自己种地，扣除投入，纯收入最多在1000元/亩左右。按《土地管理法》不超过土地原产值30倍的上限进行征地补偿，按2000元/亩产值来计算，最多可以补6万元/亩，而在沿海发达地区征地补偿早已超过这个上限。而且发达地区往往还有留地安置、失地农民养老保险等政策，从而使得农民土地被征收所获收益远远高于土地农业收入。而且，土地征收时地上附着物的补偿及房屋拆迁安置的收益也很大，尤其是房屋拆迁安置，一般可以让农户顺利获得至少一套（往往会有两套）城镇住房，满足农民在城镇住下来的强烈愿望。因此，农民盼征地拆迁，这是一个全国人民都知道的常识。

如前已述，农民盼征地拆迁，并不是说农民就不会坐地要价，相反他们希望借"千年等一回"的征地拆迁要求更多补偿。国家越是强调不准强征强拆，越是要求征地拆迁必须经过农民同意，地方政府越是担心征地拆迁发生群体性事件等恶性事件，以及建设规划越是无法变更和征地拆迁时间要求越是紧迫。农民就越是可能借土地不可移动来坐地要价，而且越是可能坐地要价成功。一旦农民成功提高了要价，今后其他农民就会以这个要价为基础继续提高要价，过去征地农户也就会以这个新的标准来找地方政府补过去征地的不足。

此外，农民盼征地拆迁，但不同农户的具体情况有差异，尤其是住房拆迁，因为建房质量、面积、新旧以及装修不同，补偿标准就会有所不同，不同的补偿标准就为农户提供了博弈的空间，就会有钉子户出来要高价。地方若不给钉子户好处，钉子户就死缠烂打，征地拆迁速度就会受到影响；给了钉子户好处，尤其是暗中给予好处，其他农户就会不满。认为征地拆迁补偿不公开、不公平，这往往是造成征地拆迁中的冲突与上访的极为重要的原因。

造成征地拆迁中问题的另外一个原因是，地方政府为了尽快征地，而可能通过分化村干部与村民以及村民与村民来加快村民同意征地拆迁的速度。分化村干部与村民的办法是对协助完成征地拆迁任务的村干部给予奖励，这种奖励迟早会被村民知道，从而造成村庄内部的冲突。

进入21世纪以来，中国城市化进入加速期，土地征收也越来越普遍。刚开始时，地方政府征地往往很强势，手段生硬，办法粗糙，普遍使用暴力，并因此引发了全国范围内征地拆迁冲突的爆发。地方政府征地时，不仅手段粗暴，而且中西地区普遍存在给农民的征地补偿水平低，农民土地被征收后生活无着、农民土地权利被侵犯的问题，各地发生征地冲突的一个很重要的原因是农民维护自己基本的土地权力和利益，依据则是国家征地制度。

面对全国征地中出现的各种冲突与矛盾，中央强调征地必须征得农民同意，必须给予足够补偿，不能强征强拆，尤其是不允许出现恶性事件。凡是征地拆迁中出现了恶性事件的，地方政府就要受到责罚。在中央强有力的政策压力下，地方政府征地拆迁手段变得相对有智慧与温和了，征地补偿大幅度提高。征地对农民来讲变成了实实在在的利益，农民盼征地、盼拆迁成为普遍情况。

如前已述，即使农民盼征地、盼拆迁，农民也仍然希望通过征地拆迁获得更大利益，且地方政府越是不能强征强拆，不敢强征强拆，就越是会有更多钉子户索要高价，也就越可能在地方政府与被征地拆迁农户的斗智斗勇中发生意外、产生冲突。边缘策略可能两败俱伤，但经历时间就会形成相对均衡。

当前全国绝大多数地区征地拆迁中发生的冲突往往不是维权性质的，而是博利性质的，因为全国征地拆迁补偿普遍超过征地制度规定的补偿上限，农民并不反对征地拆迁。

从全国来看，征地拆迁当然发生了很多的冲突，甚至每年都会发生若干恶性事件。不过，20年来，征地拆迁冲突整体上却是可控的，且没有产生冲突的积累与恶化。其中最重要的原因有三：一是中央保持了对征地拆迁冲突的高压问责态势，二是征地拆迁给了农民足够补偿，当前征地拆迁中的冲突带有很强博利性质而非维权性质，三是现行土地制度为征地拆迁提供了合法性。正是现行的土地公有制，以及"地尽其利、地利共享"土地制度中的宪法秩序为征地拆迁提供了最基本的法律依据[①]。

之所以征地拆迁中会有冲突，其中原因是，正是通过冲突形成了征地拆迁中的相对均衡。过去20年和未来20年将是中国城市化最为

---

① 桂华：《土地制度的宪法秩序》，法律出版社2017年版。

快速的时期，也就会有大量农地通过征收非农使用，农地非农使用会产生巨大土地增值收益。巨大规模的土地征收和巨大规模的土地非农使用的增值收益分配，必然会产生对利益的争夺，会产生利益博弈，并因此会出现利益博弈中的边缘策略，以及边缘策略中误判所引发的冲突和矛盾，就一定会有因为土地征收所引发的上访与群体性事件。有冲突和矛盾是正常的，没有冲突和矛盾则是奇怪的。当前征地引发的冲突与矛盾并没有积累，过去20年来的征地矛盾也没有显著上升。未来20年是中国城市化的关键时期，之后城市化高潮就会过去，或者说，再过20年，大规模土地征收就结束了，农民盼征地也不再有机会了，征地引发冲突的问题也就不存在了。而众所周知，当前的土地征收制度对于推进中国城市化具有极其重大的意义。

与现行土地制度安排下的征地拆迁作一对比，珠三角地区征地拆迁的难度极大，其中关键原因是珠三角地区的土地制度因其先行劣势，形成了土地上的巨大食利阶级，从而造成了当前珠三角土地利用上的极大困难。当前珠三角地区征地拆迁几乎是不可能的事情。无论是修建公共设施还是建开发区，征收农民土地都会遇到极大障碍，拆迁则往往花费极大，珠三角"三旧"改造①花费资金极多，收效却很少。

改革开放之初，作为世界产业转移的结果，通过招商引资，发展"三来一补"企业，珠三角县乡村社四个轮子一起转，在很短的时期内就成为世界工厂，珠三角核心区完成了由农业到工业化的转变，几乎所有珠三角核心区的土地都由农转工，形成了面积巨大的未经征收而来的集体性质建设用地，农地非农使用的增值收益也自然而然归到村社集体及其成员身上，因此珠三角地区的农民从土地非农使用上获

---

① "三旧"改造是国土资源部与广东省展开部省合作，推进节约集约用地试点示范省工作的重要措施，分别指"旧城镇、旧厂房、旧村庄"改造。

得了巨大利益。珠三角农村工业化发生较早且较快，到全国严格实行《土地管理法》并要求建设只能使用国有土地时，珠三角核心区的大部分土地都已进行建设。虽然国家法律规定不允许农村建设用地流转，但在珠三角地区大量农村建设用地中，因为企业破产倒闭重组等而必须有土地流转。因此，广东省制定了允许农村集体建设用地流转的办法，即已经变成农村建设用地的土地可以搞建设、可以流转、可以入市。广东农村集体经营性建设用地流转的规定显然不符合《土地管理法》，却是解决历史遗留问题的被迫之举，国家对广东办法是默认的。

正是广东允许集体经营性建设用地入市，进一步增加了农民对土地非农使用的利益预期，从而造成对仍未进行建设的农地非农使用的利益预期，这是在珠三角征地困难的主要原因。而即使是未被征收的土地，比如划为永久基本农田或水源保护地的土地，因为缺少非农使用产生收益的机会，农民也会要求政府给予耕地保护的基金补偿。

而且，既然农民可以通过集体土地入市来获得土地非农使用的增值收益，农民就绝对不愿意自己的土地被征用于公共利益建设。这正是当前珠三角地区征地几乎不可能的原因。

也就是说，珠三角的案例也许向我们说明了，一旦允许农村集体经营性建设用地入市，以弥补通过"缩小征地范围"所空缺出来的城市建设用地需要，则为公共利益进行的征地就会受到农民的抵抗。或正是因为非公共利益的土地入市可以获得巨大利益，农民就会坚决反对为公共利益而牺牲自己的土地利益。这个公共利益无论是修建学校、道路等基础设施和公共服务，还是建开发区，以及作为水源保护地或永久基本农田。

现在的问题恰在于，《土地管理法》修改的一个基本思路正是通过允许农村集体经营性建设用地入市来弥补"缩小征地范围"所导致的城市建设用地的不足。而之所以要缩小征地范围，主要是为了减少征地冲突。实际上，这样一来，可能不仅不会减少征地冲突，而且会极大地加剧征地冲突。

三、《土地管理法（修正案）》（征求意见稿）存在的问题

2017年5月23日，国土资源部发布关于《土地管理法（修正案）》（征求意见稿）公开征求意见的公告，在附件二的说明中就《土地管理法》修改的必要性作了如下说明："随着工业化、城镇化的推进和农村的改革发展，现行土地管理制度与社会主义市场经济不相适应、与进一步解放和发展生产力的要求不相匹配的问题日益显现；土地征收制度不完善，因征地引发的社会矛盾突出；农村集体经营性建设用地不能与国有建设用地同等入市、同权同价；宅基地用益物权尚未得到完整的落实；土地增值收益分配机制不健全；土地资源要素利用效率仍然较为低下。"也就是说，之所以要修改现行土地管理法的第一条理由就是"土地征收制度不完善，因征地引发的社会矛盾突出"。说明的第四部分介绍土地管理法修改的主要内容时，首先介绍"关于完善土地征收制度"，具体如下："党的十八届三中全会决定明确提出了'缩小征地范围、规范征地程序、完善被征地农民合理、规范、多元保障机制'的改革方向。""这次法律修改，重点是平衡好保障国家发展与维护农民权益的关系，在完善征地补偿安置问题上下功夫，确保被征地农民原有生活水平有提高，长远生计有保障。""一是明确界定土地征收的公共利益……将国防和外交、基础设施、公共事业等界定为公共利益，不符合公共利益范围的退出征地范围（第四十四

条）。""二是进一步规范征地程序。""三是完善对被征地农民合理、规范、多元的保障机制。"

针对修正案征求稿意见稿第四十四条第五款，学界和政策部门有很多反对意见，因为他们认为，一旦将"在土地利用总体规划确定的城市建设用地范围内，由政府为实施城市规划而进行开发建设的需要"列为公共利益，公共利益就过于宽泛，从而达不到"缩小征地范围"的效果。郑新立[①]、黄小虎[②]等经济学者或土地管理研究者均发表评论表示了对此规定的不满。他们认为，应当极大地缩小征地范围，非公共利益就不应当征地，城市建设所需要的建设用地应当通过建立城乡统一的建设用地市场，通过农村集体经营性建设用地入市来弥补。

当前及未来20年，中国仍将处于快速城市化阶段，因此就会有大量农地要转用为建设用地。如果缩小征地范围，就一定同时有相应数量的集体建设用地入市，这样一来，当前通过征地来满足城市扩张需要的土地就要分成两种性质的土地了，一种是因为公共利益而征收的农民集体土地，另外一种是农民集体土地直接入市。

农民集体土地直接入市，农民集体就可以直接获取农地非农使用的增值收益，有两种获益的方式，一种是农村集体经营性建设用地入市，另外一种是所谓"调整入市"，即将其他地方的建设用地调整到特定地块入市。无论哪一种入市都会带来远超过之前的土地增值收益，而之前这些土地增值收益是通过土地财政的形式掌握在地方政府手中，用于城市基础设施建设的。

[①] 郑新立：《〈土地法（修正案）〉应成为推动改革的利器》，中宏网，2017年8月7日，http://finance.china.com/domestic/11173294/20170817/31115339.html。
[②] 参见黄小虎：《建立土地使用权可以依法转让的宪法秩序》，载《中国改革》2017年第5期。

很多学者乃至政策部门官员都认为，集体土地入市的目的之一就是要让农民土地价值显化，让农民获得财产性收入。问题是，缩小征地范围所留下来的城市建设用地缺口，如果通过建立城乡统一的建设用地市场，由农民集体土地入市来弥补，实际上因为土地不可移动，这样一种弥补，就只可能在特定的区位实现。特定区位就是需要变成建设用地或具有建设条件的土地，比如城市扩展推进面上的土地，或交通便利的具有区位优势的土地，或具有旅游开发价值的土地。如上所述，这些集体土地有两种入市方式，另一种是集体经营性建设用地的直接入市，一种是通过置换其他不具有区位优势的农村经营性建设用地调整入市，即将不具有区位优势的农村集体经营性建设用地指标调整到具有区位优势的农村农地上，以实现土地价值。显然，特定的具有区位优势的土地的主要溢价都会归到这个区位所在的农民集体上，这个特定的具有区位优势的农民集体就可以因为土地建设入市，与城市建设用地同权同价，而变得暴富。他们当然是实现了土地价值的"显化"，获得了土地财产性收入，不过，这个财产性收入数量可能十分巨大，按城市建设用地每亩百万元计算，农民每户可能获得上千万元的财产性收入，从而成为一夜暴富的食利者。这些农民的所得正是地方政府之前土地财政的所失。其他不具有区位优势的农村的农民是不可能获得这个土地入市增价的，即使调整入市，最多也只能获得十分有限的指标价。

缩小征地范围，由集体经营性建设用地入市来弥补城市建设用地的缺口，麻烦还不只是减少了地方政府的土地财政收入，形成了一个庞大的土地食利集团，而且会对征地造成严重干扰，征地冲突只会进一步增加而不是减少。具体来说，一旦非公共利益的建设可以由农村建设用地入市来进行，从而让农村土地获得极高的增值收益，那么地方政府为公共利益征收农民的土地，农民凭什么会让你征收？地方政府若将农民土地规划为水源保护地、永久基本农田，农民无法将农地用于建设，农民就会向政府索要因为土地不能非农使用的机会成本。若将农民土地规划为城市公园，并低价征收，农民就会抗议，要求将公园规划到其他地方去。总之，既然有些地方的农民可以通过土地入市来获得巨大的增值收益，那么其他地方的农民以及农民的每一块土地都会强烈要求土地利益最大化，都会强烈干预地方政府的规划，都会强烈反对地方政府因公共利益而低价征地。所有具有区位优势的农民集体都希望实现土地利益的最大化，这样一来，地方政府不仅为公共利益征地会变得困难，而且地方政府进行的任何规划都会受到农民集体的强烈反对。这不只是理论推测，而是实实在在发生在当前珠三角的现实。[①]

四、《土地管理法》缺少修改必要性

缩小征地范围，通过农村集体土地直接入市来弥补城市建设用地的缺口，其首要目的是减少因征地所引发的社会矛盾，实际上却可能造成更严重的征地困难与更突出的社会矛盾。农民不患寡而患不均，若有些地方的农民可以通过土地入市暴富，其他地方的农民一定也会有这个诉求，地方政府再来征地就几乎不可能了。

因此，通过缩小征地范围、改革征地制度来减少征地引发社会矛盾的修法的必要性其实是不存在的。在当前中国城市化进程中，征地

[①] 参见贺雪峰：《浙江农村与珠三角农村的比较——以浙江宁海与广东东莞作为对象》，载《云南大学学报》2017年第6期。

并未造成积累性的严重问题，反过来，正是现行征地制度有效地保障了中国快速推进的城市化。保持现行征地制度，以及保持现行土地管理法第四十三条"任何单位和个人进行建设，需要使用土地的，必须依法申请使用国有土地"，这对于未来20年的城市化具有极其重要的保障作用。

如果保持现行法的第四十三条，则建立城乡统一的建设用地市场，以及集体经营性建设用地入市就变得没有必要了。只有缩小征地范围，才需要通过城乡统一的建设用地市场，由集体经营性建设用地入市（就地入市或调整入市）来弥补城市建设用地的缺口。既然缩小征地范围不仅不会减少征地冲突，而且可能增加更多冲突，征地制度不修改、集体经营性建设用地与国有建设用地同等入市、同权同价的修法，也就没有必要了。

实际上，建立城乡统一的建设用地市场的提法最早来自十七届三中全会，当时提出这个问题是为了解决珠三角、长三角等沿海发达的、已经工业化的农村在集体土地上搞建设的历史遗留问题。既然是历史遗留并非全局问题，就没有必要通过修法来应对，更不应当借此局部地区的历史遗留问题来冲击现行土地制度。

从以上所论来看，无论是征地制度改革，还是农村集体经营性建设用地制度改革，都缺少大幅度修法的理由。即使现行《土地管理法》存在不完善的地方，也只应通过小修小补来完善之，切勿大动干戈。

实际上，国土资源部的修正案征求意见稿中，第四十四条第五款将城市规划区纳入公共利益，变成土地征收范围，就为未来20年的城市快速扩张提供了征地的依据和建设用地的保障。这样一来当然也就不存在所谓"缩小征地范围"了。而不缩小征地范围，以集体经营性建设用地入市来弥补缺口也就是没有必要的，集体经营性建设用地入市就回归十七届三中全会的定位，成为解决局部地区历史遗留问题的手段，也就没有必要修法了。

正是修正案第四十四条第五款让极力主张限制政府征地、反对现行土地制度的学者大失所望。这反过来也说明，现行《土地管理法》的大幅度修改没有必要。

五、土地制度的宪法秩序

中国现行土地制度是经过新民主主义革命和社会主义改造所形成的，土地实行公有制，是基本生产资料。正是土地公有，且实行土地用途管制，所以地方政府在城市化进程中，为了经济发展和城市扩张的需要，在城市发展推进面上征收农民的土地用于城市建设。地方政府征收的农民土地，一部分用于基础设施和公益事业建设，一部分用于工业建设，还有一部分用于商住。地方政府征地是按农地进行补偿，而征收用于建设的土地，其中用于经营性开发的部分通过招拍挂，以远高于征地价格卖出，差价成为地方政府的土地出让金收入，或土地财政收入，这部分土地财政收入主要用于建设城市基础设施。良好的城市基础设施是城市经济发展与市民生活便捷的润滑剂，进一步推动城市的扩张，从而会有更多农地征收用于建设，地方政府也获得更多的土地财政收入用于建设更好的城市基础设施。这样一来，在中国城市化进程中，因为农地非农使用增值收益掌握在地方政府手中，用于基础设施建设，就形成了城市发展的良性循环，做到了"地尽其利、地利共享"、土地涨价归公的原则，而不是滋养出一群不劳而获的土地食利者。

正是经历两次革命所形成的中国土地公有制,使中国城市化快速发展中没有形成土地食利阶级,中国土地制度所具有的优越性使中国城市发展进入到良性循环中。当前中国经济奇迹中的重要一环就是中国先进的土地制度。

未来20年将是中国完成城市化的20年,在这20年中,保持现行土地制度的优势,尤其是保持现行征地制度的优势,是中国顺利实现城市化,以及顺利走出中等收入陷阱的制度条件。

我们要有制度自信。《土地管理法》不应大修。

珠三角地区农民的地权意识

笔者近年先后到珠三角地区的佛山南海、广州番禺、东莞市等地进行调研，这些珠三角核心地区早已实现了工业化，村社绝大部分土地都已经出租或建厂房出租。当地农民普遍占有多块宅基地，宅基地上建有五六层甚至更高的住房，最多一户甚至可能会有五六块宅基地，建数千平方米的住房，这些住房绝大多数出租给外来农民工。与全国一样，珠三角农村的土地属于集体所有，其中主要是属于由生产队转化而来的村民组，原因是人民公社时期实行"三级所有、队为基础"，生产队是主要的土地所有者。20世纪80年代，珠三角地区招商引资，发展三来一补企业，地方政府鼓励"四个轮子一起转"，县市、乡镇、村、组都招商引资，招商引资首先要有土地，村民组的优势是有集体土地，招商来了就可以落地，行政村比村民组更有能力招商，为了让企业落地，行政村就会从村民组租借或划拨部分土地。乡镇和县市则主要充当为村组招商、保驾护航的角色。在很短的时间内，大致在进入世纪之交时，珠三角核心区土地上就已经盖满了工厂，珠三角承接国际加工制造业的转入，变成"世界工厂"。珠三角核心区农村，村组土地出租收入和所建厂房物业收入普遍达到数百万元，有的甚至上亿元，村组集体经济十分发达。

不过，有趣的是，珠三角村组集体收入主要用于分红，村民也尤其关心集体收入的分红，而不希望用集体收入兴办公益事业和兴建公共工程。因此，在村组集体经济收入很高的珠三角，总会感受到环境条件比较脏乱差，村庄集体经济收入没有用于改善公共环境。相对来说，苏南农村也有相当一部分村庄有比较高的集体土地租金收入，这些土地租金收入却很少用于分红，而主要是用在了改善公共环境上。正因如此，苏南农村外观比珠三角农村要干净整洁，基础设施也明显要好。

珠三角农村与苏南农村的差异还不仅于此，苏南农村普遍建有宽阔的马路，建有各种宏伟的公共设施，比如广场、文化活动中心等等。而珠三角农村马路则比较狭窄，河道垃圾很多，像样的广场几乎没有。苏南农村，村社集体经济收入越多，村级党组织战斗力越强，国家在村庄越是有政策执行能力。珠三角农村，村社集体经济收入越多，国家政策越是难以在村庄执行下去。苏南农村违规搭建的情况极为罕见，农户基本上是一户一宅。珠三角农村一户多宅的情况却相当普遍，违规搭建几乎是无时不有、无处不有。

珠三角农村与苏南农村差异如此之大的背后是两地农民不同的地权意识，造成地权意识差异的一个原因是两地工业化路径的差异。

一、中国农村土地的性质

当前中国农村土地制度是经过两次革命所奠基的，一次是土地改革，平均地权，耕者有其田，所有农民都分到了土地；另外一次是合作化运动中的农村社会主义改造，农民土地由私有变为集体所有，到1962年人民公社60条出台确立"三级所有、队为基础"的人民公社体制，最终确立了以生产队为基础的集体土地所有制。

为了调动农民进行农业生产积极性，三中全会以后，农村改革确立了以家庭承包制为基础的农业经营体制，农村土地所有权属于村社集体，承包经营权属于农民。农民"交够国家的、留足集体的、剩下都是自己的"。进入21世纪，国家取消了农业税和附着在农业税上向农民收取的各种杂费。

中国农村土地集体所有，土地不是财产而是生产资料，是农民通过在土地上劳动获得农业收入从而获得家庭再生产收入的基本条件。按《宪法》和《土地管理法》规定，农村土地转变为建设用地需要通过国家征收，国家征收农民土地必须给予补偿，主要补偿有两项：一项是土地补偿费，另一项是劳力安置费。这两项补偿的金额不超过土地原有产值的30倍。

不过，《土地管理法》1986年才制定，且迟至2004年第三次修订以后才在全国严格执行。2004年以前，全国农村发展乡镇企业，村社集体改变土地用途在农地上兴办二、三产业十分普遍。苏南地区自20世纪70年代开始发展集体性质的社队企业，到20世纪90年代，苏南乡镇企业已经发展到相当大的规模。乡镇企业都是集体性质的，所占用土地也是集体的，土地成本并未纳入到乡镇企业的生产成本中。与苏南不同，珠三角自20世纪80年代起开始承接国际产业转移，大量外资涌入，租入农村集体土地办厂。外来资本租地必须出租金，外资所给的村社集体土地租金远高于之前的土地农业收入。土地出租可以生财，而在土地上建厂房出租收取物业租金比租地收益更高。由于时期不同、区位不同、谈判能力不同，且珠三角是县市、乡镇、村、组四级都招商,"四个轮子一起转",县市、乡镇和行政村从村民组租入土地招商。村民组以集体土地招商,招商条件各不相同,土地使用权的形态也差异极大,既有一次性将土地使用权出让50年的,又有短期租地按年收取租金的,还有建厂房出租收取物业费用的。无论何种土地出租形式,除一次性收取土地使用权的转让费用以外,租入土地企业还要按租入土地的面积或工厂职工人数给村社集体一定数量的管理费,比如每年5000元/亩管理费,等等。由此形成了珠三角地区十分复杂甚至相当混乱的土地产权安排,所有土地产权都有由外来资本与土地所有权单位签订的协议或合同,且所有土地使用权的转让都是有年限且要按年支付土地管理费的。所有这些珠三角的土地由农地变为二、三产业用地,就成为所谓农村经营性建设用地。

2014年中央批准进行集体经营性建设用地入市试点。实际上,早在20世纪90年代,珠三角核心区大部分集体经营性建设用地就可以入市流转,2005年H市还专门发布文件,允许农村集体建设用地的入市与流转,从而使珠三角农村土地产权进一步复杂化了。

二、珠三角农村地权意识的形成过程

改革开放以后,大量外资尤其是港资进入珠三角,刚开始只是租用珠三角农村的旧仓库等公共空间,很快这些公共空间就不足以容纳大量外资了。中央政策鼓励珠三角招商引资、发展三来一补企业,地方政府和农民集体积极招商引资。外资要落地,就要租用村组集体土地,外资就要与村社集体签订土地租用合同,而土地最重要最基本的所有者就是由人民公社"三级所有、队为基础"中的生产队转化而来的村民组。因此，村民组与外资签土地租用合同，外资获得土地使用权，村民组获得土地租金。一般有两种支付租金的形式：一种是一次性支付租金，再按年支付管理费；另一种是按年支付租金。无论哪一种租金支付方式都是由外资与村民组集体共同商定。

改革开放之初正是推行家庭承包经营制时期，在农村工业化程度很低的时期，农户主要收入来自土地，分田到户是按人口对土地进行的均分，农户家庭主要收入来自承包地上的农业收入。这个时期，农户一般认为，土地是属于村社集体的，分给自己耕种的承包地仅仅是生产资料，集体可以收回，并且是可以依据村社人口变动进行调整的。外资来村社租用土地建工厂占用已经被农户承包了的土地，村社集体一般就进行土地及土地利益的调整。首先，承包地被占用的农户失去了土地，村社集体就要从其他农户调整出部分土地给承包地被占的农户耕种。其次，外资占用的土地是集体土地而不是某个农户的土地，所以外资支付的土地租金也是归全体村社成员共有，而不是归某个农户所有。因为外资占用土地所支付租金远高于之前土地农业收益，外资租用集体土地时，全体村庄成员都会欢迎外资，且都愿意调整集体承包土地。随着越来越多外资落地，村社集体也就有更多土地出租用于建厂房，村社集体因此也就不断地对土地进行调整，这样一来，珠三角农村就逐步形成了具有珠三角特色的农民土地权利意识，即土地是属于村社集体的，土地利益是由村社集体所有成员所共享的，村社集体可以决定如何使用土地以获取最大的土地利益，但所有土地利益都应当在村社共同体范围内平等分享。这样一种地权意识比较理论化的表述有两种：一种是深圳万丰村"共有制"的表述[1]，一种是南海县

---

[1] 参见何立胜：《共有制——一种新型的财产组织形式》，载《科学社会主义》1996年第4期。

(区)"股份合作制"的表述①，这样的表述与集体所有制有了很大的不同，这个不同就在于，集体所有制强调的是公有制的一种形式，而"共有制"和"股田制"强调集体土地利益是所有村民土地利益的集合，即是由众多农户个体利益的集合。

随着土地非农使用收益的增加，珠三角农民就发现了经营土地致富的秘密，即土地不是作为农业生产资料，通过个人在土地上劳动来收获劳动产品，而是将土地出租给外来资本办厂就可以坐收地租。越来越多土地出租建厂，珠三角农民不再从事农业生产，他们的利益也就越来越来源于出租土地租金的分配，而越来越缺少来自农业劳动的收入部分。村社集体土地租金收入，以及村社集体在集体土地上盖厂房出租所获物业收入等村社集体收入，成为农户主要收入来源，农户不再自己种地，而是将承包地交给村社集体，由村社集体将土地出租出去获得租金或通过土地经营来获取各种收入，农户从集体所获收入中分红。如此一来，在集体所有制条件下，外资落地支付集体土地租金就悄悄引发了两个重要变化：第一是农户主要收入由之前在土地上劳动所获劳动收入，变成了从集体出租土地租金中获取土地租金收入，珠三角农民由之前的劳动者变成了现在的土地食利者，之前作为生产资料的土地变成了财产性资源。第二是因为主要收入来自村社集体土地租金收入，农户就有了越来越强的村社共同体意识，这种村社共同体意识不同于过去建立在公有制基础上的集体所有制，而是一种建立在共有基础上的集体地主形态，村社集体农户越来越强烈地排斥共同体以外的力量，包括国家、上级政府、外面的人从村社集体分享利益，越来越强烈地维护和扩大村社集体利益。因为土地不可移动，处

---

① 参见朱守银、张照新：《南海市农村股份合作制改革试验研究》，载《中国农村经济》2002年第6期。

在特定区位村社集体的农户集体行动起来，以获取超额土地利益，这个村社集体就可能变成对抗国家的"土围子"，就可能走向集体所有制的反面。

招商引资、三来一补企业的落地不仅要占用村社集体土地修建工厂，而且会有大量外来农民工要在本地住宿生活。大量外来农民工的到来为珠三角农民提供了巨大的获利机会，其中最重要的是将之前宅基地上的住房拆掉盖高层住房出租获利。在土地非农使用管控不严格、大量集体土地上修建厂房的背景下，既然宅基地上建房出租有利可图，就有农户利用各种机会来获取宅基地并盖房获利。农民自建住房出租可以缓解外来农民工住宿难，因此地方政府对农民自建住房的管理就比较宽松，甚至有地方政府发文鼓励农民自建住房出租。既然农户在宅基地上建房出租有利可图，地方政府管理又很宽松，村社集体也就自然响应农户的利益诉求相对宽松地审批宅基地，相当部分珠三角农村村社集体为每个农户提供第二、第三块宅基地，以让农民通过租房来获取收入。在珠三角农村调研时，往往会出现一个村民组有100户350人却有350块宅基地的情况，平均下来每一户有3.5块宅基地，即每人一块宅基地。这个宅基地显然不同于《土地管理法》所强调"一户一宅"，也不再只是保障性质，而是财产性质的，简单地说，给农民分宅基地就是给农民分财产。一个农户有三块宅基地，每块宅基地上盖五六层的房子，平均下来一户就可能有上千平方米的住房，每年就可能有几万元甚至几十万元的房租。

20世纪90年代，珠三角农村不仅允许集体土地非农使用，而且允许集体非农使用的土地上市交易，即自由买卖，这就更加强化了农民的地权意识。

简单地说，20世纪80年代，珠三角地区集体土地被相对自由地出租给外资办厂，农民将宅基地上的住房出租以获租金收入，以及农村土地使用权相对自由的转让交易或买卖，使得珠三角农民具有了越来越强的集体地主意识，之前作为生产资料的集体所有的土地越来越变成了土地财产，变成了村社集体农户利益的集合。

三、珠三角农民地权意识的强化

从20世纪80年代初期开始到2000年前后，正是世界制造业向珠三角转移的高峰时期，珠三角地区很快成为了"世界工厂"，珠三角核心区域土地基本上都已经用作二、三产业，出租土地的村社集体获得大量土地租金，农户从村社集体收益中获得分红收入，农户自建住房出租也获得很高的房租收入。在2000年前后，珠三角核心区农户集体分红收入加上房屋出租收入即可以达到10万元，而当时外地农民工一年务工收入只有大约1万元，还未扣除生活成本。相对于务工的劳动收入，土地利益十分巨大，由此极大地强化了珠三角农民的土地利益意识。土地利益、食利预期强化并且逐步固定下来。2000年以后，珠三角农村出现了两个重要变化：一是农民工工资持续提升，到现在，农民工年收入已经可以达到五万元；二是随着劳动力工资成本上涨，越来越多工厂搬离珠三角，当地却修建了更多厂房和农民自建房，厂房和出租房供给过剩造成地租房租的持续下跌。到现在，珠三角有些地区农户的集体分红收入和房租收入不仅没有增加，而且有所下降，外地农民工的工资却持续大幅度增加，依靠地租收入的本地农户与依托劳动收入的外地农民工收入差距大幅缩小。

在土地收入巨大的时期，谁来分享土地收入就是大事。2000年前后珠三角发生了越来越多外嫁女、私生子是否享有村社集体收益分红权利的争议，这些争议成了地方政府最为头痛的事情，因为利益巨大，很多争议无法解决，就变成了冲击政府的巨大力量（上诉+上访）[①]。为了解决土地利益分享问题，珠三角地区普遍在2005年前后进行了股权固化，将村民变股民，"生不增死不减"，所谓村社集体就是被固化为股民的若干村民的集体，所有集体利益都只能由被固化为股民的村民分享与决策。

这样一种股权固化消除了集体收益分红的争议，却进一步将之前集体性质的土地变成了共有制，变成了南海所说的"股份合作制"，变成了排他性的权利。股权固化之后，集体经济合作社也逐步改称股份合作社，随后开始建立股份合作社的法人治理结构，以及推动农村基层政经分离，从而进一步强化了珠三角地区农民的地权意识。

2000年前后，因为产业转移和供给过剩，珠三角村社集体土地租金收入开始下降，农户从房屋出租上所获收益也开始下降，2005年前后珠三角农村股权普遍固化，就造成了一个后果，即农民越来越紧盯村社集体收入，越来越要求将村社集体收入分红，越来越认为村社集体收入就是全体股民收入的集合，且所有农民都希望每年从集体分红的收入只增不降。

在珠三角经济形势不够景气、村社集体土地收入不增反降的情况下，面对农民强烈的分红预期，村社干部不得不想方设法增加农民分红，甚至相当一部分村社集体通过贷款来给农民分红。地方政府因此对村社集体分红进行干预，要求村社集体分红必须先提集体固定资产的折旧，再留20%~25%的公积金，剩余部分才能分红，若村社干部

---

① 参见桂华：《论法治剩余的行政吸纳——关于"外嫁女"上访的体制解释》，载《开放时代》2017年第3期。

违规分红就要扣除村社干部10%的工资。连续两年违规分红，就不仅要扣除村社干部20%的工资，而且要找村社干部约谈。面对农民强烈的分红诉求和上级的严格规定，H市村社干部选择的是平衡策略，他们是这样来保持平衡的：宁愿被扣10%的工资，第一年也要违规分红，以满足农民的强烈分红诉求，第二年则不违规，第三年再违规。这一做法对村干部自己而言利益受损但受损不严重，农民虽然没有完全得到超额分红的即时好处，却已经比地方政府规定多得了分红利益，因此形成了一种均衡。而实际上，即使村社集体留了20%~25%的公积金没有分红，这留下的公积金也会很快以老人金或各种福利的形式分给村民。珠三角地区农民的意见是，集体收入本来就是自己的，应当分完吃完。这与苏南地区的情况完全不同的。

正是农民强烈地要求将村社集体收入用于分红，分红只能增加不能减少，村社集体收入基本上不可能用于进行村庄基础设施和公益事业建设。相对于苏南地区农村整洁的村容村貌，珠三角地区农村只能用脏乱差来形容，其中原因是，珠三角地区村社集体资源并没有用到公共建设上，而苏南地区农村集体资源主要用于公共建设而很少分红。

2010年开始，珠三角地区的南海区进一步推动股权固化基础上的政经分离，其中核心设计是改之前村社集体性质的经济合作社为股份合作社，在股份合作社基础上建立企业法人治理结构，由股东大会选举产生股东代表，由股东代表选举产生董事会与监事会，再由董事会推选产生董事长和总经理，总经理由职业经理人担任，对董事会负责，董事会则对股东大会负责。董事长即之前经济合作社社长，但与之前经济合作社社长不同，股份合作社这一经济组织与之前的村委会分离。

这样一个以集体土地为基础、以集体利益量化所形成股民为代表的企业法人治理结构，与过去集体村社有了很大不同，就是职业经理人只对董事会负责，董事长只对股民负责，过去村社集体中所包含的自上而下的指导与领导关系，在政经分离、产权明晰的背景下，全都被取消掉了。无论是村党组织还是上级政府都丧失权力和能力来指挥村股份合作社了。村股份合作社的唯一目的就是最大化股民集体利益。占据集体土地并且土地又不可移动的所有股民均等的集体利益，就可以激发出巨大的博利力量，从而就完成了珠三角地区农村土围子的形成。

四、低水平均衡或僵局问题

当前，珠三角地区农民已经形成了这样一种根深蒂固的观念，即土地是自己的、是祖祖辈辈传下来的、所以要子子孙孙吃下去。而且他们越来越倾向于认为，农地非农使用增值收益都是自己的，他们要独占全部农地非农使用的最大收益，全然忘记了中国是经过两场革命才形成的土地公有制的宪法秩序。他们几乎反对任何形式的土地征收。

案例一：开发区征地。H市H镇要建一个1500亩的高新技术产业园，专门选址在3个村的边缘地带，基本上是荒地，且允诺高新技术区的税收给3个村分成，结果3个村都极力反对，地方政府费了九牛二虎之力动员村干部做工作征了地，已经过去三四年了，3个村农民的反抗至今未止，其中一个村已为此换了两任村支书，农民仍然在上访。改革开放以来，H镇300多平方公里的地域上仅仅征过两次地，一次是10多年前征地建电厂，另一次是本次建高新技术开发区的征地。

案例二：建政府办公大楼征地。G镇旧政府办公大楼是20世纪

80年代修建的,十分狭小,已不适应需要。2008年G镇政府拟搬迁到一个村,因村民反对未能搬成。G镇领导到另外一个村与村民商议,以每亩一次性付清7万元、再每年支付5000元土地管理费的条件租赁到一块比较偏远的土地盖政府办公大楼和广场。这一次谈妥了,政府大楼和广场很快修建起来。土地性质为租用农民集体所有土地,使用权为50年。

案例三:"退二进三"[①]的难题。X村邻近G镇大桥的一块土地是租给外资办工厂的,租期50年。后来工厂倒闭,土地闲置在那里。光大房地产接手外资土地,按"三旧"改造进行招拍挂。村民认为招拍挂是不合法的,因为这样就将村集体土地变成了国有土地,因此反对。光大集团想进行开发时,X村的老人小孩挡在那里使房地产公司没办法进行,只好按人均3万元补钱,每亩多补了20多万元才解决问题。

S村100多亩土地之前出租给企业建厂房,租期50年,每亩一次性付费以外,再加5000元/(亩·年)的管理费。现在工厂倒闭,政府按三旧改造,退二进三,计划盖商品楼盘。国土规划部门已经介入进去通过招拍挂补偿了土地出让金,土地也因此成为国有土地,村民反对,理由很简单:土地是村集体的。政府与S村协商按X村的方案进行补偿,村民不同意。为此双方已经僵持6年。

案例四:公共工程和公益事业征地。政府征地建公益事业和公共工程很困难。S镇Y村高速公路征地和修建河涌排水渠征地,即使按30万~60万元/亩进行补偿农民也不同意,博弈10年没有结果。2010年Y村征地盖学校,征地费为30万元/亩。简单地说,珠三角地区农

---

① "退二进三"通常指在产业结构调整中,缩小第二产业,发展第三产业。后来也指在调整用地结构过程中,减少工业企业用地比重,提高服务业用地包含住宅用地的比重的现象。

村，农民只有租地和买地的概念，缺少征地的概念。为修建公共工程和公益事业征地，一次性支付30万~60万元/亩却仍然征不动地的情况普遍存在，原因是珠三角农民认为当地土地商业化使用的价值高于政府补偿的30万~60万元/亩。

案例五：G镇大桥。G镇距城区只有3千米的直线距离，由于东江阻隔，从G镇到城区必须绕道。20多年来，G镇人大代表每年都会在市人代会上提出修建连接G镇与城区的G镇大桥。2009年，市党政领导班子同意修建G镇大桥，直到2017年初G镇大桥才通车。总共花费大约10亿元。G镇大桥迟迟不能建成显然不是投资的原因，主要是土地难以征收。

珠三角地区土地利益的固化将造成严重后果，即大量珠三角地区土地难以真正高水平利用。在珠三角地区进行任何基础设施建设都会遇到征地困难，任何项目包括公共工程公益事业项目落地，农民都会借机索要高价，这就是珠三角基础设施建设远不如长三角地区的原因。

当前珠三角核心区的农村土地上几乎全部被各种厂房和农民所建住房覆盖，广东省政府提出"腾笼换鸟"，尤其是随着大量外资撤走，珠三角地区物业明显过剩，有些适宜地段政府试图搞退二进三，即将之前建厂房的工业用地转为商服用地，但是正如前面案例，这些土地所属村社集体农民就一定会借机索要高价。因为几乎所有土地上都覆盖了物业，在工业形势不景气情况下，物业出租不出去，物业收入就相对有限。"三旧"改造的结果是：不改造这些物业不值钱，凡是要改造，这些物业都倾向以最高价要求补偿。并且农民是集体地主，具有很强的集体行动能力，从而有极强的要价能力。每一个旧厂房改造、旧村庄改造，地方政府都就要花费数以亿计的财政资源。

更糟糕的是，一方面珠三角地区正劳神费力地进行"三旧"改造，另一方面几乎所有村庄都仍然在违建。在当前经济不景气的形势下，农村建房出租收益并不高，但若要拆迁补偿收益则很高，所以很多农户建房子的目的即是获得拆迁补偿。拆迁利益预期使农民地权意识进一步固化。拆迁预期与媒体报道拆迁的一夜暴富之间也有着密切关系。

因此，珠三角地区几乎所有土地上都有刚性的既得利益，虽然由于制造业撤出，珠三角地区出现了普遍的物业过剩，但这些过剩物业的改造却十分困难，由此造成了珠三角地区土地利用的低水平均衡或僵局。

五、珠三角的国家与农民关系

当前，珠三角地区农民在土地权利意识上，已经形成了十分顽固的且不同于当前国家规范的认识，其中的关键在于，无论土地做什么用途，土地都是农民集体的。土地上实现的利益，农民一定要从中收租获取好处。农民强烈反对任何形式的土地征收，因为被国家征收的土地就不再属于农民集体了。农民要求按最高收益来实现土地价值，而不受国家规范管理。农民对土地集体所有制的认识是将集体所有等同于共有，等同于所有农民利益的相加。经过股权固化的改革，珠三角农民就进一步强化了土地集体所有等同于股民个体权利相加的认识，股民因此普遍强烈要求村社集体突破国家规定进行超额分红。

H市D街道曾经试行政经分离，由股民大会选举理事会，结果股民纷纷选那些顶得住上级和村支书压力的人当理事长，且一旦政经分离，村民对村委会选举就不再有兴趣。股民选出来的理事长按照企业法人治理结构进行治理，上级和村支书都无法驾驭，基层治理乱了套，政经分离试行不下去。而当前南海、深圳等珠三角农村正大力推动政经分离，其后果将很严重。①

在具有极大土地既得利益且村社集体范围内所有成员利益同构时，村民就会表现出强大的行动能力。借助选举，村民更可以轻松推选出具有对抗上级能力的村社干部，至少是要推选出有能力与上级周旋的干部，即使是上级任命的村支书，因为受到村民强大的压力，也绝对不可能不顾忌村民的诉求。在这个意义上，珠三角农村村组集体实力往往也表现为对抗国家干预的能力，而不是国家向下渗透的能力。

村民巨大的分红诉求不断挤压用于公共治理的村社集体资源，造成公共治理资源的不足，以及村级公共治理能力的弱化，并且使得上级不得不接管村一级的事务。村民对国家公共治理的依赖加深。

一方面是村民大量分红，另一方面是由国家出钱清扫垃圾、支付治安巡逻员工资，以及为村综合服务中心付费。举例来说，H镇B村，村组两级有固定资产8亿元，每年有1.3亿元集体收入。B村集体收入主要用于分红，上级部门每年补贴B村治安队工资、环卫、社区办公费等700万元。

分红诉求使村民具有对抗国家的动力，但这种动力及集体行动却并非要一致解决内部如搭便车等问题，因此产生不了村庄内部的有效治理。

当前中国正处在快速现代化进程之中，强大的国家能力是推进中国快速现代化的重要保证。珠三角地区农村因为其特殊的工业化道路，

---

① 参见贺雪峰：《农村集体产权制度改革与乌坎事件的教训》，载《行政论坛》2017年第3期。

产生和强化了当地农民的土地权利意识。珠三角地区是中国改革开放的排头兵,为中国经济发展立下巨大功勋,却也留下了若干深刻教训,其中在土地利用上就存在着重大失误。从这一意义上,长三角地区具有远较珠三角农村成功的经验。

乡村治理篇

乡村治理现代化：村庄与体制

一、引论

当前中国正处在快速变化时期，从乡村治理的角度来看，同时有两个重要的变量在中国不同地区发生着不同的变动，因此形成了当前中国乡村治理的复杂样态。本文拟进行初步讨论。

影响乡村治理现代化的两个重要变量分别是乡村社会本身和乡村管理体制或制度。从乡村社会本身来看，当前中国农村正在发生巨大分化，不同地区的农村差异很大。大体来讲，可以将中国农村划分为两种类型。一种是农村劳动力人口流出、留在村庄的农民仍然从事传统农业的中西部农村地区，这些地区的农村虽然与传统封闭型农村已有差异，却仍然保持了传统农村的主要特征。另外一种是农村劳动人口流入、村庄工业化程度很高，农民收入主要来自二、三产业的东部沿海发达地区的农村，这些农村已经成为沿海城市带的一部分，从农民收入、就业到农村社会结构、生活方式、居住方式等方面都与传统农村有极大差异，某种意义上已经接近城市或就是城市的组成部分。这样，我们就可以将中国农村划分为两种类型：一种是人口流出的农业型的以中西部地区为主的传统农村，一种是人口流入型的已经完成工业化的以沿海发达地区为主的城市化了的农村。

从乡村管理体制来讲，当前中国城市化了的农村地区就可能产生与之相适应的从城市管理体制中借鉴过来更加现代、规范、复杂及正规的体制，叫作现代管理体制，还有一种就是传统管理体制。

相对来讲，农村本身的类型是客观的，当前中国不同地区存在着不同的乡村管理体制，在农村实行何种管理体制则有相当的选择性。下面我们来讨论农村类型与管理体制的匹配情况，并一一进行分析。

	传统体制	现代的城市体制
传统村庄	I	III
城市化了的村庄	II	IV

这样我们就形成了四种理想类型的匹配。

第一种理想类型是传统村庄与传统体制的匹配；第二种理想类型是城市化了的村庄与传统体制匹配；第三种理想类型是传统村庄与现代体制的匹配；第四种理想类型是城市化了的村庄与现代体制相匹配。

相对来讲，第一种和第四种理想类型都可以视作比较成熟的有效的匹配，第二种和第三种则可以视作某种意义上的错配。我们首先对村庄类型和体制类型进行分析，再一一分析以上四种理想类型的匹配逻辑，最后重点讨论第三类理想类型，在此基础上提出对当前基层治理现代化的若干建议。

二、村庄与体制

我们必须首先对当前中国的农村有深刻认识。改革开放前，中国实行全国统一的人民公社体制，农村社会相对封闭，农民较少流动，农民主要从事农业生产，主要收入也都来自村庄。虽然全国不同地区农村的种植结构、气候条件、村庄结构不同，甚至农民的经济条件也不同，但全国农民都主要在生产队内集体从事农业生产，主要收入来自农村的集体生产与集体分配。在这个意义上，全国只有一种类型的农村，就是人民公社"三级所有、队为基础"的农村及社队体制。

分田到户以后，社队体制解体，农民按人均分土地，农户承包土地耕种并从土地中获得收入，体制上也都是以承包制为基础的统分结合的双层经营体制，农户承包土地所要尽的义务是"交够国家的，留足集体的"，剩下都是自己的。

全国农村的分化也是从自分田到户前后开始的，最早是20世纪70年代苏南乡镇企业的发展，即农村工业化。农村工业化为农民提供了农业收入以外的二、三产业收入，农民离土不离乡，就地工业化。稍后，以浙江为典型的个体私营经济的发展，以珠三角为代表的招商引资、"三来一补"工业化的发展，不仅开启了沿海地区农村迅速的工业化进程，而且吸引大量外来农民工务工。在20世纪八九十年代曾有一波全国范围的乡镇企业快速发展的潮流，全国几乎所有农村都在进行乡村工业化。不过好景不长，到20世纪90年代后期，乡镇企业本身的小散乱的弱点，以及产权不清晰的缺点，导致绝大多数乡镇企业都倒闭了。

在世纪之交，取消农业税前后，沿海地区农村工业化继续推进，而中西部农村变得萧条起来。越来越多的中西部农村青壮年农民进城务工经商，其中相当部分就是到沿海发达地区农村务工经商。沿海发达地区农村的农地变成建设用地，农业被二、三产业替代，乡村工业化带来了农村社会的深刻变化，大量外来农民工流入也对传统村庄秩序造成巨大冲击。沿海发达地区农村经济和社会基础的变化对上层建筑提出了要求，如何适应农村变化的需求产生出新的乡村管理体制，以保持社会秩序，就自然而然是题中应有之义了。

已经工业化且有大量外来农民工涌入的沿海发达地区，已完全不同于传统的以农业为主的相对封闭的农村。这样的农村就是我们所说的城市化了的农村。

同时，在全国绝大多数农村，虽然在20世纪80年代有过工业化的萌芽，却很快就随着乡镇企业的衰败而终止。农民承包土地有限，大量农村剩余劳动力进城务工经商，而由年龄比较大的老年人留村务农。这样就在全国绝大多数农村形成了"以代际分工为基础的半工半耕"家计模式，农户家庭没有放弃农业收入，同时又增加了城市务工经商收入。越来越多的农村青壮年劳动力进城务工经商，就留下了部分农村获利机会，以使无法进城或不愿进城的农户增加从农村获利的可能。取消农业税以后，农户家庭进城的潮流进一步深化，更多农村劳动力进城，更多农民家庭进城，以及更多农民家庭在城市买房安居。不过，总体来讲，当前仍然有大量需要依靠土地与农村获利机会生存的农户在农村生产生活，其中最重要的是占到全国大约70%的"以代际分工为基础的半工半耕"农民家庭中的年老父母仍然留村从事农业生产。同时，几乎所有进城农户都保留了返乡的可能性，以保障在自己无法体面进城时返回农村。正因如此，虽然当前中国绝大多数村庄中，随着越来越多农民进城务工经商，村庄边界开放，农民收入多元化（主要是城市工资性收入），但村庄却并未消失，且农业依然在当前和未来的农民家庭收入中占据重要位置。这样一种人口流出、相对衰败的农村完全不同于前面所讲的城市化的沿海发达地区农村的传统农村。

当前中国城市化了的农村所占比重其实很小,但具有很高的生产能力,影响力也很大,且十分活跃。中西部传统农村所占比重很大却相对被忽视了。

	人口流动	产业类型	收入结构	异质性	事务复杂性	占比
传统农村	流出	农业	单一	低	低	95%
城市化了的农村	流入	二、三产业	多元	高	高	5%

我们再来看体制。

当前占中国农村绝对多数的传统农村也已不同于分田到户之初的农村,其中最大的不同就是农户收入中外出务工收入占比越来越大,村庄中越来越多的青壮年劳动力进城务工经商,他们可以获得远比过去多的收入。同时,大量农村青壮年劳动力进城,也就让渡出部分农村获利机会,从而让留守农村人员有了在农村增加收入的机会。

传统农业型村庄的如此改变首先对谁来当村干部造成了冲击。农村青壮年大规模外出务工之前,农户收入主要来自农村和农业,村干部是兼职的,除了可以继续种田获得农业收入以外,还可以获得当村干部的误工补贴。因此,无论误工补贴有多低,村干部依然属于村庄中收入较高者,因为村干部比一般农户多了误工补贴收入。大量农村青壮年进城务工以后,一般农户中老年父母务农,年轻子女进城就使农户家庭比不进城务工村干部家庭多了务工收入。而从当前全国中西部地区村干部误工补贴来看,一般一年只有几千元,远远低于进城务工收入。这样一来，年富力强的农村精英就不可能再当村干部，因为当村干部的收入比其他农户要少。因此，中西部农村村干部开始由另外两种人来担任，一是年龄比较大、不适合进城务工的群体，特别是老村干部，他们当了一辈子村干部，也不会干别的了，进城务工也错过了机会。二是在农村有各种获利机会的"中农"，比如通过流入土地形成适度规模经营、办有小作坊、当经纪人、经营农资农机、规模养殖等可以获得不低于进城务工收入的农民，就可以兼职当村干部，或者说村干部只有"中农"化，才能当得下去。当前全国中西部农村实际上普遍出现了村干部"中农"化现象，通过村干部中农化，在农村青壮年劳动力大量进城的背景下，"谁来当村干部"的问题平稳化解。

取消农业税后，村干部工作以及乡镇工作都与之前发生重大变化。取消农业税之前，乡村工作的重心是完成收粮派款和计划生育任务，同时组织农民冬修水利。乡镇为调动村干部完成收粮派款任务的积极性，几乎一定倾向于保护村干部，所以村干部在对待农民群众时就可能会比较蛮横。乡村之间容易形成利益共同体，干群关系变得紧张。取消农业税后，国家不仅不再向农民收取税费，而且持续加大向农村的转移支付力度。农村工作重点变成分配自上而下的各项国家政策资源，基层治理的重点就是要约束村干部在分配资源时的优亲厚友，因此就需要在乡村治理中强调"公正、公开、公平"。

村干部"中农化"和乡村治理中由乡村利益共同体到强调资源分配中的"公正、公开、公平"，是对之前乡村管理体制的略微修正。这样一种体制仍然可以称为传统的乡村管理体制，即村干部兼职化，乡村治理以解决问题为导向，乡村治理简约化。

改革开放以后，东部沿海地区一些农村迅速工业化，代表性的有三个地区即苏南、浙江、珠三角。到现在,这三个地区农村基本已经工业化了,最重要的原因有两条:一是当地产业形态从以农业为主,变为以二、三产业为主;二是大量外来农民工进入就业。从而,这些地区变成了城市化的农村。虽然这些地区仍被习惯性地看作农村,仍然有村庄和村干部,但实际上无论是产业形态,还是社会形态都与城市差异不大,也因此有越来越多的农村正改为居委会(村改居),并实行城市化的管理体制。所谓城市化的管理体制,主要有两点:一是村干部的职业化,二是管理手段的规范化。村干部不再是拿误工补贴的不脱产干部,而是拿工资的职业化干部,村务管理必须规范,依法依规,办事留痕,每一件事都要形成文字存档。这样一种现代的城市化了的管理体制,就成为与城市化了的农村相匹配的一种类型。与城市社区有所不同的是,城市化了的农村都是以村社集体土地所有制为基础的,集体土地非农使用会产生巨大的土地增值收益,土地增值收益的分配会极大地强化村社集体的共同体意识,从而形成城市化了的农村与真正城市社区的差异。从体制上看,最重要的方面就是城市化了的农村具有村社集体这一强大体制力量。这尤其表现在苏南地区和珠三角地区城市化了的农村地区。

	文字档案	制度化程度	村干部	程序	处理问题方式	制度复杂性	成本	分化度
传统体制	不健全	低	兼职	简单	问题解决多向	简约	低	低
现代体制	证据链	高	专职	复杂	规则建立	规范	高	高

三、四种理想类型

以上讨论村庄与体制，重点讨论了两种村庄与体制匹配的理想类型，即传统村庄配传统体制的第一种理想类型，和城市化了的村庄配城市化了的现代管理体制的第四种理想类型。当然，这两种理想类型是经过改造的，第一种理想类型的农村已不同于传统时期的农村，甚至不同于取消农业税前的农村，而且其乡村管理体制也与取消农业税前有了很大不同，虽然依旧简约、以解决问题为导向，以及村干部不脱产，却不同于取消农业税前的情况。在第四种理想类型中，即使已经村改居了，但村社集体资源是不同于城市社区的。因此，城市化的农村仍然具有中国社会主义农村集体所有制的特点，其体制也是利用了这个特点，从而与一般城市现代基层管理体制有差异。

下面重点讨论两种比较特殊的理想类型，一是传统农村与现代乡村管理体制匹配的第二种理想类型，二是城市化了的农村与传统乡村体制匹配的第三种理想类型。

先讨论第三种理想类型。浙江农村工业化也是自改革开放以后即快速推进的，并成为中国沿海农村工业化的典型代表。其中表现之一是浙江农村工业化程度很高，二是大量外来农民工进入浙江工业化的农村务工经商。当然，浙江农村工业化也是不平衡的，其中有一部分仍然保留着相当的农业成分。相当一部分农村则已经变成了城市化的农村，或至少已经变成沿海城市带的一部分。

比较有趣的是，浙江乡村管理体制似乎没有与时俱进，其典型表现就是，当前浙江几乎所有农村村干部都是不脱产的，村干部只拿误工补贴，村主职干部一年误工补贴往往只有一万元左右，连开车的油费或抽烟的烟钱都不够。浙江村集体也普遍没有什么集体收入。因为村干部不脱产，所以也没有村干部坐班，村民有什么事情找村干部，就电话预约到村干部家中办事。上级有什么任务布置，村干部也是集中时间去解决。最近几年，浙江在全省范围大搞环境整治，尤其是开展"三改一拆""五水共治""三边一化"等涉及千家万户利益的工程，浙江省只是激活了过去的联村干部制度，即由乡镇干部包村负责完成自上而下各项任务，而没有触动乡村体制。也因为村干部是不脱产的，报酬很低，乡镇不可能通过命令来让村干部完成自上而下的各项工作，更不能斥责村干部，而必须调用各种关系尤其是要利用好富人村干部。

浙江不仅村干部不脱产，而且乡镇规模也普遍比较小，很少有临时聘用人员。而苏南和珠三角乡镇往往规模庞大，仅仅是辅警或治安队员，一个乡镇可能就有几百人。因此，乡镇行政事业经费的支出要远高于浙江。浙江乡村之间的关系更多是协商的关系，甚至由乡镇干部到村庄当驻村指导员来完成上级任务；苏南乡镇则可以十分有效地指挥村干部。与苏南、珠三角村级组织的十分正规相反，浙江村干部不脱产就决定了其高流动性与非专业化。

也就是说，本来浙江农村已经城市化，应当发育出一套高成本的正规化的乡村管理体制，浙江省却在乡村体制发育上保持了相对稳健的态度，从而出现了某种意义上的错配。不过，从浙江乡村治理的现状来看，当前浙江乡村治理效果相当不错，不仅可以有效维持乡村社会基本秩序，而且可以有效完成自上而下的各种高难度的任务如"三改一拆"，而且有能力完成特殊地区各种重点项目落地的任务，比如宁海县桃源镇的例子。

浙江乡村治理的模式与苏南、珠三角的差异很大，其中一个重要原因是浙江工业化是从家庭作坊开始的，从而在村庄中普遍形成了农村阶层分化。浙江相对简约的乡村治理体制某种意义上是以富人治村为基础的，富人治村本身当然也是有代价的。关于浙江与苏南、珠三角沿海发达地区乡村治理差异的比较，笔者另文有述。

当然，当前浙江农村也正在进行乡村管理体制的调整，其中代表是浙江宁海县推进的"村级小微权力36条"，对村级权力使用的规范化、程序化管理。浙江乡村体制的变动值得关注。

我们再来讨论第二种理想类型的匹配，即传统农村与现代乡村体制的匹配。其中最重要的现代乡村体制是村干部的职业化与乡村治理的规范化及程序化相结合的体制。

让人印象深刻的例子是南京溧水区的乡村治理。2013年溧水区由县改区，以前是溧水县。从产业形态和社会形态上看，溧水区绝大部分村庄都与全国农村没有差异，村庄缺少农业以外的产业形态，农户家庭主要收入来自中老年父母农与年轻子女进城务工。不过，自县改区以后，溧水区实行村改居，并按南京城区相似方式进行农村管理，其中特别重要的有以下四点：一是村干部的职业化，村干部改误工补贴为工资，而且要按时在村部服务办事大厅坐班；二是村务办理的程序化、规范化，办事留痕，形成证据链；三是通过政府买服务，为农民提供社会化服务；四是通过12345市长热线来接通农民—市长—村干部的服务通道。由此造成的结果就是村干部忙乱不堪，村级治理成本飙升，形式主义盛行。

与溧水区相类似的是上海空心化程度很高的农村的管理体制。上海很多农村的产业形态及社会形态与中西部农村也没有差别，但上海市实行城乡统一的、严格的、高度现代化的管理体制，与溧水区相比，上海乡村体制有过之而无不及，其中最典型的是对空心化的纯农业村庄进行与上海市区同样的网格化管理，造成大量的形式主义与资源浪费。

占全国农村绝大多数的中西部农村,除个别例外(比如城郊村),绝大多数是我们前述的传统村庄,这些传统村庄的主要产业为传统农业,大量农村青壮年进城务工经商,农民家庭普遍形成了"以代际分工为基础的半工半耕"的家计模式。当前中西部传统村庄大多是与传统乡村管理体制匹配的,不过,中西部地区也有很多探索。其中典型的探索,一是湖北村干部职业化的尝试,二是河南村务管理规范化的尝试。

2016年湖北省全省安排村主职干部享受乡镇副职干部待遇。之所以要提高村干部待遇,是因为专职村干部显然无法仅靠误工补贴维持生活。之所以没有提高所有村干部的待遇,是因为湖北省没有上海市、南京市财政实力雄厚。湖北省的想法是,让主职村干部享受乡镇副职待遇,他们就不用再去经营自己的产业,就可以变成职业化的干部,就可以坐班,就可以形成正规化的村级治理。

湖北省现在面临的问题是,村主职干部"工资化"了,其他村干部工作积极性就没有了,以前是村支书指挥一般村干部分工工作。现在是其他村干部围观村支书工作。这样一来,村级治理反而更难。为了调动所有村干部积极性,只能将所有村干部工资化。在财力不足的情况下,湖北省就通过合村并组来达到目的。合村并组后,村庄规模太大,就可能跨越以前的熟人社会层次,使得村干部脱离村民,从而可能不得不在村之下再设行政层次。这样就得不偿失了。

实际上,当前湖北绝大多数传统村庄事务较为简单,仅仅通过不脱产干部这一简约的乡村管理体制就可以维持乡村秩序。从村干部角度来讲,要解决的不过是"中农化"的问题。

河南省尝试的典型是邓州市发明的"四议两公开"制度。2006年邓州"四议两公开"被报道,很快在河南全省推广。"四议两公开"

是一种复杂制度，河南全省推广的初衷是通过复杂制度的设计为村级治理提供"公开、公正、公平"的环境条件，让群众满意，防止村干部优亲厚友，胡乱作为。不过，当前河南绝大多数农村都是传统村庄，其主要事务是分配国家资源，河南复杂制度的运用也多用在诸如低保指标、危房改造、党员指标分配上。但在实践中，因为"四议两公开"过于烦琐，基层实践中不只是将烦琐程序进行了化简，而且实际上大多弃之不用。村庄内缺少强有力的援引，"四议两公开"制度也就只能成为墙上制度。

也就是说，对于传统村庄，并非越是现代的乡村体制就越好。乡村体制与乡村社会不匹配，这样的体制就会闹出种种笑话，变成形式主义，造成体制高成本的空转。

四、基层治理现代化

对于当前中国乡村社会本身的快速变化、乡村体制的快速变化，以及其中形成的乡村社会与乡村体制的匹配状况，我们通过以上四种理想类型进行了初步的分析与讨论。相对来讲，乡村社会的变化是慢变量，是更为客观和基础的变量，乡村体制则带有上层建筑的性质，是可以进行调整的变量。尤其是在当前全国治理现代化的追求下，在全国先进经验的相互学习借鉴的条件下，在发达地区对欠发达地区的示范下，很容易出现体制变动太快，而对乡村社会理解不足的问题。

当前乡村社会中的传统社会，我们应当有深刻理解，即未来中国的城市化会进一步加速，当前未能实现乡村工业化的绝大多数农村不再有可能实现乡村工业化，而是越来越多农村人口进城，农村越来越衰败。也就是说，中国当前以及未来的城市化道路不再是乡村工业化和城市化，而是乡村人口进入到城市的城市化。在未来很长一段时期，因为进城劳动力难以获得在城市体面生活所需要的就业与收入条件，农民家庭将长期保持"以代际分工为基础的半工半耕"结构，缺少城市就业机会的中老年父母留村从事农业，越来越多农民家庭进城，从而为仍然留守农村的农村人口增加了在农村和农业中获利的机会。而且，农户家庭即使进城也大多愿意保留在农村的土地与房屋，以图进城失败后可以作为退路，以及年老后可以回乡养老。也就是说，在未来很长一段时期，全国绝大多数农村都会慢慢变得萧条，留村务农的农户家庭仍然要从农业中获得收入。发展并非农村的第一要务，维持农村基本的生产生活秩序才是最重要的。

对于占全国农村绝大多数的传统村庄，其未来既不会有迅猛发展，又不可能很快衰落，而注定是中国社会中的慢变量，是相对稳定的生产生活方式和经济基础。建立在这样的经济基础上的上层建筑，尤其是乡村管理体制，应当同样保持稳定性，要适应当前传统农业地区基本生产生活的要求。从现在全国一些中西部农村乡村体制的状况来看，当前乡村体制调整过快，且偏离了方向，盲目地将已经城市化农村的乡村体制照搬照抄过来。这样的基层治理现代化显然是错误的。

我们还可以进一步将城市管理体制简称为城市的办法，将农村管理体制简称为农村的办法。用城市的办法来管理城市化了的农村，这显然有道理。用农村的办法来管理传统农村，也显然有道理。当前可能存在的问题是用农村办法来管理城市化的农村和用城市的办法来管理传统农村。后面两种情况就可能出现错配，而当前最普遍和最常见的错配是用城市办法来管理传统农村。虽然城市的办法显得高大上、现代化，却因为不符合中国绝大多数农村治理的内在逻辑，而产生形式主义和茫然无措。

我们需要深刻地认识当下中国农村,并形成与之相匹配的乡村管理体制,以实现可行的基层治理现代化。

村干部稳定性与职业化的区域差异

村级组织是中国农村基层组织,村级组织建设好坏决定了基层治理的有效性。村级组织是自治性组织,村干部并非国家正式编制的公务员,而是不脱产干部,没有工资,报酬主要是误工补贴。改革开放以来,一方面,中国农村出现了巨大的区域发展差异,另一方面,全国统一劳动力市场形成,这两个方面对村级组织建设产生了重大影响,尤其是对村干部的稳定性产生了巨大影响。本文重点讨论当前中国农村村干部稳定性和职业化的问题,尤其关注其中的区域差异。

一、村干部的稳定性问题

当前中西部农村村干部的流动性很大,其中原因是,仅仅依靠当村干部的误工补贴再加农业收入,已难以维持村干部原来在村庄内的中等偏上收入水平。长期担任村干部的农民家庭会陷入贫困,村干部因此就不得不辞职外出务工,从而中西部农村普遍出现了村干部的不稳定。为了建设一支高水平的稳定的村干部队伍，湖北省2015年规定村主职干部享受乡镇副职干部的待遇，每年工资收入接近4万元。因为财力原因，湖北省除村主职干部（村支书一般兼村主任）以外的其他村干部仍然只发误工补贴，每年误工补贴在1万元左右，普通村干部与村支书工资的收入差距拉大。由此产生了一个预料之外的后果是一般村干部更加缺少工作积极性了。以前是村支书安排各种工作由一般村干部来做，现在变成村庄所有工作都是村支书做，其他村干部在一边冷眼旁观。因为湖北省乡镇副职干部一年工资也就3万多元，村支书3万多元工资虽然远高于一般村干部，却并没有高出外出务工收入，甚至还要低于外出务工收入。结果就是，村支书报酬提高了，其他村干部却更加消极，有更多村干部辞职外出务工。

在未将村主职干部收入提高到乡镇副职干部水平而仍然领取误工补贴的一般中西部农业地区，村干部主要收入来自务农收入和当村干部的误工补贴。务农收入也就是自家承包地收入，村干部误工补贴每年只有1万元左右。一般农户家庭，中青年子女外出务工，年龄比较大的父母留村务农，外出务工收入要远高于当村干部的误工补贴。因此，缺少在农村获利机会的村庄精英是当不起村干部的。只有那些通过流入土地形成适度规模经营、办有小作坊、开有农资商店、当经纪人或经营农机等而可以在农村获得收入的"中农"才具备当村干部的条件，最近十年以来，中西部农村村干部普遍"中农"化了，只有在农村具备家庭承包地以外收入机会的中农，才当得起村干部[1]，才会当村干部。现在的问题是，中西部农村的"中农"是相当不稳定的，他们通过流入土地形成适度规模经营却可能因为其他农户要走土地而失

---

[1] 参见贺雪峰：《论中坚农民》，载《南京农业大学学报》2015年第4期。

去适度规模，从而难以获得适当收入。"中农"破产了，他们就当不起村干部而不得不进城务工经商去了，村干部人选也要因此改变。"中农"的不稳定决定了中西部地区村干部队伍的不稳定。

浙江是沿海发达地区的一个另类，因为大部分浙江村庄都生长出了本土的企业，这些企业从小作坊开始，经过几十年打拼，经受住了市场的考验，成长为规模企业，村庄中因此有了一些年收入上百万甚至数千万元的富人企业家。这些将企业办在村庄的企业家希望通过当村干部来获得与市场和政府更好的对接手段。在世纪之交，浙江农村出现了富人村干部对之前老式村干部的替代。村庄富人企业家并不是只有一个人，而是几乎所有富人企业家都有当村干部的意愿，村庄中出现了对村干部职位的激烈争夺。[①]

富人当村干部并不关心报酬，他们也并不一定要从村庄获取特殊好处，他们最为关心的是借村干部的身份来增加企业与市场和政府的对接能力。一些富人企业家村干部最反对的就是要坐班，因为坐班会影响他们经营企业。富人企业家之间的激烈竞争以及村干部任务的加重，使浙江村干部队伍相当不稳定，村干部人选经常发生变化。

从我们调查过的农村来看，沿海发达地区的上海农村、苏南农村和珠三角农村，村干部队伍保持了相当的稳定性，其中关键是村干部都有比较高的工资收入，村干部职业化了。之所以上海、苏南、珠三角农村可以为村干部发比较高的工资，前提当然是这些地区地方政府有很强的财政实力，同时也与这些地区农村存在的获取收入的体系有很大关系。

以苏南为例，苏南村干部工资收入一般可以达到 10 万~15 万元，

---

① 袁松:《富人治村》，中国社会科学出版社 2016 年版。

远高于当地农民进城务工收入（进厂务工收入一般在4万~5万元/年），低于乡镇公务员20万元/年的收入。在不能进入公务员队伍的情况下，当村干部是一项相当体面的职业，因此，苏南村干部普遍珍惜当村干部的机会，在村干部任上大都勤勤恳恳，努力工作。苏南地方政府也愿意有一支长期稳定、经验丰富、工作勤勉的村干部队伍。苏南农村，村委会选举一般都是走过场，所谓选举，大都是将地方政府安排进来的后备干部选举为正式村干部。后备干部一般也是由地方组织部门选拔录用安排到村庄来的。村干部也是一级一级向上做，做到村支部，接近退休年龄时，上级也会安排相应闲职，直到退休。因此，苏南村干部流动性极小，很多村干部都是当一辈子直至退休。乡镇甚至会在村与村之间、村与镇之间相对自由地调配干部。村干部是高度职业化的，按时上下班，专职，业余时间不再可能去获取经营收入，他的收入也是按照月领取的工资收入。当然，工资收入中有相当一部分是按完成上级任务情况来发放的奖酬。苏南职业化的村干部往往成为地方政府在村庄的代理人。

上海农村村干部情况与苏南基本相同。珠三角农村村干部虽然也是高薪且职业化的，却因为珠三角特殊的土地制度，多变成了村庄利益的维护者。

二、影响村干部稳定性的主要因素

影响中西部农业型地区村干部稳定性的主要原因，是全国统一劳动力市场的形成。在世纪之交，中西部农民大量外出务工，务工收入持续提高，直到现在，无论是进工厂还是进工地，一个强壮劳动力一年可以有3万~5万元甚至更高收入并不困难。中青年夫妇进城务工，勤劳节俭、加班加点，一年可以有7万~8万元收入。这个收入相对于农村的农业收入来说就是巨款。因此一个普通农户家庭可以通过进城务工彻底改变自己在村庄收入结构中的位置。相对地，村干部因为不可能进城务工，他们的收入也就限于家庭农业收入和当村干部的误工补贴，村干部误工补贴每年只有几千元上万元，远低于外出务工收入。因此村干部就变成了村庄中的贫困户，也就普遍出现了当不起村干部而不得不辞职外出务工的情况。地方政府为了保持一个稳定的村干部队伍，就不得不提高村干部报酬，比如前述湖北省将主职村干部报酬提高到乡镇副职干部水平的尝试。

即使将村干部收入提高到乡镇副职干部收入水平，中西部地区乡镇副职实际年收入也就3万~4万元，并不比外出务工收入高出太多。相对于乡镇公务员有退休收入，村干部并没有被纳入公务员的"五险一金"及退休保障体系，乡镇副职的收入待遇虽然对村干部有吸引力，却并非压倒性的。何况湖北省仅村主职村干部（实际上只有村支书）可以享受与乡镇副职同等的收入待遇，其他村干部还是只拿误工补贴。因此，以村干部为业，保持长期的当村干部的稳定性，就缺少收入条件。

因为形成了全国性的劳动力市场，中西部地区劳动力进城或到沿海地区务工，可以获取全国平均水平的劳动力工资。沿海地区的农民虽然可能比中西部农民有更多收入机会，比如办有企业，或者房屋出租获取租金，沿海地区农民中的相当部分甚至绝大部分的主要收入仍然要来自务工收入。也就是说，沿海发达地区绝大多数农民要与中西部劳动力在全国统一的劳动力市场上竞争，因此也只可能获得全国平均水平的劳动力工资。而沿海发达地区村庄熟人社会中，村民受到地方较高消费水平的压力，仅仅依靠务工收入很难在村庄中保持住体面的生活水平。或者说，中西部农民进城务工收入，可以让他们在自己村庄保持较高收入水平从而变得体面，但沿海发达农村仅仅依靠一般的务工收入却是远远不够的。

在东部沿海发达地区的农村，大概有三种不同类型的村庄，一种是珠三角地区农村，尤其是珠三角核心区农村，农民一般都有房屋出租的租金，有村社集体收入分红，这些租金和分红收入使珠三角地区农民有了基本收入的保障，他们因此普遍不愿意进工厂与外地农民工同台务工。尤其是年轻人都倾向于找一个相对体面的白领工作，甚至做个治安巡逻队队员，每年只有2万~3万元收入，这个收入远低于进厂务工收入，他们也很愿意。在东莞农村调查，一个村办公楼有200~300人上班，其中绝大多数无所事事，每月也只拿2000元的最低工资，就是被安置的本地年轻人。当地年轻人不愿意进工厂务工，又没有其他就业机会，总是闲在家中也不是事，因此就被安置到村办公楼里了。

第二种是东部沿海发达地区村庄中民营企业比较发达的浙江地区村庄。浙江地区农村普遍有办在村庄的规模企业，这些规模企业大都是由家庭作坊开始经受了市场考验后发展起来的。浙江农村中村庄富人企业家对一般村民构成了巨大压力。浙江农村缺少租金分红和房租收入，普通村民主要收入只可能来自务工收入。因为浙江农村村干部只拿误工补贴，在村干部收入普遍只有几千元的情况下，普通村民是当不起村干部的，只有村庄富人才当得起村干部，因为村庄富人不缺钱，且他们希望通过当村干部来增加与市场和政府的对接机会。或者说，正是因为富人争当村干部，浙江农村就没有必要提高村干部待遇，村干部职业化也因此缺少条件，村干部的稳定性也就不高。

第三种是东部沿海发达地区中的苏南、上海地区的农村，这些地区民营企业不发达，却往往有大量集体土地出租给外来资本办厂，村社集体因此有较多集体收入，与珠三角村社集体收入大部分分红给村民不同，苏南村社集体收入很少分红，而主要留作村庄公益事业建设。缺少民营企业，村庄中就很少富人企业家，分红收入少，一般农户的主要收入也就只能来自全国统一劳动力市场上的平均收入。

三、沿海发达地区村干部职业化的差异

一般来讲，东部沿海发达地区，农民消费水平比较高，仅仅依靠从全国统一劳动力市场上获取的务工收入，东部沿海发达地区农村普通农户就很难获得体面生活的收入条件。相反，中西部农村的农户有了城市务工收入，就可以保持在村庄相对较好的生活水平与收入地位。因此，东部地区普通农户具有较中西部农户更大的获取较高收入的压力。

在2000年前后，珠三角核心区农户从村社集体获得的分红收入加上房屋出租收入就已达到相当高的水平，而当时务工收入还比较低，仅靠分红和房屋出租收入，珠三角农户就已有远高于外来农民工的收入。2000年以后，尤其是2008年金融危机以来，珠三角大量产业转移，当地农户租金收入不增反降。同时，农民工工资收入持续大幅度增长，仅靠租金收入和分红收入，珠三角一般农户家庭收入甚至比不上外来务工农民的工资收入。珠三角中年人也开始进厂务工，年轻人则试图寻找相对安逸体面的白领工作，却因为机会太少而大量集中到如村治安联防队等只拿最低工资的岗位。

珠三角农村，村干部工资收入远高于联防队员，也高于进厂务工收入，一般可以达到10万元左右，因此，对珠三角农民来讲，当村干部是一个相当有吸引力的选择。当然，能不能当得上村干部要看个人能力与各种机缘，一旦当上村干部，他们就一定希望长期当下去，当好这个收入比较高又相对体面的村干部，当一个职业化的村干部。珠三角核心区的一些地区，比如东莞，通过对村两委换届的控制保持了村干部的相对稳定性。从而，珠三角核心区村干部逐步职业化且相对稳定下来。

浙江村干部收入比较低，村干部职位让富人企业家增加了与市场和政府对接机会，对于普通农民来说却是机会有限，反过来可能是，普通农民当村干部报酬太少而又影响了进厂务工，所以普通农民当不起村干部。富人企业家当村干部，显然是不脱产的，是非职业的。因此，浙江村干部职业化程度很低，稳定性也不高。村干部频频换人是浙江村干部的一个重要问题。

苏南、上海农村村干部收入高的可以达到20万元，一般收入在10万元左右。这个收入远高于一般农户务工收入，而低于公务员收入。在苏南农村，一般农户为了在激烈的村庄社会竞争中保持相对优势位置，会充分利用各种市场机会，其中，60多岁老年人同时打三份工的情况也十分普遍。相对来讲，珠三角农村60岁以上老年人大多过着相当悠闲的退休生活。苏南农村，中老年的爷爷奶奶、中青年的父母都会充分利用市场机会获取收入，为年轻子女提供最好的成长机会，主要是接受教育的机会。对于苏南农户来讲，相对良好的教育，考上大学，将来有一个白领工作机会，是极好的选择。不过，苏南的白领也不是那么容易当得上的。一般乡镇一级政府只有十多个公务员，其中大部分为乡镇党政班子成员。这些公务员不仅有较好的保障，而且每年工资收入轻松可以达到20万元。除公务员以外，乡镇政府一般还有数以百计的各种聘用人员，保障相对较差，年工资收入也只有10万元左右，这样的待遇虽然不如公务员，却远高于务工收入，且都是办公室白领，因此对当地年轻人有着巨大吸引力。

苏南、上海村干部收入在10万元左右。虽然低于公务员收入，却远高于当地农民务工收入，村干部职位就对当地农民有着巨大吸引力。能当上村干部、当好村干部，显然是一件荣耀体面的事情。苏南普遍通过后备干部队伍来形成稳定村干部队伍的做法，以及在村干部与乡镇事业单位干部之间进行调配交换的做法，不仅使苏南村干部更加职业化、队伍更加稳定，而且更加行政化了。

小结一下，在东部沿海发达地区农村，因为已经形成全国统一劳动力市场，一般农户进厂务工收入只可能是全国平均劳动力收入水平，这个收入水平远低于东部沿海发达地区公务员的收入水平，进厂务工收入一般在3万~5万元，沿海发达地区乡镇公务员年收入一般在10万~20万元。在较低的务工收入与较高的公务员收入之间有着相当大的中间地带，这个中间地带为地方政府提供了各种半正式制度安排的机会，表现在村干部安排上，苏南、上海和珠三角核心区地方政府将村干部报酬工资化，这个工资水平在10万元左右，远高于务工收入，从而对当地农村精英具有强烈吸引力，由此在村庄中出现了一个相当稳定的职业化的村干部群体。浙江因为富人企业家竞争村干部职位，地方政府就没有积极性通过将村干部报酬工资化来吸引村庄精英当村干部。浙江村干部报酬很低，以及浙江村庄选举中普遍存在的激烈竞争，导致浙江村干部的高度不稳定与低度职业化。

苏南农村，公务员与务工收入之间的巨大落差不仅为村干部职业化提供了可能，而且为各种半正式制度的制度化提供了可能。在苏州农村调研发现，不仅村干部职业化程度很高、稳定性很高，而且辅警和协管员也是高度职业化与高度稳定的。其中的原因是，辅警和协管员年收入可以达到5万~6万元甚至更高，而务工收入只有3万~5万元，辅警和协管员的收入不仅高于进厂务工收入，而且远比进厂务工要自由体面得多。因此，苏州辅警和协管员队伍相当稳定，职业化程度也很高。职业化也就使辅警和协管员可以受到较为良好的专业训练，具备较高的专业素质与职业操守，并因此有较高的开展工作的能力与主动性。相对来讲，在中西部地区，因为在公务员与务工收入之间缺少位差，半正式制度的辅警与协管员的报酬一般都比较低，甚至低于进厂务工的收入，因此，中西部地区辅警和协管员队伍相当不稳定，而多是一个过渡性岗位。因为不稳定，也就不可能职业化，无法进行系统的专业训练，其工作能力与操守也就普遍较为低下。

另外一个半正式制度设置是大学生村官。中西部地区，公务员年收入也就3万~5万元，村干部报酬1万元左右，大学生村官收入2万~3万元，就远高于长期从事农村工作的村支书收入，达到地方政府可以安排的报酬极限。但大学生村官的收入期待显然远高于2万~3万元，因为进厂务工收入也可以达到3万~5万元。因此，当缺少向公务员过渡机会时，中西部地区大学生村官很快就会流失。而在沿海发达地区农村，地方政府可以为大学生村官提供具有竞争力的薪酬，比如7万~8万元的年收入，远高于务工收入，且相对体面。因此，在沿海发达地区，大学生村官竞争激烈，且大学生村官队伍保持了相当的稳定性。在苏南调研中发现竟然有南京大学等名牌大学本科毕业生报考大学生村官且长期当村官的若干例子，说明了大学生村官职位的吸引力。

相对来讲，珠三角核心区的村社集体也吸收了大量当地年轻人的就业，比如当村治安队员，但这些就业只是为了安置那些不愿进入工厂与外地农民工竞争的本地年轻人。这些半正式就业，收入不高，也不一定稳定，因为只要有了其他就业机会，他们就会转移。只不过这些其他的就业机会一般不包括进厂务工。尽管当治安队员收入很低，甚至远低于随处可进的工厂务工收入，但治安队相对自由轻松。因此，在珠三角核心区，一般人想当治安队员还需要找关系才能实现。

四、总结与讨论

依据上述讨论，我们得到关于村干部稳定性与职业化的列表如下：

	中西部地区	沿海发达地区农村		
		苏南、上海农村	浙江农村	珠三角农村
地区特征描述	传统农业地区农户收入来自务工加务农	村社集体收入多，农户主要收入来自务工	村庄有富人企业家，农户主要收入来自务工	村社集体收入多，农户有较大份额的分红加出租收入
乡镇公务员收入	3万~5万元	20万元	10多万元	10多万元
进城务工收入	3万~5万元	3万~5万元	3万~5万元	3万~5万元
村干部报酬	误工补贴，1万元	工资，10万元	误工补贴，1万元	工资，10万元
谁当村干部	中农	职业化精英	富人企业家	职业化精英
村干部稳定性	差	高	差	高
村干部职业化程度	低	高	低	高
村级组织行政化程度	低	高	低	低
村级组织科层化程度	低	高	低	高

对以上列表作进一步的说明：

1. 不同地区，村干部职业化程度与稳定程度的差异是很大的。

2. 影响甚至决定村干部职业化与稳定性的关键变量是村民的职业机会选择性或职业机会空间，其中最重要的是获利空间。

3. 对于农户来讲，最基本最普遍的获利机会是进入全国劳动力市场获取务工收入。从当前全国进工厂或工地务工的平均收入来看，一般年收入可以达到3万~5万元甚至更高，这个收入水平往往意味着时间被工厂安排、经常加班、相对节俭、工作不自由且单调。

4. 在村庄存在竞争的情况下，过低的报酬使农户无法完成正常社会交往。在缺少家庭承包地以外收入的情况下，中西部地区农户当村干部就意味着他们不能进城务工，村干部每年1万元左右的误工补贴无法保证其家庭收入能够应对村庄社会性交往（比如人情）的需求，因此就必须外出务工。只有在村庄找到获利机会的农户，才能当得起拿误工补贴的村干部。因此中西部农村干部的中农化具有合理性和必然性。

5. 东部沿海发达地区强大的地方财政能力，以及乡镇公务员与一般务工收入之间的巨大落差，使得地方政府可以设置大量半正式的岗位来吸引当地精英农民，比如村干部、辅警、协管员和大学生村官，这些半正式职位收入高于务工收入，而且相对体面。苏南、上海、珠三角的村干部对地方精英具有很大吸引力，因此村干部队伍稳定程度高、职业化程度高。并且苏南、上海村干部的行政化程度也很高。

6. 相对来讲，珠三角村干部受到其特定地租型集体经济的影响，虽然稳定性、职业化程度都较高，行政化程度却相对较低。

7. 浙江因为富人竞争村干部，以及浙江地方政府普遍保持了村干部的低报酬，使浙江农村成为发达地区农村的另类。浙江农村村干部普遍富人化、职业化程度低且稳定性差。

8.除了收入以外，职业自由度、体面程度也是影响村干部稳定性与职业化状况的重要因素。

当前中国经济发展水平差异巨大，不同地区经济结构及村社集体形态也各不相同，造成不同地区农户具有相当不同的机会结构。在全国统一劳动市场已经形成的背景下，谁当村干部、村干部职业化程度与稳定性状况在不同地区有相当不同的表现。从地方政府的可选择性来看，地方政府倾向于保持村干部的稳定性。在公务员与全国劳动力市场的务工收入存在位差时，地方政府有较大的为半正式制度提供良性运转的资源条件的空间。在位差较小甚至没有位差时，地方政府就会面临艰难抉择。

论村级治理中的复杂制度

笔者到浙江 L 县调研，正好遇到村两委换届，发现当前村一级选举还是比较复杂的。具体来讲，L 县村两委换届，其实不止是村支委和村委会换届，而是四套班子换届，即村党支部、村委会、村股份经济合作社和村务监督委员会。四套班子换届都有激烈竞选。此外，因为强调民主决策和民主监督，重大村务必须由村民代表签字同意，2017 年 L 县村民代表竞选竟然也十分激烈。我们调研的 M 街道共有 18 个村居，其中多数村居是由几个村合并而来，合并后，村两委换届只可能在合并后的行政村一级进行，却因为合并前的村仍然具有独立的财权，而由行政村选举产生的村干部分别负责合并前村庄的事务，即由行政村支委兼合并前村庄的支书，由行政村村委兼合并前村庄的村主任，由行政村股份合作社社委兼合并前村庄董事长，由行政村村务监督委员会委员兼合并前村庄监委会主任，由行政村村民代表组成合并前村庄村民代表会议。合并后组织与财权的不统一，造成了更多制度安排上的麻烦，本文不展开讨论，在此仅讨论行政村一级的复杂制度。

一、当前村级治理中的复杂制度

分田到户以后不久,人民公社解体,国家设立乡镇政权作为农村基层政权,乡镇以下设行政村,行政村以下设村民组,乡—村—组的设置对应人民公社的公社—生产大队—生产队的设置。

1987 年试行《村委会组织法》,规定通过选举产生村委会,实行村民自治。1998 年正式颁布《村委会组织法》(以下简称《村组法》),进一步细化和强化了试行法中"四个民主"和"三个自我"的村民自治。依党章和《村委会组织法》的规定,村一级建立党支部,党支部与村委会之间的关系是领导与被领导关系。因为强调村民自治,乡镇政府与村委会之间的关系就只能是指导与被指导关系,而不能是领导与被领导关系。

1998 年《村组法》正式颁行,吉林梨树县发明的海选极大地提高了村委会选举的竞争性。"海选"就是不设候选人,由具有选举资格的村民在空白票上填写自己中意的村委会人选,过半直接当选,不过半则取得票最多的两名作为候选人进行差额选举。能得前两名的村委会主任候选人一定是在村庄具有相当影响力的精英,这两个精英进行差额选举就一定会十分激烈。由得票最多的两个人差额竞选村委会主任的不预设推荐候选人过程叫作"海推","海推海选"因此成为正式颁行《村组法》以后全国绝大多数农村进行村委会选举的规范。"海推海选"最大程度上防止了乡镇政府在指导村委会过程中的过度干预,尤其防止了乡镇政府通过控制候选人提名来操纵村委会选举。

一般来讲,通过选举产生村委会,实行村民自治,村民选举自己的当家人。在熟人社会中,村委会干部就应当为村民服务,就不会胡作非为,谋取不正当利益。遗憾的是,20 世纪 90 年代正是全国推行村民自治的时期，农民负担却不断加重，干群关系越发紧张，村民选举出来的村干部似乎都只愿当国家在农村的代理人，而当不好或不愿当农民的当家人。不仅如此，村民选举出来的村干部很快就与乡镇结成了利益共同体，村干部借完成上级布置任务来捞取好处，甚至因此引发激烈的干群冲突[①]。

在20世纪90年代，一方面村一级民主选举不断地深入推进，另一方面民主决策、民主管理和民主监督也被强调，中纪委牵头，中央各部委在全国农村推动村务公开，村一级设立村民理财小组，以监督约束村民选举出来的村干部。

进入21世纪以后，国家取消了农业税，不仅不再向农民收取税费，而且开始以城带乡、以工补农，大幅度向农村进行转移支付。不再向农民收取税费极大地缓解了干群关系，但国家向农村输入资源的过程却并非一帆风顺，最为典型的就是村干部优亲厚友，在分配国家输入资源的过程中不透明、不公正，引发村民不满。此外，虽然村干部是村民选举产生出来的，当村庄出现征地拆迁等巨大利益时，村干部却可能从中谋取好处。在20世纪90年代设立村民理财小组和进行村务公开的基础上，21世纪村级组织制度在组织机构和决策监管程序上进一步完善。其中标志性的事件有二：一是2007年前后，浙江武义县后陈村设立独立于村支委、村委会以外的第三委，即村务监督委员会，并很快被有关部门推广，成为村级组织的标配[②]。村务监督委员会一般由村民代表会议推选产生，一个监委会主任，两个监委会委

[①] 参见贺雪峰：《试论20世纪中国乡村治理的逻辑》，载《中国乡村研究（第5辑）》，福建教育出版社2007年版。

[②] 参见卢福营、孙琼欢：《村务监督的制度创新及其绩效——浙江省武义县后陈村村务监督委员会制度调查》，载《社会科学》2006年第2期。

员。村监委有权参与村两委重大事务的决策，所有村级财务支出必须有村监委会主任的签字才能报销。第二个标志性事件是2005年河南省邓州市发明的"四议两公开"工作法，即所有重大村务决策都必须经过党支部会提议、村两委会商议、党员大会审议、村民代表会议或村民会议决议，以及决议公开、实施结果公开。邓州"四议两公开"写入2010年中央一号文件，从而在全国推广，内容大同小异，名称各有不同。如浙江L县叫作"五议决策法"，上海叫作"四议决策法"，等等。

沿海发达地区村社集体土地非农使用产生了大量集体收益，如何分配集体收益成为村级治理的重要内容。集体收益分配一般要按集体成员资格确定，集体成员显然又是要按其享有土地权利来确定。当前中国农村土地集体所有制，仍然按1962年通过人民公社60条确定"三级所有、队为基础"来安排。撤销政社合一的人民公社，设立乡镇人民政府以后，人民公社的经济职能由经济合作社来替代，生产队同时又是经济合作社，生产大队是联社，乡镇一级是总社。在集体收益不多、如何分配集体利益矛盾不大的绝大多数农村，经济合作社和经济合作联社的职能都是由村委会代行的，而在沿海发达地区，随着土地非农使用收益的增加，如何分配土地利益的矛盾变得越来越明显。界定集体经济组织成员范围的经济合作社和联社凸显出来，珠三角地区率先在2005年前后进行了经济合作社的改革，将经济合作社改为股份合作社，并进行了股权量化、固化。其中在2010年佛山市南海区率先开始推行政经分离的试验[1]，将村委会与村股份合作社分开，由股民代表选举产生股份合作社理事会，理事会再推选产生理事长。从而在

---

① 参见《政经分离看南海》，载《领导决策信息》2010年45期。

村支委、村委会、村监委以外产生了第四委即股份合作社的理事会。

浙江农村集体经济收入比较少。在20世纪90年代，因为村委会竞选十分激烈，大量富人通过选举进入村委会，村委会对村支部的领导产生了冲击。为了强化村支部的领导，浙江省规定村财务由村支书一支笔签名，理由是村支部兼任经济合作联社社长。后来浙江进行了经济合作社改革，推动政经分离，设立了相对独立的股份合作社董事会，由村民代表（同时也是股民代表）选举产生董事会成员，再推选董事长，一般由村支书兼任董事长。这就是2017年L县村两委换届变成四委同时换届的原因。

自2013年以来，针对村干部普遍出现的用权不规范的问题，由县纪委牵头，L县出台了"村级权力清单36条"，对村级权力的运用程序进行了规范。几乎所有村庄重大事项和村干部的权力使用，"36条"都做了简明清晰的规范。"36条"的目标是把村级权力关在笼子里，用在阳光下，防止村干部以权谋私。

这样一来，当前村级治理中形成了十分复杂的制度安排，从组织上讲，存在四委；从权力使用程序上讲，不仅有村务公开、财务监督，而且要"四议两公开"，按"村级权力清单36条"规范用权。

二、复杂制度的本质

产生复杂制度的原因是纠正制度实践中出现的问题。1987年试行《村委会组织法》，进行村委会选举，实行村民自治，学界和政策部门都相信，真正的选举就可以选出村民的当家人，最大限度地搞好村级治理。实践很快就证明，仅仅靠民主选举不能达到善治，而必须有民主决策、民主管理和民主监督的并行。一方面，村民自治制度的实行使村干部越来越依靠选举产生；另一方面，为了防止村干部寻租，而开始建立越来越复杂的相互制衡、相互约束的制度，从而形成了诸如浙江 L 县村级换届要选四套班子和村民代表，以及实行村级"五议决策法"和规范"村级权力清单 36 条"的实践。

在某种意义上，各种复杂制度的产生是为了应对实践中出现的各种问题，从具体实践中产生出各种复杂制度，这种复杂制度就可能变成制度文本，被学习、被推广、被吸收进中央文件，在远远超过产生复杂制度具体实践中执行。问题在于，一旦脱离了产生复杂制度的具体实践，复杂制度就可能无法落地生根，从而变成墙上的制度。复杂制度要落地生根，就必须有激活制度运转的力量，其中最为重要和根本的是利益。正是村庄有人援引墙上制度条款来表达自己的利益诉求，墙上制度才会被激活，才会成为影响村庄治理的力量。

复杂制度往往是为了限制选举出来的村干部的寻租行为而产生的，因为制度的学习与推广，复杂制度被运用到远远超出其所产生的具体实践之外，甚至成为普遍共识。这样的用于限制村干部寻租行为的复杂制度，最重要的就是向更多利益相关者开放制度，从而让制度相关者可以通过制度来表达诉求、来参与决策、来分享信息，乃至分享利益。

在利益推动下，村庄各方利益主体都可能通过复杂制度来表达利益诉求，来争取最大化的利益。复杂制度本质上是一种相互制衡的制度，这种制衡往往通过分化组织和规范程序两个方面进行。村庄各个利益主体通过介入组织和程序两个方面来寻求利益最大化。

因为复杂制度提供了足够的参与渠道，各利益主体在利益推动下充分利用制度空隙追求利益最大化，结果就是复杂制度在防止寻租方面效果十分明显，在形成决策、执行决策方面却可能因为相互掣肘而效率低下，甚至可能造成村庄内各方利益主体的无序斗争。

浙江 L 县 2017 年村级换届就出现了在村四委换届中的激烈争夺。不仅村委会选举竞争白热化，而且村支部选举也高度竞争。L 县村务监督委员会和村股份合作社董事会是由村民代表（同时也是股民代表）选举产生的，结果，不仅村务监督委员会和股份合作社董事会竞选十分激烈，而且村民代表的选举也十分激烈。村民代表选举之所以激烈有两个原因：一是村民代表通过会议选举产生村监委和董事会，二是"五议决策法"和"村级权力清单36条"要求所有重大村务决策都必须召开村民代表会议讨论，并获得 2/3 村民代表的表决通过。

L 县县域经济比较发达，我们调研的 M 街道是全县重点开发区域，仅 2017 年就有 47 项县级以上重点工程要落地。发达的县域经济和众多重点工程落地，使得 M 街道成为典型的利益密集地区，村庄各个利益主体都希望借此来获取利益。结果就是，几乎所有村民都高度组织起来，分成不同派别争夺权利，争取利益。借助复杂制度，村庄各方利益主体使尽浑身解数行动起来。

应该说，全国村庄一级，浙江落实《村委会组织法》和农村民主选举制度是最原本的，是最少操控的。结果就是几乎整个浙江省村委会选举都十分激烈，在激烈的村委会选举中，村民自然而然分成两派，相互竞争。选举中，一派在村委会选举中获胜，另一派就可能通过村支委的胜选来形成村庄权力使用的均势。如果村庄中的一派同时在村委会和村支部选举中获胜，另外一派唯有控制村监委来形成对掌权一派的制约。如果一派同时掌控村支委、村委会和村务监督委员会，落败一派还可能通过掌控村股份合作社董事会来形成对胜选一派的制约。不过出现这种情况的可能性不是很大，因为村监委和董事会都是由村民代表会议选举产生的,占优势一派不大可能选出另外一派人掌控董事会。

不同派别分别掌控四套班子并形成均势,可能会造成严重的无法决策的困境,因为村级重大事务需要由村四委达成一致,村级财务支出不仅要由兼任董事长的村支书一支笔签字同意,而且必须要由村监委主任签字同意才能报销入账。

因此,当村民组成不同派别,分别掌控村庄中不同的权力时,这样形成的村庄权力体系运作起来就可能需要一个相当艰难且漫长的磨合过程,磨合的好处是可以防止权力滥用,坏处是效率低下,制度运作成本高昂。

复杂制度导致村级治理效率低下,制度运作成本高昂,重大村务决策迟迟不能达成,达成了也无法执行,这样一来,复杂制度虽然防止了权力寻租,却可能造成村级治理的失败,甚至导致村级组织的瘫痪。尤其是诸如 L 县 M 镇这样有着众多国家重点建设任务的地区,一旦村级组织瘫痪,国家任务就无法落地,村级治理也无法进行,基层治理就会陷入困境。本来是为了防止村级权力滥用的复杂制度就走向了反面,不仅无法调动村干部的工作积极性,而且让希望有所作为的村干部陷入势均力敌的两派斗争中而无法作为。

三、复杂制度的化简

越是复杂的制度,越是容易为各方利益主体提供利益诉求的制度空间,也就越是能为不同利益诉求的人提供相互斗争的制度空间,从而就越是可能造成制度效率的低下和制度运作的高成本,并因此导致基层治理陷入困境。

为了防止基层治理陷入困境，就必须对复杂制度进行化简。

L县官员总结说，村级四套班子换届，最怕两派势均力敌，相互反对牵制，都是成事不足败事有余。如果四套班子都是一派的人当选，就很好办事了，因为不用磨合且不会有相互牵制。一派当选，另一派在野，在野就变成了监督，监督可以防止当选一派权力滥用。

为了保证村级组织具有战斗力和行动力，地方政府就有积极性来对复杂制度进行化简，以保证选出来的村级组织班子具有行动能力，既能处理好村务，又能协助上级完成各项行政任务。

制度化简的第一步就是由村支书兼任村股份合作社董事长。虽然董事会是由股民代表会议（与村民代表会议同构）选举产生的，并由董事会推选产生董事长，但在乡镇强力推动下，一般村支书都是作为董事会当然候选人参选，并且在当选之后作为当然代表被推选为董事长的。L县董事会是由股民代表选举产生的，绝大多数村庄却都是按乡镇安排选村支书进入董事会并推选其为董事长的。不过，既然制度规定董事会是由股民代表会议选举产生，股民代表会议就可能不选村支书为董事会成员，而是另选他人。L县的实践中也确有20%的村支书未被选为董事长。按照相关规定，村财务一支笔实际上是董事长一支笔。在L县的实践中，如果村支书和董事长不是同一个人，一般还是强调村支书一支笔，在董事长与村支书形成对抗时，乡镇允许重大村务决策和村财务报销只需村支书、村主任和村监委会主任签字即可，取消村董事长的签字权。

制度化简的第二步是规定由村支委委员兼村务监督委员会主任。2007年浙江武义县后陈村之所以设立村第三委的村务监督委员会，是因为村庄反对派对当权的村两委不放心，要对两委进行监督，从而分权出来的。问题是，在村庄两派激烈斗争的情况下，反对派当上村监委会主任，他就可能凭借监委会主任的否决权来否决所有他们不同意的两委决定，从而出现任何决策都无法达成、村庄治理陷入困境的问题。为了防止实行村务监督委员会以后村庄普遍出现的这种治理困境，浙江一些县市规定，成立村务监督委员会，且由村民代表选举产生村务监督委员会三名委员，再由监委会委员推选产生村监委会主任，但规定必须推荐主管纪检监察的村支委委员当村务监督委员会主任。事实上，不仅浙江大多数县市有些规定或要求，而且广东、河南等在行政村设立村务监督委员会的省区都有类似规定或要求。

与地方政府要求选支书为董事长，但实际上一般都有20%的村支书在村民代表会议上不能被选入董事会一样，虽然地方政府明确要求由村支委兼任村务监督委员会主任，但在村民代表大会上，村支委却可能无法被选入村监委，也就不可能被推选为监委会主任。有些村庄派性斗争十分激烈，斗争焦点有时就转移到村务监督委员会选举上来，结果就是可能选出的监委会中不仅没有村支委，而且没有一个党员。地方政府对此的应对办法可能是由村支委来分管村务监督委员会，从而就取消了村务监督委员会。

复杂制度的以上化简，是尽可能将已经分设的四套村级组织班子进行合并，从而减少四套班子的相互否决。以前村级班子主要是村支部与村委会，协调好了村支书与村委会主任的关系，村级组织就可以顺畅运作了。新设村股份合作社董事会和村务监督委员会，虽然可以减少村干部寻租行为，却可能极大地降低村级组织的运作效率，且给了村庄所有群体通过复杂制度来表达诉求的机会，从而可能导致某些村庄村级治理的困境。通过引导村支书兼任村董事长，村支委兼任村监委主任，将四套班子又化简为村支部和村委会的两套班子，从而提高了村级组织运转效率，减少了村级治理的困境。

即使如此，在浙江L县，仍然有20%的村支书不能入选村股份经济合作社董事会，也有20%的村支委无法当选村监委会主任。出现这些意外的村庄一般都是派性斗争十分激烈的村庄。而且，村支部和村委会之间、村支书和村委会主任之间，也可能会有激烈对抗。

浙江实行联村干部制度，即每个行政村都有乡镇干部包村负责。这个包村负责的重点是要让村级组织运转顺畅，既可以处理好村务，又可以完成上级布置的行政任务。联村干部最担心的是村级组织换届中形成势均力敌、互不让步、相互对立的两派，每一派都是成事不足败事有余。村级组织换届结束了，三年一个任期，一年多还无法完成新班子的磨合，各种工作无法开展，联村干部就完不成任务。因此，在村级组织换届时，联村干部就会想方设法尽可能让同一派的人当选，其中一个做法是鼓励村支书"组阁"，即由村支书推荐与自己配合得来的村委会主任竞选。一旦村支书支持的村委会主任当选，支书主任关系协调，工作就好做多了。如果支书推荐主任候选人落选，另外一派的人当选，村庄各项工作的开展就会十分困难。

村支书一派，村委会主任一派，两派激烈斗争，形成均势，这样的村就成为问题村，一般乡镇干部联村可能就无效，乡镇就可能安排能力强的领导干部来联村调解。经过磨合，少则半年，多则一年，势均力敌的两派最终会认清现实，达成妥协，开始合作来开展工作。

之所以要尽可能将村四套班子化简，是因为重大村务决策和财务报销也都有详尽的制度规范，比如"五议决策法"和"村级权力清单36条"。重大村务决策必须有2/3以上村民代表的签字同意，村财务报销实行联签，四套班子都要签字。这些制度规定就使得只要四套班子中有任何一个人反对，村庄重大决策就不可能通过，更不可能实施，四套班子的相互牵制，导致村级治理陷入困境。

因此实践中，也要对此复杂制度进行化简，比如规定四套班子中有一个人无理由反对的，可以由另外三个人签字，加上联村乡镇干部签字，再加上联村乡镇领导签字，就可以作为正规入账报销依据，从而防止村级组织反对派的无理反对，防止了村庄权力的无序斗争。

对于极少数派性斗争激烈、形成派性斗争均势的村庄，乡镇就可能采取更为非常规的措施，比如下派第一书记，安排工作经验丰富的乡镇领导联村，通过私人关系介入村庄两派权力斗争，甚至带国税、地税部门到作为一派代表人物的企业家的企业检查税收，等等。总之是软硬兼施，以防止村级治理陷入瘫痪状态。

尤其重要的是，往往越是富裕的村庄，越是有重大国家工程建设任务的村庄，越是利益集中的村庄，就越是可以调动村民利用复杂制度来表达自己的利益诉求，从而就越是容易造成村级治理中的僵局与困境。一旦村级治理陷入困境，国家重大工程建设任务就无法落地，这显然是不允许的。因此就必须有对复杂制度的化简，就会有各种变通的办法出来。

四、复杂制度的悖论

当前中国正处在快速变迁时期，快速变迁不仅意味着利益的剧烈调整，而且意味着各种未预期的国家任务，比如征地拆迁、"三改一拆""五水共治""美丽乡村建设"或精准扶贫等等。尤其是在当前的城市化背景下，强有力的基层组织是完成国家任务的基本前提。

无论是征地拆迁还是美丽乡村建设，国家任务落地的同时也是利益调整的过程，也是利益产生与捕获的过程，也就有各种寻租空间与可能。实践中，国家通过相互制衡的组织设置如村务监督委员会，和规范的程序如"四议两公开"，来防止村干部的寻租行为。这些组织和程序使之前相对简约的村级组织制度变成了复杂制度，复杂制度为所有人提供了表达利益需求的机会，从而就可能在有利益的地方激发各个利益主体为追求利益而集结起来竞争，甚至形成剧烈斗争的两派。这样的剧烈斗争体现在村级选举的村干部人选上，两派相互斗争，成事不足而败事有余，从而形成村级治理的僵局，并影响国家任务的完成。当然，如果协调得好，村级权力能够有效代表村庄现有利益主体的利益，这样的村级权力运转可能也会顺畅。

复杂制度本身是为了防止村庄权力寻租而产生的，因此，复杂制度一定要强调相互制衡与规范，然而，相互制衡与规范就可能造成村级重大事务决定的议而不决、决而难行，就可能造成复杂制度的高成本与低效率，就可能导致各种国家任务在村庄的难以落地。

为了完成各种自上而下的国家任务，为了提高制度效率打破村级治理中的僵局，地方政府对复杂制度进行化简。一是减少村级组织的权力主体，典型的是引导或要求由村书记兼任村经济合作社社长，由村支委兼村务监督委员会主任。二是对规范的程序进行化简，比如可以在联村干部签名的基础上取消村委会主任必须联签的制度。

制度化简在实践中经常会遇到意外，比如村民代表会议拒绝选村支书当合作社社长，或村民代表会议拒绝选村支委当村务监督委员会主任，村庄中的一派甚至可能通过参加村民代表竞选来架空村支部与村委会。制度越复杂，制度规定越清晰，就越是为村庄中的一些利益主体寻找制度漏洞以达到自己目的提供了可能。并且越是规范的制度，越是低效及难以调整，在当前中国快速发展与变迁的过程中，这些规范、清晰且复杂的制度就越是可能沦为各方利益主体无序利益博弈的工具；地方政府为了解决村级治理中出现的僵局，就不得不允许各种不规范的甚至私人性的非正式制度替补上来。结果就是，越是规范、正式、复杂的制度，越是可能造成各种不规范非正式制度的引入。比如，"五议决策法"和"村级权力清单36条"要求村庄所有重大事项都必须经由2/3村民代表签字同意，从而极大地提高了村民代表的重要性。村民代表选举激烈竞争成为2017年L县村级换届中的重要现象，乡镇干部为了防止村民代表会议架空村两委，防止村民代表阻止如征地拆迁等国家任务的落地，而不得不想方设法地操控选举。

正因如此，脱离实践条件的复杂制度，无论看起来有多么好，在实践中如果运转不畅，甚至无效运转，就需要调整。过于复杂的制度就必须化简，过于简约从而可能造成普遍权力滥用的制度就可能要再复杂一点。制度需要在复杂与简约之间、在制衡和效率之间达成平衡，这个平衡点与制度运转的时代和环境有关。没有脱离时代和环境条件的完善制度。

农村基层治理的辩证法

取消农业税后，国家向农村输入越来越多的资源。为了保证下乡资源的合理有效使用，国家制定了越来越多也越来越具体的资源使用规范，这些资源使用规范在防止基层资源滥用的同时，也极大地限制了基层治理主体的主动性，造成基层治理中的形式主义和内卷化。尤其值得讨论的是，最近几年国家提出建设服务型基层组织，变基层的管理为服务，但在基层实践中却出现了服务主体性和积极性丧失的问题。解决问题的办法也是寻找平衡，一方面要对资源使用进行规范，另一方面又要给基层治理一定的主体性和主动性，允许基层治理有相对灵活的自主空间。

一、两个村的样本

2018年暑假到湖北T县和X县调研，发现当前中部农业型地区村级治理的规范化要求也已经相当严格了。遗憾的是，这样一种严格的规范化要求却似乎没有在治理上起到应有的作用。相反，严格的规范化要求造成了基层工作的很大困扰，甚至因为有大量上级要求的规范工作要做，村干部都没有时间真正接触村民群众、了解村民群众的需要、解决村民群众的问题了。

T县A村有500多人，常年在村的只有200多人，是一个极小的村，有三名村干部，分别为村支书兼村委会主任、村支部副书记、村妇女主任。按上级要求，三名村干部在周一到周六必须全天上班，上班时间固定为上午8:00—12:00，下午3:00—6:00，周日村支书必须值班。除到镇上开会，村干部必须在村部办公室坐班，县市和乡镇有关部门（组织部、纪委、扶贫办等）每隔一段时间进行不定期坐班情况督查。几乎每周都有部门来督查。T县县委组织部要求全县所有行政村建面积不低于$500m^2$的村办公大楼，即使县委组织部每村补助30万元，每个村仍然要形成大约40万元村级负债，在几乎没有村集体收入且2003年农村税费改革锁定村级债务仍未偿还的情况下，县委组织部不仅要求各个行政村在年内完成建楼任务，而且要求各个行政村制定偿还建楼负债的还债计划，建新村部作为一个时期的中心工作，各个村的建楼进度由乡镇每日公开、每日督办，不能按时完成任务的扣发村干部绩效工资。

T县A村村部一楼是村民服务中心，村妇女主任和副书记轮流坐班。只不过在一般时期，每周也就2~3个村民来村部找村干部办事或解决问题，诸如上户口、办理低保、申请困难救助，以及反映家庭情况。村干部上班主要事情有三项：一是几乎每天都有村干部要到乡镇开会；二是完成上级交办各项事务，主要是完成上级要求填报的各种报表；三是完成常规工作并"办事留痕"。"办事留痕"费时费力最多的有两项工作：一项是精准扶贫，一项是党建工作。以党建为例，A

村有31名党员，每月都要召开支部主题日会议，村党支部副书记每月为整理主题日会议资料"留痕"就要用一周时间。村支书说，最近一年多时间的党建资料比过去20多年的加起来还要多得多。村支书还说，现在党建工作形式要占到90%以上，实质内容不到10%。每个季度上级都要来检查党建资料工作，每次检查也都只是形式要件检查，而不会也不大可能检查实质内容。

不仅党建工作要办事留痕，而且几乎所有农村工作都要办事留痕。维稳、网格管理、农业生产、纠纷调解，都要求有规范的留痕资料存档。村支部副书记的重要工作就是整理资料、留痕存档。

精准扶贫则是办事留痕及规范管理要求更高的一项工作。A村有两个上级派驻工作组同志，主要工作也就是整理全村21户一般贫困户（另外还有9个五保户、14个低保户）的各种资料，村干部只是协助工作组准备资料。

对村干部工作提出规范化要求的同时也提出了正规化的要求、行政化的要求。本来村干部是不脱产干部，或者身份是农民，上级要求村干部必须脱产坐班，村干部就不可能再从事其他职业获得收入，湖北省因此将村干部误工补贴的报酬改为工资，规定村支书可以享受乡镇副职干部的待遇，T县村支书一年的工资为3.9万元，其中大约一半为年终绩效考核工资，A村各项工作都是完成较好的，书记一般可以拿到3.5万元的工资，副书记和妇女主任等副职干部工资为书记工资的80%，即2.7万元/年。湖北省是在2016年大幅度提高村干部工资的，之前村干部误工补贴大约为1万元/年。不过湖北省只是规定了村主职干部工资提至乡镇副职干部的水平，大多数地区副职村干部仍然拿误工补贴。T县用地方财力提高了副职村干部报酬，所以T县就要求所有村干部都必须坐班，按时上下班，村干部职业化和脱产化了。或者说，正是村干部"误工补贴"变"工资"加剧了村干部的职业化、脱产化，村级工作规范化、程序化、正规化才有了条件。我们调研的 X 县与 T 县不同，即 X 县村支书工资化了，每年可以拿 3.4 万元工资，其中 1.4 万元为年终绩效，上级考评好的年终绩效可以拿到 1 万元左右，考评不好的只拿得到 2000 元。副职村干部却仍然只能拿误工补贴，每年报酬 4000~8000 元。因为 X 县地方财政无力支付副职村干部工资，因此，X 县也只可能要求村支书坐班，其他村干部则轮流值班。轮流值班是按任务来工作的。我们调研的 X 县 C 村，"办事留痕"做材料的有两个专职人员，一是村文书，二是村支委。X 县 C 村村支书说，现在农村工作千头万绪，所有工作都要归到村里来管，并且所有工作都要办事留痕，要做详细记录，这样有助于出现问题时倒查追责。没有留痕的工作要么是白做了，要么出事了就会被追究责任。有时做事情很简单，比如调解纠纷可以很简单，"留痕"却很花工夫。因此，全村 4 个干部就有两个干部专门做材料。"上面千条线"，不仅"条条多"，而且"框框多"，每个"条条"所下达的任务都有"框框"，即规范化要求，稍有不慎就可能犯错误，上级就可能追究追查，真是"条条蛇都咬人"。X 县村支书说："现在农村工作既要搞工作又要有自我保护意识。不然就不知道犯了哪一条，被处分了还不知道为什么。现在怕干事，不想干，主要是怕追责。干得越多怕得越多，一干事就容易出偏差，所以不如不干。干事要按程序，有没有效果无所谓，反正不追究责任就算了。"

不仅村一级对"办事留痕"的形式主义不胜其烦，C 村所在乡镇同样深受其害。一个乡镇领导说："现在是程序合规最重要，过去是结果导向。过去是抓住老鼠是好猫，现在讲程序，问题是很多程序不见得适用。"

他举了一个例子：

上级要求乡镇干部开"屋场院子会"，开会很好，能拉近与群众关系。问题是要准备很多资料"办事留痕"，结果开会普遍变成专门准备资料"办事留痕"了。上级要求一个月开两次会，必须有专人整资料。资料包括：会议方案、时间、会议通知、会议内容记录、参会人员、前一天碰头会的记录、资料整理，以及第二天开会时的签到表、会议记录、拍照、手机定位、第三天会议处理结果。资料准备好后装订，上报镇扶贫办。

结果就是，开半天会，整理资料花了三天。现在乡镇做任何工作都要按程序，程序性的事情至少要增加基层干部30%的工作量。

这个乡镇领导说："县里有很多人分工负责，所以程序复杂也能搞得了。乡镇每个人都要做很多事，程序一复杂，事情就做不了了。"

与对工作规范化要求相一致，近年来湖北省要求村一级建设党群服务中心，设立办事大厅，村干部坐班值班，湖北省委组织部要求村村都有阵地，就是要建高标准的村部办公楼。T县要求每个村按最低500m^2新建或改建村办公楼，我们调研的X县C村因为邻近县城，2016年所建村办公楼面积达2500m^2，与村老年日间照料中心合并建成的，花费250万元。建村部用掉村里征地款200万元后，还有50万元债务至今未付。

农村税费改革前后，上级要求村一级化解村级债务，要求村一级将所有能拍卖的集体资产都卖掉还债，有的村集体甚至将村部也卖掉了。这两年湖北省委组织部又以建设阵地的名义，不区分各个行政村的具体情况，一律要求新建村部面积不得低于500m^2。T县A村全部人口才500多人，村干部才3个人，500m^2的村部，村干部人均办公面积可能大大超标，建好的村部将来可能无人使用。最近二十年我们一直在全国农村调研,遇到了很多不切实际的"折腾",比如,十多年前全国推行农村党员电化教育,每个村的阵地都建好了,却几乎没有发生过作用。

二、由管理型到服务型的村级组织

让人意外的是,调研的 T 县和 X 县村干部普遍认为,取消农业税前的农村工作比现在工作要好做多了。虽然我们一向认为,取消农业税前,无论是收粮派款还是计划生育都是"天下第一难"的工作,被称作"要钱要命"的工作。因为农民负担太重,到 20 世纪末,农民负担引发严重的干群冲突和造成严重的三农问题。不过,从村干部的角度看,取消农业税之前,村干部工作虽然很难,任务却是很明确的,且完成任务是有手段的,只要能完成"收粮派款、刮宫引产"任务,上级就会对村干部的工作进行奖励。一般情况下("三农"矛盾未激化的极端情况下),农村工作具有很强的季节性,集中在几个月时间内就大致可以完成上级布置下来的任务,同时可以相对自主地完成村庄各种任务,比如纠纷调解、冬修水利等工作。简单地说,取消农业税前,虽然农村工作不好做,却因为任务十分明确,完成任务的手段明确,上级对村干部给予支持(有时是求助于村干部),而使村干部可以集中精力在有限时间内完成任务。一般情况下,为了调动村干部完成任务的积极性,乡镇往往也会对按时足额完成任务的村干部进行奖补,村干部有一定的剩余索取权,就有工作的主动性。村干部具有相当的主体性和积极性,也就觉得这个工作虽然难,却仍然是可以做的。

总体来讲，取消农业税前，国家从农村提取资源，乡村关系中有着相当明确的上下级关系，因为村干部必须协助乡镇完成自上而下的国家任务。但是，因为村干部毕竟不同于国家干部，乡镇为了调动村干部完成国家任务的积极性，就需要给村干部一定的剩余索取权，以及保护有能力完成上级布置任务的村干部。乡村干部对农户更多是汲取资源的管理为主。①

取消农业税后，国家不再向农民收取税费，相反，国家开始向农村输入越来越多的资源，这种资源的输入主要有两种形式：一种是通过项目制由国家直接在农村进行项目建设，为农民改善生产生活基础设施，这些项目一般都不会经过村干部的手。另一种是通过"一卡通"直接发钱到农户，典型如农业综合补贴，这也是不经过村干部手的。

还有一种国家对农村的资源输入，虽然也是直接发给农户，不过究竟是发给哪个农户，必须经过村干部的评议，村干部因此就在国家资源下乡的过程中有了一定的发言权。这种资源中比较早也比较典型的是农村低保及危房改造项目。农村低保即农村最低生活保障，就是将农村收入低于当地最低生活保障线的农户纳入救助的一项制度。不过，农民收入很难计量，谁是低保户就需要有一个复杂的评定过程。在评定不规范的情况下，村干部就可能在分配低保指标时优亲厚友，甚至有很多地方将低保指标当作治理资源来使用。② 农村低保实践中出现了各种完全违背低保政策初衷的乱象，出现了"关系保""人情保""维稳保""治理保"，甚至出现了"开豪车吃低保"的情况。

---

① 贺雪峰：《试论20世纪中国乡村治理的逻辑》，《中国乡村研究（第5辑）》，福建教育出版社2007年版。

② 参见耿羽：《错位分配：当前农村低保的实践状况》，载《人口与发展》2012年第1期。

为了治理农村低保乱象，地方开始创造出各种复杂的规范化的制度，最典型的就是河南邓州为了规范村级治理而创造的"四议两公开"制度，这个制度的初衷就是为了治理农村低保、危房改造和党员指标分配中的乱象。①

比低保制度实践影响更大的是国家的世纪战略"精准扶贫"，为了防止精准扶贫中再出现扶贫资源的滥用，国家制定了极为详细复杂的精准扶贫制度体系，包括建立了自下而上的扶贫数据库，贫困户建档立卡信息汇集到国家扶贫信息系统，而且国家通过各种办法来督查扶贫工作，通过各种渠道来获取扶贫信息，以做到最为精准的扶贫，让扶贫资源真正用到扶贫上。从我们调查的 T 县和 X 县来看，仅仅精准识别贫困户就花了 3 年时间，投入了巨大的人力物力，填写了无数表格，经历了很多次回头看、再回头看的折腾，且几乎所有扶贫工作都是由上级国家机关下派第一书记长期驻村实施。如前已述，因填报扶贫表格而累倒下派第一书记的事情绝非孤例。

在低保、扶贫等大量国家资源下乡的过程中，为防止资源被滥用，国家开始制定越来越详细的规范性要求，从程序和制度上对村干部进行约束。资源越多，约束越细致，督查力度也越大。在 2010 年以来，之前相对悬浮的乡村关系变得越来越紧密，村级越来越多受到乡镇政府约束，越来越变成了乡镇的下级，越来越依赖于乡镇了。

随着国家向农村输入资源的增多，国家各个部门都在资源下乡的过程中对村干部提出要求，上级不断向村干部布置任务，并对村干部完成任务情况以及完成任务过程进行考评督查，这样一种注重过程的、要求村干部办事留痕的、自上而下的督查机制，造成村干部几乎把所

---

① 贺雪峰：《治村》，北京大学出版社 2017 年版，第 181~190 页。

有时间和精力都集中到完成上级布置的任务，以及证明自己按上级规范要求完成任务之上了。

当前国家与农民的关系中，国家向农村转移资源都是为了改善农民的生产生活基础设施，为农民提供服务，解决各种特殊群体基本保障与服务的问题。这样来看，村级组织就不再要像取消农业税前一样从农民那里提取资源，其主要功能也就是为农民提供服务。所以现在村级组织又被称为服务型组织。国家希望借助村级组织的服务能力，将自上而下转移下来的大量惠农资源真正用到惠农的方面。国家向农村转移的资源越多，就越是要对掌握一定资源支配权的村干部进行规范约束与督查，就越是会要求村干部按程序办事，办事留痕。

取消农业税前，国家要借助村干部来完成提取资源的任务，因此，国家就必须要调动村干部完成提取资源任务的积极性与主动性，村干部在与上级的谈判中就比较有主动权。在当前国家资源下乡的情况下，国家不再需要村干部完成向农民提取资源的任务，而只要求村干部规范使用国家资源来达到政策目标。所以国家对村干部最主要的要求就是资源使用权安全（不被滥用）有效，办法当然就是让使用资源的程序规范、过程公开，国家对村干部的要求就越来越多，就有了各种程序性的制度、限制性的规定、过程中的督查以及对村干部办事留痕以备上级查验的要求。简单地说，国家不相信村干部，村干部在使用每一笔资源时都必须按国家规定使用，国家随时可以要求村干部提供合法合理使用了资源的自证证据。

有点吊诡的是，国家从农村提取资源时，村干部有更大的主体性和主动权；但在国家大量向农村转移资源的过程中，村干部却被越来越多的自上而下的规范要求捆住手脚，越来越失去了主体性和主动权。

取消农业税前，主要服务于国家从农村提取资源的村级组织，因为具有主体性和主动性,而有大量时间与村民群众打成一片,也有解决村民群众问题的能力。当前国家要求建设服务型村级组织,村干部的主要时间与精力却几乎都用于应付上级布置下来的各种任务和用于自证清白的各种形式上,而没有真正主动服务村民群众的能力与积极性了。

管理型的村干部有服务能力,服务型的村干部却失去了服务村民的主体性、主动权与能力。

三、规则下乡与基层治理的内卷化

在当前自上而下的规范要求下,村干部的工作或村级治理就变得越来越规范化、标准化、专门化、程序化,与之相适应的是村部的正规化、村干部的坐班化、脱产业、职业化,村一级越来越成为乡镇政府的下级,村干部误工补贴开始变成工资,村干部工资也由财政发放,村干部工资由基础工资和绩效工资构成,绩效由乡镇政府按村干部完成任务情况进行评定。村干部丧失了主体性和主动性,且村干部的时间与精力几乎都用于完成上级安排的各种任务,包括在完成任务时"办事留痕"以应对上级督查考评上了。

问题恰在于,当前村庄一级的情况往往十分复杂,没有规律,各种事情的发生具有很强的季节性,且往往是低频次的,比如我们调研的T县A村,虽然村部专门设立了村民服务办事大厅,每天都有村干部值班,在一般情况下一周却只有两三个人来村部办事,村部整天也就三个村干部坐班在办公室整理材料,填表上报各种数据。

当前中国绝大多数农村都是人口流出的一般农业型村庄,这样的村庄带有极强的农村熟人社会的特点，农村各项工作几乎都是以情理法力综合开展的[1]，而且不同地区农村情况又是千差万别的，这就使得村庄治理事务具有极强的不规则性和差异性，若强制通过自上而下的规范程序与专门化、专业化的手段进行治理，效果未必好，国家若进一步强化对基层工作规范的督查，要求基层工作严格按制度办事，办事留痕，就必然会出现普遍的脱离当地实际的形式主义。

具体需要讨论以下若干方面：第一，当前中国农村仍然是乡土性很强的礼俗社会，在这样的社会中几乎不存在对事不对人的事情，人和事总是纠缠在一起，解决事务总是要一把钥匙开一把锁的，只有具有地方性知识的村组干部才有能力有效地化解矛盾，解决问题。乡村工作是拟人化程度很高的工作，具有很强游击战的特征，仅仅靠自上而下的规范来解决问题，是很难有效解决问题的。

第二，不同地区农村情况又是千差万别的，这种千差万别不仅体现在东中西部的经济发展水平差异上，也不仅仅体现在南中北方农村村庄社会结构的差异上，而且体现在几乎每一个地方农村都有自身特殊性，这就使得基层治理必须有地方的灵活性和策略性。[2]当前自上而下随着资源输入而来的强规范，使得地方失去了自主应对解决问题的能力。

第三，当前农村事务不仅不规则，而且往往细小琐碎，利益密度低，重复性差，发生频度也很低，且这些事务往往都是牵一发而动全身的，专业性很差，这就使得专业化的正规治理很难具有效率。相对来讲，城市基层治理专业性较强，是建立在治理事务可分性比较强

---

[1]　参见董磊明:《农村调解机制的语境化理解与区域比较研究》，载《社会科学辑刊》2006年第1期。
[2]　参见欧阳静:《基层治理中的策略主义》，载《地方治理研究》2016年第3期。

（事情比较简单）、利益高密度以及发生高频度基础上的。城市办事大厅每天都有很多群众来办理事务，就极大地节省了行政成本，也为群众办事提供了便利。如果村干部坐班，平均一天不到一个村民来办事，为什么不让村民预约村干部来办事呢？既然农业具有季节性，农村主要工作也具有季节性，为什么不相对灵活地让村干部集中办理各类涉及群体利益的事务呢？比如集中办理养老保险、合作医疗缴费等。既然半夜三更村民发生纠纷也要找村干部调解，为什么村干部在上班时间无事也非得坐在村部办公呢？

这样一来，借助资源下乡，规则和规范下乡，自上而下规则一统的乡村治理制度下乡，就使得村干部越来越变成为乡镇派出机构，村干部几乎所有工作以及工作方式、流程、目标、规范都是唯上的。虽然当前国家并不要求村干部向农民提取资源，而是要向农村输入资源来为农民服务，国家要求在村一级建设服务型基层组织，但问题是，建设服务型基层组织只是国家的目标，村干部的一切行为都越来越围绕国家目标行动，上级让村干部做什么村干部就做什么，上级让村干部怎么做村干部就怎么做。村干部越来越依附于上级的要求，越来越丧失了主体性和主动性。在国家转移资源越来越多，要求越来越严和越来越细，包括要求所有事情都要"办事留痕"的情况下，村干部几乎所有时间与精力都用于办理上级交办的任务，迎接上级的督查。无论上级要求是否符合本地实际，村干部都必须按上级要求扎扎实实搞形式、热热闹闹走过场。比如扶贫，虽然村中几乎没有真正的贫困户（我们调查的T县A村和X县C村，村干部都认为，除了低保户和五保户不可能再有农户家庭收入低于当地贫困线），扶贫资料的浩大工程却消耗了村干部几乎所有的精力与时间。最近两年，A村仅买复印纸就花去1700元，到镇上打印花费1万~2万元，而至今上级真正发到农户的所有扶贫资源折款也就数万元。贫困户没有得到好处，又天天被折腾，他们就十分不满。而且上级还专门安排了两名驻村扶贫干部，要求每周有五天四夜住村；另外还安排了8名帮扶干部，要求每个月都要到帮扶对象家走访、结朋友、走亲戚，向结对帮扶贫困户宣讲扶贫政策，结果每次走访都成为任务，帮扶干部负担重，被帮扶贫困户不耐烦。

在全国农村情况千差万别、基层事务规则性差的情况下，上级对农村工作规定得越细越具体，农村工作就越是被捆住手脚，就越是会丧失主体性和主动性，结果就变成村干部几乎所有时间都用来满足上级对工作手段的要求，都在形式上完成了上级任务，而基层真正需要关心的事务、解决的问题却完全没有得到应有的关注和解决。

当前全国基层治理中，普遍出现手段对目标的替代，建设服务型基层组织成为应对上级检查的手段，却无法为农民提供针对性服务。过程代替结果，形式代替内容，表面工作代替实质工作，运动就是一切，结果则根本没有人关心。

国家对村级治理要求越是严格具体，督查力度就越大，村干部就越是失去进行治理的主体性和主动性，基层治理就越是会陷于空转和内卷化，基层工作就越是劳而无功、脱离农民需要和农村实际。

四、村级治理的内生资源

总体来讲，当前中国农村村一级仍然是熟人社会，一个行政村多则两三千人，少则数百人，经历过人民公社"三级所有、队为基础"的实践，行政村本身是集体所有村社单位，是土地集体所有的承担者。

中国村庄都有久远的历史，村民世世代代居住在村庄，所有农户都有自己的宅基地和住房，都按人口分配了承包地，享有土地的承包经营权。虽然当前中西部农业型农村大部分中青年劳动力都外出打工去了，村庄中以缺少进城务工经商机会的老弱病残为主，但一方面，中青壮年劳动力外出务工经商增加了农民家庭的收入，扩大了农户家庭的经济能力；另一方面，留村农民是处在邻里亲朋熟人社会关系中的，因此，当前村庄，不仅所有农民都有土地和住房，而且还有历史形成的各种亲朋邻里熟人社会资源和乡村社会资本。在这样一个熟人社会中进行治理，很重要的一点就是不仅仅按外在规则办事，而要真正找到村庄节点性力量来满足村社农民基本生产生活需要。

村庄最为重要的节点性力量有两个：一个是未离开农村又可以在农村获得不低于外出务工收入的农村青壮年劳动力，这种不离村青壮年劳动力就是我们所讲的"中坚农民"[1]，"中坚农民"是当前中西部农村最佳村组干部人选，因为他们在农村获得收入，他们就对农村基本生产生活秩序的保持具有强烈内在需求。因为要从事生产获得收入，他们就不太可能当脱产干部。反过来，正因为他们不脱产，又具有维持农村基本生产生活秩序的内在要求，他们就有治理好村庄的动力。这些"中坚农民"长期在农村生产和生活，他们了解农村情况，懂得农村实际，有能力解决基层治理出现的各种问题。

农村另外一个节点性力量是"负担不重的低龄老年人"[2]，此处不展开。

熟人社会的事情都是人格化的，也都是具体的，一事一议，一人一策，加之农业社会本身的季节性、农村事务的低利益密度和重复性

---

[1] 参见贺雪峰：《论中坚农民》，载《南京农业大学学报》2016年第3期。
[2] 贺雪峰：《治村》，北京大学出版社2017年版，第65~72页。

较低的特点，就使得乡村治理必须有很强的策略性，村干部必须有很强的主体性和主动性。只有村干部有了主体性和主动性，才会用最低成本和最小代价来维系农村基本生产生活秩序，为村民生产生活提供高效服务。反过来，如果村干部丧失了主体性和主动性，变成上级的提线木偶，则村干部无论做多少工作，可能都与村民群众的需求无关。结果就是，村干部越来越忙，村级治理资源越来越多，村级治理效果却越来越差。

正因如此，当前村级治理的方向不应当是片面的自上而下的规范化、正规化，而是要充分调动村干部的主动性，建立村级治理的主体性。村庄是国家与农民关系中最基层的环节，在当前阶段，国家还无力直接面对每一个农户。充分发挥行政村的自治功能，将行政村建设成为国家自上而下的要求与农民自下而上的诉求相对接的平台，是极为关键的。

要让行政村具有活力，让村干部有主体性和主动性，国家在向农村转移资源时就不能规定太死，尤其是在当前全国中西部农村集体经济实力十分薄弱的情况下，国家必须为村一级提供具有一定自主使用权力的"活钱"，比如成都市每年为每个行政村提供的公共服务资金[①]。

五、结论

当然，村级具有自主使用权的资源越多，村干部越是可能滥用这

---

① 参见杜鹏：《村民自治的转型动力与治理机制——以成都"村民议事会"为例》，载《中州学刊》2016年第2期。

些资源，因此就有必要对如何使用资源进行规范，同时这个规范必须有度。若规范太细、太具体，自上而下的规范就会造成基层治理活力的不足。当前农村基层治理中存在的主要问题是上级要求太高太具体，造成了全国农村基层组织普遍的空转与形式主义，导致了农村基层治理的严重内卷化。

解决问题的一个办法是对基层治理中出现的问题进行事后追究。当前基层治理中为防止国家输入农村资源的不合理使用，而对资源使用（用途及使用方法等）进行了细致规定，所谓打酱油的钱不能用来买醋。实际上，可以允许一部分国家输入农村资源经由民主程序相对自由地使用，就可能借资源的使用来激活村庄政治，形成农民利益表达。

当前基层治理中，为了保证治理有效，尤其是国家输入资源有效使用，采取的办法是"防火"，即消除一切可能引发"火灾"的隐患，即使那种极小的隐患也要消除，即防早防小，防微杜渐。不过，如果要杜绝一切发生火灾的隐患，这个成本一定是极高的，因此，所有防火措施都是相对的而不可能绝对，也因此火灾总还是要发生的，发生了火灾就要消防灭火。防止火灾的实践总是在防火措施与救火办法之间形成一定平衡。

基层治理实践中，想要保证国家输入农村资源的绝对安全，就可能极大地损失资源使用的效率；而如果完全信任村干部或村社共同体，不加限制地输入资源，村干部就可能贪占滥用国家资源。

解决问题的办法也是要寻找平衡：一方面要对资源使用进行规范，一方面又必须给基层治理以一定的主体性和主动性，允许基层治理有相当灵活的空间。一旦基层治理中出现了严重问题，这个时候纪检监察机构就可以介入进去"救火"。

想要使基层治理有效，就必须在防火措施与救火办法之间保持平衡，就必须在上级规定与基层活力之间保持平衡，就必须既让村干部使用国家下乡资源的权力进笼子，同时又让笼子有一定自由空间。

当前基层治理中存在着严重的形式主义与内卷化问题，最典型的和严重的表现是精准扶贫。而越是上级规定细致具体、督查严厉的基层治理事务，基层治理内卷化就越严重，效果就越差。

组织再造篇

乡村振兴与农村集体经济

党的十九大提出实施乡村振兴战略，2018年中央"一号文件"明确实施乡村振兴的目标任务是：到2020年，乡村振兴取得重要进展，制度框架和政策体系基本形成；到2035年，乡村振兴取得决定性进展，农业农村现代化基本实现；到2050年，乡村全面振兴，农业强、农村美、农民富全面实现。乡村振兴战略是党中央从党和国家事业全局出发、着眼于实现"两个一百年"奋斗目标、顺应亿万农民对美好生活的向往作出的重大战略决策，是决胜全面建成小康社会、全面建设社会主义现代化国家的重大历史任务，是新时代做好"三农"工作的新旗帜和总抓手。

振兴乡村必须立足当前中国农村的现实基础，充分利用当前农村的制度条件。当前中国农村最重大战略是乡村振兴，最重要的制度条件是农村集体所有制。乡村振兴显然离不开农村集体经济，如何利用农村集体经济的条件来实施乡村振兴战略，有很多值得讨论的空间。

本文中，笔者重点讨论了当前乡村振兴战略所遇到的组织困境，讨论了中国农村集体经济在组织农民方面的优势，分析了当前农村集体土地制度改革存在的缺陷，提出了通过重新设计当前农村集体土地制度来重新组织农村和农民、从而为乡村振兴提供组织资源的设想。

一、乡村振兴必须以将农民组织起来为前提

毫无疑问，乡村振兴的主体是亿万农民群众，只有将亿万农民组织起来，让其自己动手建设自己的美好生活，"产业兴旺、生态宜居、乡风文明、治理有效、生活富裕"的乡村振兴总要求才能实现。在当前农村劳动力大量流出农村、进城务工经商的背景下，亿万农民群众本身也是变动的，是需要通过制度和资源来进行动员与组织的。缺少组织的个体农户显然不可能成为振兴乡村的主体。

传统中国农村社会，农村基层是宗法性质的结构，一家一户的小农加上封建宗法制度，使农村处在一种缺少发展的超稳定状态，基层社会是自治的，离国家权力很远，只能为国家提供有限赋税。晚清以来，中国被迫开启现代化进程，国家加重了从农村的资源提取，由于缺少强有力的、现代化的基层组织体系，农村出现了普遍的基层治理内卷化，即国家从农村提取的资源远远少于农民实际承担的税负，结果国家只得到了有限的从农村提取的资源，农民却已不堪忍受各种经济盘剥。农村因此成为中国社会与政治不稳定的一个根源。[①] 新中国建立后不久即建立起"三级所有、队为基础"的人民公社体制，农村以生产队为基本生产和分配单位。人民公社体制有两个优势：一是通过工农产品剪刀差为中国工业化提供了原始资本积累；二是人民公社将农民组织起来，在农业生产、水利建设、农田改造、教育医疗以

---

① 杜赞奇：《文化、权力与国家》，江苏人民出版社1996年版。

及文艺等方面进行建设,取得了巨大成就。人民公社的缺点是很难真正在农业生产上做到"按劳分配",存在"干多干少一个样"的问题,从而难以调动农民个体劳动的积极性。分田到户以后,农户有了生产经营自主权,"交够国家的、留足集体的、剩下都是自己的",农户个体的生产积极性被激发出来,并在很短时间实现了农业大丰收和农村大发展。问题是,分田到户以后,虽然农户有了很强的个体生产积极性,国家却很难再向农民提取赋税资源了,即国家向分散的个体农户收取税费必须通过乡村干部这个中介,乡村之间很快形成"利益共同体",这个"利益共同体"十分类似杜赞奇所讨论的20世纪上半叶华北普遍存在的"赢利型经纪"。结果,分田到户仅仅十年时间,农村普遍出现了农民负担过重、干群关系紧张、村级债务恶化等严重的"三农"问题,以致到了20世纪90年代,解决"三农"问题成为全党工作的"重中之重"。[①]

进入21世纪后,党和国家采取断然措施取消了农业税和专门面向农民收取的税费,这得益于中国快速的工业化,国家财政收入主要来自城市工商业,农业的GDP占比只有10%略多一点。取消农业税以后,国家从分散农户那里提取税费资源的难题也就不复存在。

取消农业税以后,国家不仅不再向农民收取税费,而且向农村大量转移资源。当前,国家每年转移到农村资源总量高达2万亿元左右。国家大量向农村转移资源,极大地改善了农村基础设施,缓解了农村贫困,提高了农民的发展能力。不过,总体来讲,国家向农村转移资源并未同时提高农民的组织能力,甚至出现了国家转移资源越多、农民越是"等靠要"的问题;在一些地区出现了国家为农民建设基础设

[①] 贺雪峰:《试论20世纪中国乡村治理的逻辑》,《中国乡村研究(第5辑)》,福建教育出版社2007年版。

施、农民却当钉子户坐地要价的情况。

如果说，国家出钱为农村建设基础设施和提供基本公共服务具有必要性的话，那么建设农村美好生活则应当是农民自己的事情了。农村基础设施如水利、电力、道路、通信等，基本公共服务如基本医疗、义务教育、基本养老保险、最低生活保障、扶贫等，在中国已经完成工业化、国家财力充足的情况下，由国家来提供是可能的，也是必要的，也是有效的，虽然效益也还是可以再提高的。

提高国家资源转移到农村进行建设效益的最重要之处在于：国家资源下乡应当与农民组织能力的提升结合起来。只有当国家向农村转移资源提升了农民的组织能力时，这样的资源转移才是最有效的。农民的组织能力主要表现在他们表达需求偏好的能力和一致行动的能力上。中国农村地域广大，不同地区情况差异极大，即使是基础设施和基本公共服务的需求也存在着不同地区的特殊性，仅仅靠自上而下标准化的资源输入是不够的，也往往是低效的。

如果国家转移资源不只是要建设基础设施和提供基本公共服务，而是要建设农民的美好生活，实现乡村振兴，就必须将农民组织起来。不将农民组织起来，仅靠个体的分散农户，振兴乡村是没有任何可能性的。

将农民组织起来，以农民为主体，让农民自己建设自己的美好生活，是乡村振兴的基本前提与条件。

二、农民是谁

我们再来讨论"谁是农民"这个看起来很清楚实际上很复杂的问

题。乡村振兴必须以农民为主体，必须将农民组织起来。问题是，农民是谁呢？或谁是农民呢？

中国传统社会是以农业为主的农村社会，农户固守乡土，很少有外出的机会。从农户家庭来讲，大多数农户家庭都实行性别分工，男耕女织，既有农业收入，又有家庭副业收入。人民公社时期城乡体制分割，农民流动受限，农户家庭收入主要来自土地。分田到户以后，农民生产经营积极性被调动起来，过去隐性的农业剩余劳动力凸显出来，随着城乡二元结构的松动，农村剩余劳动力进城务工经商。进入21世纪前后，随着中国加入世贸，城市和沿海地区提供了大量就业机会，全国劳动力市场形成，农村劳动力在全国城市寻找二、三产业就业机会，中国城市化骤然加速。

分田到户时，中国实行家庭承包责任制，土地承包基本原则是"增人不增地，减人不减地"。2016年全国土地承包权确权颁证，目前正推动农村土地"三权分置"。也就是说，只要具有农村户籍的农民都有土地承包经营权，有很多已经没有农村户籍的之前的农村人口，分得承包地后一直享有土地承包权，有人去世农户家庭仍然可以保有土地承包权，因为"减人不减地"。

这样一来，在当前中国农村，谁是农民就成为了一个十分复杂的问题。大致说来有以下几种不同含义的农民：

第一种，全家留村且耕种自家承包地的农户。

第二种，青壮年劳动力外出务工经商，承包地由中老年父母耕种的农户。

第三种，有承包地但自己不耕种，将承包地流转给他人耕种的在村农户。

第四种，主要靠租入土地耕种的农户。

第五种，在农村从事副业生产或雇佣劳动的农户。

第六种，将土地经营权流转、外出务工经商、可能还会回来种地的进城农户。

第七种，将土地经营权流转、已在城市安居的农户。

第八种，祖籍为农村但既不在农村经营又没有承包土地的家乡人。

第九种，其他。

以上九种农户，可以进一步归纳为以下五种农户家庭：

第一种，全家都在农村（村庄）生产生活，主要收入来自土地、农业和农村的农户家庭。

第二种，青壮年子女进城务工经商，中老年父母留村务农的"半工半耕"家庭。

第三种，全家进城但仍然有农村承包土地，将承包地经营权流转出去，随时可能回村要回承包地耕种的农户家庭。

第四种，全家进城不再需要土地经营权的农户家庭。

第五种，其他，比如本村外出工作的家乡人。

随着全国统一劳动力市场的形成，城市化加速，越来越多农村劳动力和农户家庭进城务工经商，生产生活都脱离了农村，之前相对封闭的村庄不复存在，农民发生了巨大分化。表现在与土地的关系上就是土地耕种者（经营者）与土地承包者之间正在分离，村民与村庄之间的关系也变得空前多样与复杂。比如，从村庄外出工作的人员，全家进城的农户，老年父母留守的农户，全家留村的农户等等。从与土地的关系上讲，有些农户仍然耕种自己的承包地，有些农户将土地出租出去。租出土地农户又分长租和短租，短租农户一般是为进城失败留下返乡退路。

在村庄边界已被打破、大量农户进城务工经商的情况下，农户与土地关系变得十分复杂，农户与村庄利益关系也变得十分复杂。从某种意义上讲，当前的村庄已完全不同于过去的村庄，因为村民已极大地分化了，村庄利益也多元化了，甚至大量农户家庭全家进城且退出农村人情圈，多年不回村过年了。作为一个共同体的村庄与作为土地承包者集合体的村庄，重合度越来越低。

在村民分化、村庄利益诉求多元化的情况下，之前的村庄组织体系很难再有效发挥作用，村民自治也越来越困难，全国农村普遍出现了村级组织行政化的趋势。

正因为难以将农民组织起来，农村就缺少接应上级资源的能力，自上而下的各种资源难以有效输入农村。如何在新形势下将农民组织起来，就成为乡村振兴的根本问题。

三、土地集体所有制是关键

将农民组织起来，关键是要让农民有能力对接国家资源，将国家资源转变为自己建设美好生活的能力，其中有两个最为重要且紧密联系的方面：一方面是谁来种田及如何种好田的问题，关键是要设计什么样的土地制度；另一方面是农民集体能否自主进行公共事业建设的问题，其中关键是能否利用好中国农村土地集体所有制的优势。

我们先来回顾一下中国农村土地制度。

中国实行土地公有制，土地是生产资料。20世纪80年代以来，实行土地家庭承包责任制，村社集体有土地的所有权，土地承包经营权归农户，土地承包经营权一般是按人均分，按户占有。第一轮土地承包的承包期为15年，1998年前后第二轮土地承包实行延包30年不变,并且2002年通过、2003年施行的《土地承包法》第二十七条规定"承包期内,发包方不得调整承包地。"2006年《物权法》出台时将土地承包权界定为"用益物权",2016年全国土地确权开始,进一步强化了农民土地承包经营权的物权性质。

当前农地制度面临的问题有两个：一是分田到户时,为了做到公平,一般都是先将土地分级分等再按人均分,这样均分的结果不仅是每户承包地面积都很小,而且承包地块分散,十分不利于土地耕作和经营。如何将细碎化地块集中起来形成连片耕种,几乎成为所有农村土地经营中最需要解决的问题。

二是随着越来越多的农村劳动力和农户家庭进城,这些进城农民或农户不再种地,而将土地流转出去收取租金。问题是,进城农户大多为防止进城失败而会保留随时收回土地耕种的权利,所以大多数流转都是非正式、无固定合同期限的自发流转,流入土地农户不可能在土地上进行基础设施建设。流入土地农户经营规模可能扩大了,却因为地块分散、基础设施薄弱而陷入农业投入大而收益小的困境。在很多丘陵地区,一个中农户种50亩地,这50亩地却分散在全村东西南北各处,甚至是跨村从亲朋那里流转过来耕种的,耕种难度大,收益比较小。因为土地细碎而造成一定程度的土地抛荒。越是强调农户土地承包经营权的物权性质,越是进行土地确权,就越是会固化土地中的既得利益,越是难以改变土地地块细碎和土地产权分散的问题,也就越是难以形成适度经营规模及有效率的土地经营。

也就是说,当大量承包土地的农户进城,耕种土地的农户往往不只是耕种自家承包地时,或者说当承包土地农户与经营土地农户发生分离时,之前稳定承包经营权的制度就可能会造成农业效率的损失。

如何建立畅通的土地流转制度,既保护承包农户的权利,又保护经营者的权利，同时提高农业效率，形成适度规模的有效率的农业？当前中央政策是推动农地"三权分置"，即将土地的所有权、承包权和经营权分开。承包土地的农户有土地承包权，经营土地农户有土地经营权，承包土地农户将经营权流转给经营户，经营户因为有了经营权就可以将经营权作为抵押物获得金融贷款，就可以对耕地进行基础设施建设，就可以形成适度的规模经营。

问题是，理想很美好，实现起来却很难。首先，很少有农户愿意将自己承包经营权中的经营权流转出去，尤其是"三权分置"将"经营权"作为可以抵押贷款的物权时，农户就不会愚蠢到以租金很低的长时期正规合同将土地流转出去，因为这样的土地流转意味着他们不仅失去了部分土地权利，而且不再可以随时返回农村耕种土地。当前全国绝大多数进城农民选择非正规无期限无合同的土地流转，即是出于这样的考虑。只有在一种情况下农户会愿意转让出具有物权性质的经营权，即流入土地的经营户愿意支付高额租金且一次性付清长期地租。显然，很少有农业经营者有能力一次性支付高额长期土地租金。

如此一来，在"生不增、死不减"的确权制度下，中国农村细碎、小规模土地经营的格局难以改变。

比农民进城造成承包者与经营者分离更基本的农业经营问题是分散小农难以解决产前、产中和产后合作问题，从而造成农业效率的损失。

分田到户之初，一般提"农村实行以家庭承包经营为基础、统分结合的双层经营体制"，除了强调分田以外，还强调集体的"统一经营"。[1]在取消农业税之前，村庄集体的一个重要职能是为农户提供农

---

[1] 张路雄：《耕者有其田》，中国政法大学出版社2012年版。

业生产的统筹，通过收取"三提五统"和共同生产费，为农民提供诸如抗旱排涝、修建道路等服务。2006年取消农业税之后，村社集体不再向农户收取共同生产费，国家规定经村民会议通过。可以收取人均不超过15元的"一事一议"经费，用于农村公共事业建设。显然，人均15元的收费太低，且全国绝大多数地区根本就没有进行过"一事一议"的筹资[①]，村社集体"统"的功能丧失，亿万农户重新回到中国历史上的分散小农状态。村社集体既无法组织农民，也没有组织农民的动力，村社集体与农户脱节。离开村社对农户的组织，国家无法面对亿万分散小农。结果，进入21世纪以后，国家向农村转移了大量资源，农村社会却仍然缺少活力。我们在农村调研时，乡村干部普遍认为，过去向农民收钱难，现在给农民分钱更难。国家大量资源下乡并没有真正激活乡村社会，解决农民问题，满足农民诉求，反而在一定程度上加剧了农村社会的不满。

如何提高国家资源的效率，激发农民的主体性，让农民组织起来，成为当前三农问题和乡村振兴战略中的根本性问题。

广东清远农村进行农村综合改革中有一些探索值得总结，尤其是土地整合和资金整合的经验值得总结。所谓土地整合，就是在土地确权时"确权不确地"，将外出务工不种地农民的土地集中起来发包给种地农户耕种。同时进行资金整合，通过农民授权，由村集体统筹使用国家转移到每个农户的农业综合补贴，这样就在集体收入与每个农户之间建立了联系，村社集体掌握一定资源（整合的资金、土地），具有一定供给农村公共品的能力，同时因为集体掌握的资源与每个农户之间都有密切联系，甚至本身就是农户授权村社集体使用的资源，

[①] 参见王振标：《论村内公共权力的强制性》，载《中国农村观察》2018年第6期。

农户就会对村社集体使用资源的效率进行监督约束。在村庄熟人社会中，村干部一般也会有能力（因为有资源）及有意愿（因为是村民的资源）来回应农民的公共品诉求。通过土地整合和资金整合，清远农村不仅解决了土地细碎化的问题（通过集体流转），而且具有了回应农民公共品需求、解决农村公共服务不足和不准的能力。

清远市农村综合改革的经验值得仔细讨论。其中的土地整合和资金整合是两条十分重要的线索。实际上，在当前最有可能将农民重新组织起来的条件，恰恰是土地集体所有制和国家转移的资源。

如何从体制上再造农民集体，这是当前能否解决三农问题及实现乡村振兴的根本问题。

四、国有农场的借鉴

除农村集体所有制以外，中国农地制度还有国有农场。国有农场的土地是国有土地，过去实行国营。在20世纪80年代，受到农村经营体制的影响，国有农场也普遍实行了土地承包制，只是承包年限相对较短，农场保留了较强的统一经营管理的权力。国有农场将土地承包（租赁）给职工经营，同时收取承包费，并有相当程度的经营管理权限。因为粮价持续低迷，在20世纪90年代，与农民不愿种田、弃田抛荒外出务工经商一样，国有农场也普遍出现了因负担太重职工家庭不再承包的情况。

2006年国家取消农业税以及附着在农业税上专门向农民收取的各种税费。土地不再承担农业税费，土地利益凸显出来，全国出现了农民争夺土地承包经营权的冲突。之前为不缴农业税而声明放弃土地承包经营权的农户，其承包地已经调整给其他农户耕种，甚至在1998年第二轮土地延包中承包给了其他农户；取消农业税后，因为土地利益巨大，这些农户通过上访等渠道来维护自己"权利"。在强大压力下，很多省、市、自治区不得不在2004年前后对第二轮土地承包进行完善。

农村税费改革以后，农村取消了农业税，国有农场有相对较多土地而只有较少职工，取消土地承包费可能造成严重问题。国有农场保持了土地承包收费，改土地承包为土地租赁，职工租赁土地必须出租赁费。随后全国国有农场普遍推行"两田制"，将农场土地分为两个部分：一是身份田，二是租赁田。凡是农场职工都可以分到一定数量（几亩至几十亩）的身份田，身份田不缴纳租赁费，租赁田则需要缴纳租赁费。例如，安徽皖河农场2008年实行"两田制"，每个职工都可以分到4亩身份田，其余土地则作为租赁田租赁给职工耕种。租赁田每五年调整一次，承租人必须承担租赁费（2016年我们调研时租赁费为470元/亩）。按规定，因为土地是生产资料，如果农场职工自己不种地，就需要将租赁土地退还给农场，农场再另外招租。[①]

简单地说，当前国有农场土地制度与农村集体经营制度有两点重要不同：第一，国有农场职工租赁土地必须缴纳租赁费，这个租赁费通常比市场租金略低；第二，职工租赁的土地只能自己耕种经营，不允许流转。

国有农场与农村经营体制的以上不同，使得国有农场的土地制度远优于当前农村土地制度，具体表现在以下几个方面：

第一，因为租赁土地每五年调整一次，且租赁土地需要支付租赁

[①] 参见贺雪峰：《国有农场的土地制度及其启示》，载《学术界》2019年第1期。

费，所以除非需要土地进行农业生产，进城务工经商的农场职工就不会索要土地。土地回归生产资料的性质。

第二，因为土地是生产资料，没有形成利益固化，可以进行适当调整，所以国有农场就可以按农业生产的需要进行土地租赁，表现出来的就是国有农场解决了农村经营中普遍存在的土地细碎化的弊病。

第三，因为国有农场仍然保留了较大的土地支配权，所以普遍具有较强的产前、产中和产后的服务能力，农业生产统筹能力，以及共同生产服务能力。

第四，因为可以收取土地租赁费，所以国有农场不仅具有提供农业服务的能力，而且实际上也办了社会，提供了超过经营方面的公共服务。农场还具有较为强大的再分配能力。这些都是当前农村极为缺乏的方面。

第五，对农场职工而言，当职工家庭觉得种田划算时，他们就留在农场种田，不仅可以种自家的身份田和租赁田，还可以优先从农场获得其他职工不种退还农场的租赁田。若外出务工经商可以有更高收入，职工家庭就决定外出务工经商不再种地，他们可以将租赁土地交还农场，由农场再租赁给愿意种地的职工家庭。进城务工经商职工家庭一旦回到农场，他们可以再从农场获得租赁土地耕种。这样一来，农场土地制度就可以很好地适应城市背景下职工流动的现实，既让土地成为职工的保障，又防止土地成为农场职工进城获得更多利益机会的牵绊。实际上，当前农村土地制度安排中最大的麻烦就在这里：国家试图一方面强调农民的承包权来保障农户利益，为农户提供保障或进城失败的退路，另一方面又强调经营权流转来保障土地经营者的利益，从而提出农地"三权分置"制度。问题是，只要强调土地承包经营权的物权性质，而非强调其生产资料的性质，就很难真正有效应对经营者与承包者分离所造成的农地保障与经营不兼容的困境。

国有农场土地制度可以为农村经营体制借鉴的经验中，最重要的也许还不是农业经营和土地保障方面的，而是国有农场通过保留对土地的支配权，包括收取租赁费、五年重新租赁调整土地，租赁土地不得流转等等，使得农场可以借土地制度安排组织起来，或者说，如此土地制度安排使得农场具有很强的组织能力，表现为农场可以统筹农业生产、提供农业社会化服务、对农场利益再分配，从而具有很强的对接国家资源的能力，如国家农业土地整理项目，国有农场实施得要比农村实施得有效率得多。[1]

农场体制的最大优势其实就是具有资源再分配能力，从而可以对接国家资源，并依据农场实际情况进行建设。这正是当前农村体制最为缺乏的。

五、农村土地"三权分置"的一种设计

当前农村土地"三权分置"，主要是希望通过赋予经营权以物权性质，从而为土地经营权进行农业生产提供保障，同时允许农民保留承包权以保护农民的权利。问题是，一旦经营权物权化，这样的经营权就必然会挤压承包权，比如，土地承包户将经营权流出之后就丧失了经营权，就不再可以随时要回经营权，土地本身作为生产资料的保障作用就大幅度下降。

再进一步，以土地确权为基础的"三权分置"可能造成不可移动

---

[1] 参见桂华：《项目制与农村公共品供给体制分析——以农地整治为例》，载《政治学研究》2014年第4期。

土地上附着高强度利益，造成地权整合和地块连片的高成本。

更重要的是，"三权分置"造成村社集体的进一步弱化、村集体土地所有权虚置、村社集体行动能力的丧失、村庄公共性的丧失以及村庄内生组织能力的丧失。这在当前土地确权的村庄已表现得十分明显。

什么样的农村土地制度既可以解决当前农地细碎化的问题，又可以化解农村土地承包者与经营者分离造成的困境，还可以保障农民的土地权利，并且可以提高农村社会的组织能力呢？

沿着农地"三权分置"的思路，农村土地权利被划分为"所有权、承包权和经营权"，现在的主流思路是集体占有土地所有权，农民平均分配承包权，农户可以将土地经营权流转给土地实际经营者，从而保障农民的土地承包权，也保障土地经营者的经营权。显然，土地经营者的经营权是由土地承包者让渡出来的，或者说土地承包者有权利将土地经营权让渡给土地经营者。

我们来比较一下国有农场。国有农场的土地所有者是国家，农场代国家行使所有权，农场职工有土地的承包经营权（租赁权），但是，农场土地是生产资料，不是财产，承包（或租赁）的土地只能自己耕种，不能流转出去，就是说，农场职工不具有让渡土地经营权的权利。

以农场的土地权利安排来反观农村土地权利安排，可以进行这样一种土地权利的"三权分置"，即相对限制农户的承包经营权。具体来讲，村社集体土地集体所有，全体村社成员具有平等的土地承包权，承包土地的农户以家庭为单位经营土地，从土地中获取生产收益，承包土地的农户可以且仅可以自己种地，不允许土地流转，若承包土地的农户出于进城或者其他原因不再种地，农户须将承包地退回村社集体，集体给予退回土地的农户一定的地租补偿，这个补偿略低于市场土地租金。村社集体将农户退还的土地经营权招标，优先满足本村社集体成员扩大农业经营规模的需要，并按市场价格收取租金。同时，为了形成土地经营者相对的土地连片成块、适度规模经营，村社集体有权利在一定期限对村社集体土地进行调整。

也就是说，土地"三权分置"，允许村社集体享有土地所有权，农户有耕种土地的土地承包经营权，农户不耕种土地则需要将土地经营权退回村社集体，农户承包权作为一种收益权，可以从村社集体中获取租金收益（类似返租倒包）；从土地确权上看，只确权不确地，农户种地就确地，不种地则以承包权来获得集体给予的返租收入（即地租补偿）。承包土地农户进城不种地将土地经营权退还给集体的同时，享有通过"确权不确地"所有的土地承包权获得地租补偿。若进城失败返回家乡要种地，村社集体就应当将农户的承包权落地，让农户可以耕种与承包权面积、土地品质相近的土地（承包地）。

在土地细碎化和城市化的背景下，这样的土地制度设置，就可以解决土地承包者与经营者分离造成的困境，同时可以保证进城失败的返乡农民仍然有地可种。

更重要的是，因为村社集体有权力收回不种地农户的土地经营权，并且有权力为耕作便利调整土地，村社集体就具有了公共性的权利，就有能力回应农民的需求，以及为农民提供一定数量的公共品。

同时，以土地权力配置为核心，村庄中承包土地且自己耕种的农户，承包土地但因外出务工不耕种土地将土地经营权退还村社集体同时获得地租补偿的进城农户，以及优先满足村社集体成员规模经营需求后流入土地的经营权也可以通过村社集体流转给外来大户，这些农户就都在村社集体中享有不同程度、不同份额土地权利，这些土地权利又都是可以计量的，从而是可以"算平衡账"[①]的，这样就可能通过土地制度的重新设置与赋权来形成一个具有利益计算能力或可以算平衡账能力的真正的村社集体。这个村社集体可以组织起来，为农民提供农业生产方面的公共服务，提供生活方面的公共服务，甚至提供村庄治理诸方面的公共服务。

更重要的是，通过土地权利分配可以将农民组织起来，使村社集体重新具备"算平衡账"的能力，则自上而下的国家资源转移就可以对接到村社集体，村社集体就可以依据当地公共事业的需求进行最有效率的建设，从而激发出农民的主体性，让农民自己组织起来建设美丽乡村，振兴乡村。

六、小结

乡村振兴是一个战略，非一个短时期的政策，乡村振兴的前提必是将农民组织起来，否则，将由国家直接面对亿万小农户，无论国家如何支持农村，国家也绝无可能完全满足地域极其广大、情况千差万别的农村发展需求。将农民组织起来的最有效办法是利用当前农村集体土地所有制，通过科学设置集体土地的权利，使所有农民利益与土地联系起来，并造成对村社集体的赋权，从而重新激活村社集体，提

---

① "算平衡账"又称"结平衡账"，系村社集体每年年终对全体村社成员经济往来的结算。李昌平认为，"结平衡账"是维持共同体长期存在的核心制度。无论外部制度怎么变，只要共同体内部每年"结平衡账"制度正常运行，"四权统一"和"三位一体"就能够长期存在并得到巩固。假如内部"结平衡账"制度受到破坏，哪怕是只有1~2年不结平衡账了，共同体就有可能名存实亡。因此，共同体内的"结平衡账"制度必须受到国家法律保护，需要地方政府大力支持。李昌平：《再向总理说实话》，中国财富出版社2012年版，第89页。

高村社集体"算平衡账"的能力，真正将农民组织起来。

毫无疑问，乡村振兴的主体是农民，同时我们一定要认识到，乡村振兴的主体并非分散的个体农民，而只能是组织起来的农民。一旦将农民组织起来，村社集体就可以成为对接国家资源、激发农民积极性、建设美丽乡村的最为重要的、具有主体性的平台，农村建设和乡村振兴也就有了希望。

再造村社集体

乡村振兴的前提是将农民组织起来，而组织农民最有利的制度条件就是充分利用中国农村集体经济制度，包括农村土地集体所有制。本文试图提供一个具体将农民组织起来的方案或者建议。

一、分田到户以来的土地制度

中国实行土地公有制，农村土地归集体所有。分田到户实行家庭承包责任制后，农村土地属于村社集体所有，农民具有土地承包经营权。为了保障农民相对独立的土地经营自主权，中央强调土地承包期限为十五年以上，到第二轮土地承包时中央要求土地承包期限延长三十年不变，2017年习近平总书记在党的十九大报告中指出："保持土地承包关系稳定并长久不变，第二轮土地承包到期后再延长三十年"。

分田到户后，农民具有生产经营自主权，"交够国家的，留足集体的，剩下都是自己的"，有了剩余索取权，农民焕发出巨大生产经营积极性，农业生产潜力被挖掘出来，在很短时间，中国农业产出大幅增加，农村形势一片大好。

不过，分田到户后仍然存在两个问题：第一，农户个体经营规模太小，不仅对接市场很困难，而且诸多共同生产事务难以解决，比如抗旱排涝、农技推广、防虫防病、机耕机收等，都会因农户经营规模过小而产生规模不经济的问题。更糟糕的是，为了公平，分田到户时往往将集体土地分等分级，再按人均分，导致农户承包土地不仅规模很小，而且地块分散，由此造成普遍的一家一户不好办和办不好的生产困境。第二，在农户规模很小且农业收入有限的情况下，国家向农户收取税费的成本很高。理论上"交够国家的，留足集体的，剩下都是自己的"，但实际上，农户是独立的生产经营者，农业收入有限，甚至收不抵支，他们可能无力或不愿"交够国家"和"留足集体"。现实正是如此，在20世纪90年代，"收粮派款"被公认为"天下第一难事"。为了完成税费任务，就可能采取强制措施，地方政府为了调动村干部协税积极性，倾向于奖励及时完成协税任务的村干部，从而很容易形成"乡村利益共同体"，并因此造成严重的干群矛盾。"三农问题"成为党和国家工作中的重中之重。

当国家向农民收取税费时，地方政府和乡村两级都借国家收税来搭车收费，比较典型的是"三提五统"、共同生产费和各种集资。共同生产费主要用于解决一家一户"办不好、不好办和办起来不合算"的事务，比如抗旱排涝。虽然"收粮派款"很困难，借"收粮派款"收起来的共同生产费可以解决农户分散经营本身的规模不经济问题，倒也具有一定的合理性。

进入21世纪，国家进行农村税费改革并在2006年取消了农业税和各种专门针对农民的收费，之前的农业税、"三提五统"、集资、共同生产费以及农民"两工"义务一并取消。为了解决农村公共事业建设筹资问题，国家允许在村民会议同意的情况下按不超过人均15元收取"一事一议"专项建设费用。然而现实情况是，因为召开村民会议很困难，加之向农户收取"一事一议"经费仍然面临有农户不交的困境，全国绝大多数农村"一事一议"未能落实，超出农户的公共事业建设缺少经费。

村社集体无法从农民那里筹集到公共事业经费，绝大多数村社集体不仅没有收入，而且普遍负债。取消农业税后，为缓解农村公共品供给的不足，国家开始向农村大规模转移支付，主要是用于建设农村基础设施和提供农村基本公共服务，比如医疗、教育等。转移支付的主要方式是"项目制"。

按照宪法规定，中国农村实行"以家庭承包经营为基础、统分结合的双层经营体制"，其中的"统"就是由村社集体来解决一家一户"办不好、不好办和办起来不合算"的共同生产事务，农户则自主经营。村社集体要想为一家一户提供共同生产服务，就需要有两个权力：一是调整农户土地的权力，二是向农民收费的权力，向农户收费不只是筹集共同生产费，同时还是分配农户责任与义务、形成责权利均衡的重要方面，也就是村社集体内"算平衡账"，即每一个农户从村社集体建设中的获益以及每一个农户应当承担的责任。没有无义务的权利，没有无责任的利益，土地调整可以进一步强化村社集体筹资机制，从而达到平衡。凡是不承担义务的农户就不能享受权利，包括从土地中获取收益的权利。

实践中，"双层经营"中的集体统筹一直效果一般，尤其是第二轮土地延包要求"增人不增地、减人不减地"，使得村社集体丧失了调整土地的权力,也无法再借调整土地来"算平衡账"。相对来讲,在第二轮土地承包期延长后很长一段时期,山东等地的一些农村仍然具有通过调整土地来调整村庄内村民权利义务关系的能力,且越是有土地调整能力的村庄,其治理也越好。①不过,经过2016年以来的土地确权,山东农村调整土地越来越困难了。

造成"双层经营"更大困难的是取消农业税费,村社集体不再能向农民收取费用。集体虽然有土地所有权,却不能向承包集体土地的农户收取任何地租或其他费用,这样一来,村社集体就无法与承包土地的农户建立起双向平衡的权利义务、责任利益关系,从而丧失了借此将农民按权责利相一致原则组织起来的条件,最终造成了双层经营的困境。

20世纪90年代,中国城市化加速,越来越多的农村劳动力进城务工经商。刚开始时,农民进城只是要缓解农村劳动力过剩的压力。随着中国城市化的加速,越来越多的农户家庭全家进城,不再种地,他们将土地流转给仍然留村务农的农户耕种。因为无法确定是否有能力在城市安居,这些进城农户倾向于保留回农村的退路,他们一般都是将土地非正规无期限无合同地私下流转给亲朋邻里耕种,以便随时返乡就能要回土地耕种。留村务农户通过流入土地扩大了经营规模,但流入的土地却因为无固定流转期限,只有很有限的土地使用权。结果,留村务农户虽然经营土地面积大,比如50亩,却因为地权分散、地块细碎而难于经营。若能集中地权,将分散细碎土地集中连片,留村务农户可能要降低1/3的生产投入和减少一半的劳动投入。

集中地权的办法之一是将进城农户土地承包经营权通过固定期限合

---

① 贺雪峰:《最后一公里村庄》,中信出版社2017年版。

同流转出来。存在的问题是，进城农户若进城失败，他们回村就无地可种。所以进城农户为了以防万一，倾向于非正规无固定期限流转土地。

二、农地"三权分置"

中国土地制度是公有制，土地是生产资料，这一点很重要，后面我们要重点讨论。

我们先讨论当前为应对农民进城所产生的土地承包者与经营者分离的政策安排。当前国家应对之策是对农村土地进行"三权分置"，主要是将"承包经营权"分置为"承包权"和"经营权"。

之所以提出"三权分置"，是因为"随着工业化、城镇化深入推进，农村劳动力大量进入城镇就业，相当一部分农户将土地流转给他人经营。家家包地、户户务农的局面发生变化，催生了大量新型经营主体，形成了集体拥有所有权、农户享有承包权、经营主体行使经营权的新格局"。[1]

一般的三权分置策略是通过推动承包土地农户将土地经营权流转给新型农业经营主体，使新型农业经营主体享有土地经营权，"经营主体有权使用流转土地自主从事农业生产经营并获得相应收益"，"经承包农户同意，经营主体可以依法依规改良土壤、提升地力，建设农业生产、附属、配套设施并按照合同约定获得合理补偿"[2]。问题是，承包土地农户将土地经营权流转给新型经营主体往往只有较低租金，且租金一般一年一结，承包土地农户当然不愿意通过正规合同将土地经

---

[1] 韩俊（主编）：《实施乡村振兴战略五十题》，人民出版社 2008 年版，第 23 页。
[2] 同上书，237 页。

营权流转给新型经营主体，更不愿意新型经营主体对土地进行改造，因为一旦改造了，农户再收回经营权将很困难。

也是因此，"三权分置"中保护农民承包权和新型经营主体经营权之间存在着难以调和的矛盾。

在当前农村土地经营实践中，流转的土地大约占到35%[①]，仍然有65%的土地由承包土地农户家庭自己耕种。农户家庭耕种自家承包土地并非全家耕种，而一般是由中老年父母种地，年轻子女进城务工经商，通过家庭代际分工来获得务工和务农的两笔收入。流转出来的35%的土地，其中2/3是本村流转，主要是亲朋邻里之间的非正规流转，正是这个土地流转形成了当前农村社会结构中十分重要的"中坚农民"。仅有少数耕地通过正规合同按固定期限流转给以大户为主的新型经营主体，并且这样一种有正规合同、固定期限的土地流转，多半有地方政府的推动，有国土整治项目的支持。更糟糕的是，从我们在全国调研的情况来看，虽然新型经营主体与农户签订了固定期限的正规土地流转合同，却仍然普遍存在流出土地农户毁约的情况，以及更加普遍的资本跑路的情况。一旦资本跑路，流转土地农户就找地方政府要说法，地方政府就只好挪用惠农资金来安抚农民。"三权分置"保护土地经营权就有一种可能，即新型经营主体一年一付农户土地租金，却可以用经营权抵押，以及有学者主张的经营权物权化，这样就完全可能出现新型经营主体跑路而承包权利益受损的情况。而如果要求新型经营主体一次性付清土地流转租期的全部租金，在农业利润空间本身就不大且农业风险还很高的情况下，这样的新型经营主体根本就不可能获利。

[①]《农业部：全国土地流转面积占家庭承包耕地总面积35%》，人民网－财经频道，2017年3月7日，http://finance.people.com.cn/n1/2017/0307/c1004-29129227.htm。

小结一下，在农村城市化背景下，随着农地承包者与经营者的普遍分离，国家试图通过农地"三权分置"，以既保护农民的土地承包权，又保护土地经营权，既让承包土地农民有保障，又让土地经营主体形成预期、发展现代农业。现实却可能是，亿万承包土地农户为了保障自己的土地权利，并不愿意用固定期限的正式合同流转土地。地方政府为了推动土地流转，往往会强势介入。到目前为止，真正以正规合同流转的土地十分有限。

概括起来，"三权分置"主要是要解决两个问题：一是保护农民的承包权，其中最重要的是进城失败农户返乡种地的权利；二是将承包者与经营者发生分离以后的农地整合好，以便于生产经营，比如耕地连片成块，建设基础设施，方便农业投入等。

要解决以上两个问题，也许有一个很简单的办法，就是回归农地生产资料的性质，当前国有农场的土地制度安排就是一个典型。具体而言，国有农场土地国有，农场代行所有权。国有农场普遍实行租赁承包制，将土地租赁给农场职工，为了做到公平，一般都要保障每个农场职工相对平等的租赁权利。与农村体制不同的是，农场仍然强调土地是生产资料，具体表现在四个方面：其一，农场职工租赁农场土地必须承担土地租赁费；其二，租赁土地不得流转，职工只有耕种租赁土地的权利，不再耕种的租赁土地须退回农场，由农场重新进行土地招租，农场职工有优先租赁权；其三，农场租赁土地每隔几年调整一次，一般是五年调整一次；其四，农场对土地有较大的生产经营管理权限，比如对灌溉、病虫害防治甚至播种季节、种植作物作统一要求。[①]国有农场这样一种制度安排同时达到了三个目的：第一，所有

---

① 参见贺雪峰：《国有农场经营体制及其启示》，载《学术界》2019年第1期。

农场职工都有同等的土地租赁权，只要他们愿意种地就可以获得土地，同时，他们进城务工经商也没有后顾之忧，因为只要他们从城市回到农场，随时可以再从农场租赁土地耕种；第二，不种地的职工将土地退还农场，农场就可以按生产便利的原则安排土地重新招租，从而防止地块细碎以及地权分散造成的农业效率损失；第三，土地收取租赁费以及土地可以调整，就使得农场具有很强的统一经营能力，真正形成了"统分结合、双层经营"的体制。

正是因为农场保持了土地生产资料的性质，农场经营体制就较好地解决了当前农村经营体制中存在的弊病，择要有三：一是真正保证了职工以土地作为生产资料进行生产的权利，他们外出务工经商，不再种地，将租赁土地退回农场，不外出或外出回来要种地可以随时租赁土地耕种（有时需要有一个周期，比如五年一调整，很多农场有一定的机动地，可以随时满足职工租赁土地的需求）；二是地权相对集中以及经营户（农场职工家庭等）可以将租赁土地相对集中，对于降低生产成本、提高农业效率十分关键；三是农场具有相当强的统一经营能力，国有农场的农业社会化服务、抗旱排涝、病虫害防治等，普遍比农村要好很多。

除此之外，农场还有两个优势：一是可以通过收取租赁费来均衡分配经营户（职工家庭）的权责关系，二是具有很强的对接国家资源的能力。以土地整理项目为例，国有农场普遍要比农村高效得多。这两个优势其实是一体两面的，这个"体"就是农场具有高度组织能力。

三、重新设计农村土地制度的可能性

回到农村集体土地制度，如果强调土地生产资料性质，农村集体土地制度就可能大为不同。

当前农地制度强调两点：第一，集体所有的土地承包给全体村社集体成员，村社集体成员具有土地承包权，土地承包关系稳定且长久不变；第二，承包土地的经营权可以流转，获得土地经营权的新型农业经营主体，其土地经营权受到与所有权、承包权同等的保护，以提高土地经营效益。问题是，当前中国农地确权确地，具有土地承包权的农户同时也具有土地经营权，农户是否将经营权转让出来以及转让到什么程度，土地承包者都会依据自己的实际来与土地流入方签订合同。无论如何，由承包权派生出来的经营权很难与承包权同等重要。在农业利润很少、土地租金普遍很低的情况下，土地承包者肯定不会在流转土地时给土地经营权以巨大权能。也就是说，流入土地的新型经营主体即使流入了适度规模的土地，也往往面临地权分散、地块分散的困境，难以便利、高效地进行农业生产。

参照国有农场的机制，当前农村土地制度只要微调就可能极大地优化，其中的要点是将农地回归到生产资料，重建村社集体经营这个层次，并真正重建农村集体经济。有了农村集体经济，不仅可能顺利解决土地经营中的难题，而且可以将农民组织起来对接国家资源，建设农民自己的美好生活。

具体而言，当前农村土地制度安排须做出三点调整：第一，土地所有权、承包权、经营权分置，所有村社成员平等地享有土地承包权，以及从土地中获取收益的权利。承包土地的农户，土地经营权不能流转，只能自种。不再耕种土地的农户仍然保留土地承包权，经营权退回村社集体，村社集体给予相应的土地租金补偿（类似返租）；第二，土地确权不确地，具体地块可以调整，每户所确土地承包面积不变；第三，村社集体收回的土地经营权，本村社农户有优先招标权。村社集体也有义务尽可能将招标土地集中连片，以便于农业生产。

在越来越多农民进城务工经商、不再种田的背景下，相应地，有越来越多的土地经营权退回到村社集体，村社集体将这部分土地经营权优先流转给本村社愿意种地的农户家庭。这样，村庄里就会同时有三种农户：第一种是留守家庭种地的中老年农民，他们主要耕种自家承包地；第二种是留守村庄种地的青壮年劳动力，通过优先流入外出农户退出的土地经营权而形成适度经营规模，变成村庄中的"中坚农民"；第三种是具有土地承包权却进城不再种地，将土地经营权退还村社集体同时从村社集体获取地租补偿，可以随时回村要地耕种的农户。进城农户越多，退给村社集体的土地经营权越多，村社集体就可以优先将这部分土地经营权流转给留村的青壮年农民，这部分青壮年农民就越可能在不离村的情况下扩大农业经营规模，获得不低于外出务工的收入，成为"中坚农民"。进城不再种地的农民越多，他们让渡出来的农村获利机会（包括让渡出经营权的土地）就越多，村庄就可以容纳越多的"中坚农民"，从而得以保持村庄原住民的主体性，而不是通过外来新型经营主体占有原住民的土地，造成原住民失去回乡退路以及断了乡愁的问题。只要本村的"中坚农民"仍然在坚守，进城农民就可以随时退回农村，保持与村庄的血肉联系，留住"乡愁"。

这样一来，既可以保障农户的承包权，又可以保障经营者的经营权，同时可以从便利农业生产、提高农业效率等方面进行有效的地权整合和地块集中。更重要的是，因为农户经营权只能退回村社集体，村社集体可以通过地权整合和地块集中，优先将经营权向本村社集体成员流转，从而造成一个相当稳定的"中坚农民"群体。

在新时期，国家试图通过设计农地"三权分置"制度同时达到保障农民承包权与保护经营者的经营权的双重目标，以上设计有可能达到这一目标。

四、将农民组织起来

更重要的是，通过以上设计可以在两个层面将农民组织起来，而这两个层面都是通过"三权分置"来培养新型农业经营主体、化解农村城镇化背景下的农业困境所不具备的。

这两个层面分别是：为所有农户提供集体层面的农业公共服务，比如：土地集中连片、抗旱排涝、病虫害防治、机耕道修建以及统一机耕机收等；第二个层面则重在重新将农民组织起来，真正让农民成为建设其美好生活的主体。

第一个层面，为农户提供农业公共服务，解决农业生产中的共同生产和统一经营问题。可以在五个方面回应农户的农业生产需求。其一，可以比较有效地解决农地细碎化的问题。主要是通过地块调整，尽可能做到一个农户一块地，让耕地连片成块、集中经营。其二，针对当前农村土地承包者与经营者分离，土地经营权过于细碎以及地块过于分散的问题，由村社集体统一（有偿）收回外出打工者退回的土地经营权，再按本村社成员优先原则进行土地经营流转的招标，可以将（有偿）收回的土地承包权按便利生产原则进行整合，从而防止当前农地流转中的无序问题。其三，可以为农户提供统一的产前、产中和产后服务，比如集体灌溉、机耕机收等。其四，可以为退出土地经营权的农民保留承包权，提供退出经营权的补偿，以及提供随时返回农村种地的保障。正是因为退出经营权后有地租补偿，且仍然保留了承包权，可以随时要回经营权自行耕种，进城农户就会依据家庭实际情况进行理性决策，而不会为了保留返乡退路，不理性地抓住具体的土地，从而为依据农业生产需要进行土地整理提供了条件。其五，不再种地农户退出的土地经营权为仍然留村种地农户提供了扩大土地经营规模的机会，从而孕育出一批村庄中的新"中坚农民"。当前农村土地自发流转形成的"中坚农民"通过流入外出农户的土地形成了一定的经营规模，这些"中坚农民"普遍存在流入土地地块细碎、地权分散的问题。新"中坚农民"则可以通过村社集体统一进行土地整理与招标来解决这一问题。

相对于具体的农业生产服务，新土地制度设计更重要的方面是以土地制度为基础，重建了一个基于土地集体所有制而组织起来的机制。

具体来说，村社集体拥有土地的所有权，农户具有土地的承包经营权和土地收益权。农户承包土地只能自己经营，不能流转。自己不经营就要将土地退还给村社集体，获得村社集体的租金补偿。集体在村社集体成员优先的基础上将收回土地经营权公开招标，招标获得土地租金。这样，在农地制度安排中就涉及五个主体：村社集体、承包并经营土地的农户、退出经营权仍然有承包权的农户、流入土地经营权的农户，此外还可能有外来流入土地经营的资本。主要是讨论前面四个主体。

村社集体的土地面积是相对固定的，比如，一个村社集体有3000亩土地，全村有300户，那么，按人均分配到户，平均每户有10亩承包地。承包土地的300户中，有120户年轻人进城、年老父母种地，自家种自家地，既不流入土地，也不流出土地；有150户全家进城不再种地，将土地经营权共计1500亩退还村社集体，村社集体将这1500亩土地经营权分成30份成块连片的土地进行招标，村社集体成员优先。村庄有30户青壮年夫妻劳动力家庭通过招标，获得了每户50亩的土地经营权，加上自家10亩承包地，就有60亩成片连块、适度规模的土地，这个土地经营收入加上其他农村副业收入，可能让农户家庭获得不低于外出务工水平的收入，从而成为农村"中坚农民"。

外出农户退回土地经营权，村社集体应当保留农户承包权，同时支付一定的地租补偿，比如每亩300元，村社集体再按照本村社成员优先原则将收回的土地经营权流转给"中坚农民"，按每亩400元收取租金。这样就建立了一个基于土地经营权流转而来的村社集体制度。

国有农场体制不存在给退出经营权农户以地租补偿的机制，因为在农村取消农业税时，国有农场并没有取消租赁费，如前已述，当前国有农场仍然向租赁土地职工家庭收取土地租赁费。正是土地租赁费和按耕地面积收取的共同生产费，使得农场有能力为职工提供农业公共服务。

当前再向农户收取税费当然是不可能的，不过，国家有大量的农村转移支付资源，如果将一部分转移资源按承包耕地面积转移到村社集体，比如每亩300元，则3000亩耕地就可以有90万元国家转移而来的服务农业的资金，这个资金只能用在为农业和农民提供公共服务上，且必须经由村民通过民主程序讨论决策。

将农民组织起来的一个基本前提是要让农民真正成为一个集体，这个集体有"算平衡账"的能力或权利。算平衡账就是算分配，其主要依据是劳动和生产资料的投入。

具体地，村社集体每年获得的总收入有四项。

第一，国家按承包耕地面积给予的专项补贴，相当于国有农场向租赁农场土地职工家庭收取的租赁费。因为已经取消了农业税费,再向承包土地农户收取承包费已不可能。通过国家专项补贴来替代向农户收取承包费,可以为重建村社集体经济提供基础。

第二,通过招标将不再种地的农户家庭退回村社集体的土地经营权流转出去,获得土地经营权的租金收入。

第三,向种田农户收取共同生产费,据实收取。

第四,村社集体提供各种农业有偿服务所得。

村社集体每年支出有三项:支付退出土地经营权农户家庭的土地租金补偿;进行农业共同生产服务的投入,包括劳动工资、管理费、购买设备、电费等;农业生产基础设施建设投资,包括农田整理等,这方面的大型工程项目可以申请政府立项,获得国家财政资源的支持。

这样一来,每年村社集体总收入减去总支出,就是每年集体收入。集体收入可以用于分配,分配主要按土地权力进行。具体比如将村社集体全部土地承包经营权赋予权能分,土地承包权为每亩1分,经营权为每亩1分,若农户既承包又经营,则为每亩2分,村社3000亩承包耕地,共计有6000分的分配总分;再依据村庄具体承包经营情况,将分配总分计算到每一个农户。比如有一个中坚农户经营60亩土地,其中10亩为自己承包地自己耕种,可以获得20分,另外流转50亩土地经营权,可以获得50分。一个有10亩承包地的农户,全家进城将土地经营权流转出去,就只能获得10分的分配分。如果全村当年总收入减去总支出的节余有60万元,这60万元就是集体收入。按全村6000分配分计算,每分的赋值就是100元=(60万元÷6000分)。一个有70分配分的"中坚农民"就有7000元的年终集体分配收入,有10分配分的进城农户就只有1000元的年终集体分配收入。反之亦然,即超支了也要分摊。

建立以上集体经济分配机制的关键不是能分配到多少收入，而是形成村庄内的利益关联机制。只有建立了基于利益分配的利益关联机制，村庄民主决策才能真正落地，村民也才会真正介入到村庄事务中，成为村庄事务的主体，农民也才可能借此组织起来。

基于土地权力进行分配形成责权利的平衡机制，将农民组织起来，就可能激活村庄各种关系，建立与村社集体的利益联系，促使所有村民关注村社集体，形成农民的主体性，农民才会具有解决农业生产和农村生活中遭遇各种难题的积极性与主动性。

五、扩展性讨论

基于土地权力设置而建立起所有农户家庭与村社集体的利益联系，将农民组织起来，在当前快速城市化和国家大量向农村转移资源的背景下，就可能具有更为重大的意义。

有一个显而易见的事实，就是仅靠单家独户的农户力量很难达到"治理有效"。如前已述，在农户土地经营规模很小且土地细碎的情况下，"一家一户办不好、不好办、办起来不合算"的事情须依靠农民集体。同时，无论是从农村提取资源还是向农村转移资源，国家都无力直接对接分散的亿万小农户。分田到户以后，国家向农民收取农业税时缺少组织抓手，"收粮派款"很快引发各种矛盾，三农问题演变成党和国家工作的重中之重。当前国家向农村转移资源的难度不低于向农民收取税费，道理同样在于国家无法直接面对分散的亿万小农户。将农民组织起来，国家向农村转移资源支持农业农村发展才有抓手。

当前国家向农村转移资源主要通过两种方式：一种是"项目制"，

由国家办委局通过"条条"直接为农民建设基础设施或提供公共服务；另一种是通过"一卡通"直接将国家资源发给农户。两种方式的共同点都在于不通过村社集体组织及村社集体，目的是防止村社组织截留资源，改变资源用途。问题是，这样的资源输入虽然提高了农村基础设施条件和公共服务水平，却并没有同时提高农民的组织能力，更没有激发农民自己建设自己美好生活的动力。相反倒是普遍产生了农民"等靠要"的思想。在中国农村情况千差万别、农民需求差异极大的情况下，缺少了农民的组织，国家资源输入农村的效果就要大打折扣。

一旦农村建立了前述基于土地权力设置形成的村社集体，国家向农村的资源转移就可以通过村社集体来对接。一个具有利益再分配能力或可以"算平衡账"的村社集体，一定具有很强的对接国家资源的能力。

村社集体经济一旦被激活，这个村社集体就可以向各方面延展形成影响力，举两个例子。

第一个例子是借村社集体再分配的能力，建立"村庄内置金融"。"村庄内置金融"是李昌平发明的一个概念，在实践中已有一些成果[①]，其中的关键是将集体资金借贷给本村农民，收取一定利息，比如10%的年息。一方面村庄总有农户需要借贷进行生产，另一方面每个农户都可以以自己的土地权利作为抵押担保，村庄集体就可以获得相对稳定的利息收入，并因此提高村社组织能力。

第二个例子是将农村老年人组织起来。在当前农村农业机械化条件下，农业生产主要是田间管理，身体健康的老年人完全可以继续从事农业生产。农业生产具有很强的季节性，老年人农闲时间很多，农

[①] 参见李昌平：《内置金融激活农村活力》，载《中国合作经济》2017年第10期。

闲时将老年人组织起来进行文化活动，就可以极大地提高老年人的幸福指数。[①]

比组织文化活动更重要的是组织养老互助，比如由相对年轻的老年人照料生活不能自理的老年人，并通过实践银行形成"道德券"等计分，被照料老人的子女承担部分费用，国家提供部分补贴，村社集体组织和支持老年人互助，就可能在农村形成一个相当有效的互助养老体系。

六、结语

在快速城市化的背景下，大量具有土地承包权的农户家庭进城，造成土地承包权与经营权的分离。通过重新对土地所有权、承包权和经营权赋权，以此再造村社集体经济，激活农民主体性，重建农村组织体系，是当前农村工作尤其是实施乡村振兴战略的基础性工程，应当引起理论界和政策部门的高度重视。

本文只是一个设想，权作抛砖引玉。

---

① 参见印子：《乡村公共文化的面孔、式微与再造——基于湖北农村老年人协会建设实践的分析》，载《南京农业大学学报》2015年第2期。

如何再造村社集体

一、引论

在前文中，笔者提出借鉴国有农场的经营体制，让农村集体土地回归其生产资料性质；借当前农地"三权分置"制度设计，再造一个"利益共享、责任共担"的村社集体，以为乡村振兴战略提供组织基础。只有将农民组织起来，让农民成为乡村振兴的主体，让他们自己来建设自己的美好生活，乡村振兴战略才能落地，乡村振兴的伟大目标才能实现。

如何再造村社集体？最重要的就是要建立起利益关联机制，让农民自己来建设自己的美好生活。村庄是农民主要的生产生活场所，乡村振兴是农民自己的事情，乡村振兴必须以农民为主体。当前农村存在的最大问题是，取消农业税以后，村社集体不再向农民收取"三提五统"和共同生产费，也不再有调整农村土地的权力。作为农村土地所有者主体的村社集体，其土地所有者身份虚化缺位，村干部成为自上而下行政体系的一环，村干部行政化了，仅仅是国家在农村的"代理人"。因为村社集体土地所有权的虚化，村干部"当家人"缺少经济基础，行政村与村干部丧失了与农民的利益联系，村社集体不复存在，村干部变成国家与亿万分散小农对接的一个环节，成为国家为亿万分散小农提供服务的外来设置，而不再是村庄社会内部的结构。也正是因此，村民根本不关心谁当村干部，也不关心村集体资源与负债（反正也不要他们还债）。村社集体虚化了，村社集体不再算分配，村民不分配利益也不承担风险，村干部与村民之间就没有实质性利益关系，村民与村民之间也不再是可以进行利益协调的共同体成员关系。村庄失去了再分配能力，村社集体丧失了公共性。再造村社集体，关键就在于重建村社集体内部的利益关联机制，激活村社集体，从而使村社集体能够形成主体性，形成国家政策与资源输入时的自主回应能力。

中国农村地域广大，不同地区差异很大，一方面，国家为城乡提供均等的基本公共服务和基础设施；另一方面，所有超过基本公共服务和基础设施的美好生活都要靠农民和其所在村庄集体去建设。因为全国统一劳动力市场已经形成，户内事务包括农户家庭致富都是私人事务，理应由农户家庭自己承担；而超过村庄的基础设施则一般由国家来承担。户外村内的公共服务与基础设施则需要有一个具有利益再分配能力的共同体来承担，这种利益再分配能力的关键是村庄内部在"利益共享、责任共担"上的强制能力，强制能力就是指强制处理钉子户、防止搭便车等能力。具有利益再分配能力的制度必须是强制性的制度，比如收税、收租金、收物业费等等。英美国家的学区往往以房产税形式为地方公共品筹资，城市小区收取物业费，取消农业税前村社集体向农户收取的"三提五统"和共同生产费，以及当前沿海地区村庄收取的土地和物业租金等，取消农业税前全国农村普遍实行的"两工"（义务工和积累工）制度，都是强制性的制度。正是通过这些制度安排产生了地方自治与基层村社共同体，村社才成为具有利益再分配能力的行动主体。强制性收费收税也必然会引发村社共同体与其成员的紧密利益联系，并因此建立起自下而上的民主治理体制。

中国农村基层一直是有一定再分配能力的村庄共同体。新中国成立前，村庄共同体主要依靠宗族力量来维系农村基本生产生活秩序，相当一部分农村都有一定比例的族产收入。新中国建立以后，农村进行了十分彻底的土地改革，消灭了土地的地主所有制，并很快通过合作化、人民公社等建立了具有中国特色的农村集体土地所有制，形成了集体经济。人民公社时期、分田到户后到取消农业税前、取消农业税后，三个时期农村村社集体的内涵差异比较大，土地集体所有制的宪法规定以及土地作为生产资料的社会主义性质未变，这正是当前中国再造村社集体的最重要条件。

下面先回顾人民公社以来的村社集体情况，再讨论在当前乡村振兴战略背景下再造村社集体的可能性与具体路径。

二、人民公社以来的村社集体

中国农村土地制度和村社集体制度经历了不同的阶段。大体可以分为三个阶段，即人民公社时期、分田到户后取消农业税前、取消农业税以来三个阶段。此外，全国不同地区还有一些创新性的实践也值得讨论。

1. 人民公社体制

人民公社实行"三级所有、队为基础"的政社合一体制，生产队是农民基本的生产与生活单位，共同生产、统一分配，是最基本的经济核算单位。人民公社实行"按劳分配"，所有劳动都核算为工分。一般来讲，作为基本核算单位的生产队，每个社员（劳动力）通过参加劳动获得总工分，总工分乘以每个工分的分值就是社员年收入。而每个工分的分值又取决于生产队当年总收入减去总支出再除以总工分的所得，即：

$$\frac{生产队总收入-生产队总支出}{生产队总工分} \times 社员个人总工分 = 社员年收入$$

以上公式中，无论是生产队总收入、总支出，还是生产队总工分、社员个人总工分，都是不确定的。人民公社时期城乡分割，农村以农业为主，农民主要从事农业生产，生产队主要收入也来自农业，生产队社员集体劳动，每天集体出工，记工分，每个社员每天出工所记工分一年加总即为社员一年总工分。所有社员总工分再加上其他诸如民办教师、赤脚医生的工分加总形成生产队总工分。生产队总收入即为一年内农副业等各项收入的加总，而总支出不仅包括生产性的投入，而且包括各种公益开支和公积金。

人民公社时期正是中国快速推进工业化的时期，为了完成工业化，国家采取了优先发展城市与工业的战略，工农产品存在明显的剪刀差；正是借助人民公社体制，通过工农产品价格剪刀差，国家从农村和农业中抽取了数千亿元的农业积累用于城市工业，从而在很短时间内完成了中国的工业化，建立了完整的工业体系。而对于人民公社来讲，工农产品剪刀差人为压低了农产品的价格，降低了生产队的总收入。总支出方面，生产队承担了大量非经济组织的功能，比如基础设施等公共工程建设，五保等社会保障事业，医疗卫生、教育文化事业支出，甚至承担了大量跨区域大型公共工程建设如修建大型水库、铁路公路建设等。

从生产总工分来看，除了社员参加生产队劳动的工分以外，生产队还为其他事业工作提供工分，最典型的是为赤脚医生、民办教育、文艺宣传队、亦工亦农干部以及外出参加国家工程的劳动力记工分。大队和小队干部工作误工也以计工分来补偿，这样做的好处是历史性地解决了中国农村公共和公益事业发展不足的问题，尤其是在农村存在大量剩余劳动力的情况下，工分制让大量农村剩余劳动力从事医疗、教育、文化等事业，大幅度提高了农村社会教育事业的发展水平。同时，大量非生产性工作记工分并纳入到生产队总工分中，就使生产队总工分持续扩大。在生产队的耕地面积一般不可能增加，生产队总收入主要来自农业也就是土地收入时，工农产品价格存在剪刀差，生产队总收入增长相对较慢，而总支出因为各种社会事业越来越多而迅速增长，总工分也在不断增长，结果就是出现了普遍的工分分值的下降。① 相对来讲，因为受到每天最高工分和一年仅有 365 天的限制，社员总工分不可能增长，就造成了人民公社时期社员收入增长较为缓慢的问题。

人民公社时期，农户收入较低，很多生产队仅仅维持温饱水平，生产队在进行分配时就必须考虑无法挣工分的非劳动力（老年人、儿童以及病残人员）的基本分配。因此，在全国几乎所有生产队中，生产队经济剩余（总收入－总支出）分配都要既考虑人口，又考虑劳动力，生产队经济条件好可以按人劳五五开分配，即人口和劳动力对半分配，大部分生产队则按人劳六四开甚至七三开来分配，按人口分配

---

① 曹锦清、张乐天、陈中亚：《当代浙北乡村的社会文化变迁》，上海人民出版社2014年版。

队是农民基本的生产与生活单位，共同生产、统一分配，是最基本的经济核算单位。人民公社实行"按劳分配"，所有劳动都核算为工分。一般来讲，作为基本核算单位的生产队，每个社员（劳动力）通过参加劳动获得总工分，总工分乘以每个工分的分值就是社员年收入。而每个工分的分值又取决于生产队当年总收入减去总支出再除以总工分的所得，即：

$$\frac{生产队总收入-生产队总支出}{生产队总工分} \times 社员个人总工分 = 社员年收入$$

以上公式中，无论是生产队总收入、总支出，还是生产队总工分、社员个人总工分，都是不确定的。人民公社时期城乡分割，农村以农业为主，农民主要从事农业生产，生产队主要收入也来自农业，生产队社员集体劳动，每天集体出工，记工分，每个社员每天出工所记工分一年加总即为社员一年总工分。所有社员总工分再加上其他诸如民办教师、赤脚医生的工分加总形成生产队总工分。生产队总收入即为一年内农副业等各项收入的加总，而总支出不仅包括生产性的投入，而且包括各种公益开支和公积金。

人民公社时期正是中国快速推进工业化的时期，为了完成工业化，国家采取了优先发展城市与工业的战略，工农产品存在明显的剪刀差；正是借助人民公社体制，通过工农产品价格剪刀差，国家从农村和农业中抽取了数千亿元的农业积累用于城市工业，从而在很短时间内完成了中国的工业化，建立了完整的工业体系。而对于人民公社来讲，工农产品剪刀差人为压低了农产品的价格，降低了生产队的总收入。总支出方面，生产队承担了大量非经济组织的功能，比如基础设施等公共工程建设，五保等社会保障事业，医疗卫生、教育文化事业支出，甚至承担了大量跨区域大型公共工程建设如修建大型水库、铁路公路建设等。

从生产总工分来看，除了社员参加生产队劳动的工分以外，生产队还为其他事业工作提供工分，最典型的是为赤脚医生、民办教育、文艺宣传队、亦工亦农干部以及外出参加国家工程的劳动力记工分。大队和小队干部工作误工也以计工分来补偿，这样做的好处是历史性地解决了中国农村公共和公益事业发展不足的问题，尤其是在农村存在大量剩余劳动力的情况下，工分制让大量农村剩余劳动力从事医疗、教育、文化等事业，大幅度提高了农村社会教育事业的发展水平。同时，大量非生产性工作记工分并纳入到生产队总工分中，就使生产队总工分持续扩大。在生产队的耕地面积一般不可能增加，生产队总收入主要来自农业也就是土地收入时，工农产品价格存在剪刀差，生产队总收入增长相对较慢，而总支出因为各种社会事业越来越多而迅速增长，总工分也在不断增长，结果就是出现了普遍的工分分值的下降。① 相对来讲，因为受到每天最高工分和一年仅有365天的限制，社员总工分不可能增长，就造成了人民公社时期社员收入增长较为缓慢的问题。

人民公社时期，农户收入较低，很多生产队仅仅维持温饱水平，生产队在进行分配时就必须考虑无法挣工分的非劳动力（老年人、儿童以及病残人员）的基本分配。因此，在全国几乎所有生产队中，生产队经济剩余（总收入—总支出）分配都要既考虑人口，又考虑劳动力，生产队经济条件好可以按人劳五五开分配，即人口和劳动力对半分配，大部分生产队则按人劳六四开甚至七三开来分配，按人口分配

---

① 曹锦清、张乐天、陈中亚：《当代浙北乡村的社会文化变迁》，上海人民出版社2014年版。

事业，最典型的是集体灌溉。

3. 取消农业税以后

进入世纪之交，中国经济持续增长，城市工商业税收占比越来越大，农业 GDP 占比持续降低，国家具备了取消农业税的条件，并在 2006 年取消了农业税及专门向农民收取的各种费用。取消农业税后，之前搭车收费的"三提五统"、共同生产费、"两工"义务也随之取消，承包土地农户不再承担作为土地所有者的村社集体任何义务，村社集体也不再有任何对农民的强制力，村社集体土地所有权虚化了。在缺少其他集体资源的情况下，村社集体不再有能力解决"一家一户不好办、办不好和办起来不合算"的事务，户外村内公益事务陷入无人负责的严重供给不足之中。

取消农业税后，国家为农民提供了越来越多的财政转移资源，主要是项目制和直接"一卡通"到户两种形式，村社集体并未成为对接国家转移资源的单位。结果是，国家向农村输入资源越多，农民的依赖就越严重，国家资源下乡与农民组织能力的下降同步，甚至普遍出现了国家公共事业建设项目落地时农民借机索要不合理高额补偿的情况。取消农业税前向农民收钱难，取消农业税后给农民办好事也很难，其中主要原因就是在缺少组织的情况下，国家与分散的亿万农户打交道的成本很高、效果很差。

4. 成都城乡统筹改革

2008 年成都城乡统筹改革，政府拿出大量财政资源支持农村建设，在建设农村方面取得了一定成绩，也有不少教训。

成都市城乡统筹有三项资源支持农村建设，分别是：给农户每亩承包地每年补300元耕保基金，直补到户；给每个行政村每年30万~50万元公共事业服务资金（以下简称"公服资金"）；通过增减挂钩政策为农村输入数百亿元建设经费。这里重点讲前两项。

耕保基金300元/（亩·年）直补到农户，未能起到任何提高农民主体性和增加农村组织能力的作用，反而成为成都市地方财政的巨大负担。公服资金下达到村，由村民议事会议定进行何种公益事业或公共工程建设。刚开始时，因为公服资金的投入与农民生产生活条件改善关系十分密切，村民议事会就会热烈地讨论，并真正形成民主使用公服资金的制度，自上而下的资源输入与农民自下而上的需求偏好表达在村民议事会中对接，国家资源输入提升了农民组织能力。不过，最近几年，因为村庄基础设施大都已经完善，村庄公服资金使用中出现了若干不规范现象，地方政府因此加强了对公服资金的监管，规定了公服资金使用的目标与程序，村民议事会决议仅仅是公服资金使用中的一个环节，公服资金越来越类似于项目制，从而越来越难以起到提升农民组织能力的作用了。

5. 沿海工业化村庄的集体经济

在已经工业化的沿海农村、珠三角农村和苏南农村农地用于工商用途，从而可以获得远超过农地的土地增值收益，农民因此可以从中受益。土地集体所有制在其中起到了基础性作用。

珠三角与苏南略有不同。珠三角村社集体的主流模式是土地股份制或共有制，即村社集体是土地的所有者，通过招商引资出租土地，获取土地租金，土地租金收益属于全体村民，村民按股分红。某种意义上讲，珠三角农村村民成了集体地主，他们有着强烈的增加土地租金以有更多分红的倾向。极端情况下，珠三角村社集体这个集体地主是生存的逻辑，是福利的逻辑，也是平均主义的逻辑。按劳动来分配则是按劳分配。无论从哪个方面来看，人民公社时期的按劳分配都是很不够的。

除了没有真正实现按劳分配以外，因为个体劳动与最后收入之间缺少联系，生产队集体劳动还存在"出工不出力"以及农业生产监督的难题，最终造成了人民公社的低效率。进入20世纪80年代，集体劳动统一分配的生产队模式被分田到户的大包干模式取代。

人民公社体制最大优势有三个：一是通过工农产品价格剪刀差为国家工业化提供了大量来自农业的原始资本积累，助推中国在很短时期完成了工业化；二是将大量农村剩余劳动力引导到教育、医疗、文化等社会建设事业，从而主要依靠农村社会内部力量将传统中国乡村社会改造为现代社会结构；三是利用农村剩余劳动力大幅度提升了农业生产基础条件，包括修建一亿多亩比较高质量的梯田，修建大型水利设施，等等，极大地改善了农业生产条件，典型的是有效灌溉面积由新中国成立初期的18%提高到1980年的46%。[①]

人民公社时期，正是凭工分制，生产队体制取得了远超历史上任何时期的伟大成就，并为分田到户以后农业生产的快速发展奠定了基础。人民公社体制也有局限性，到了人民公社后期，越来越多的生产队出现了出工不出力、磨洋工的情况。1978年安徽小岗村大包干的做法很快就在全国推开。

2. 分田到户以后取消农业税之前的农村经营体制

分田到户以后，农村实行以家庭承包为基础、统分结合的双层经

---

① 程漱兰：《中国农村发展：理论和实践》，中国人民大学出版社1999年版。

营体制，农民"交够国家的、留足集体的，剩下都是自己的"，因为农民有了剩余索取权，生产积极性大幅度提高，在很短时期内农业产出大幅度增加，农民收入快速增长，农村出现了一片繁荣景象。

不过，分田到户以后农村繁荣景象好景不长，各种三农问题接踵而至，其中核心是在农业剩余比较少的情况下，农民往往不是"交够国家的、留足集体的、剩下都是自己的"，而是"交够国家的和剩下自己的"，却不愿"留足集体的"，甚至连国家的农业税也不愿交，国家从分散的农户那里收取税费十分困难。为了调动乡村干部协税积极性，地方政府普遍默许乡村干部"搭车"收费，结果，到了20世纪80年代末，三农形势大幅度恶化，三农工作成为党和国家不得不重新重视的"重中之重"的工作。

分田到户最大的好处是调动了农户的生产积极性，问题是，在农民收入较少的情况下，国家从分散农民那里收钱搞建设几乎不可能。分田到户后不久，国家还无力为农村提供大量财政资源，就不得不强制向农民收取税费，从而引发严重的三农问题。结果就是，一方面税费收取困难，一方面各种社会事业建设发生了倒退，典型的如医疗教育、文化事业，而农村水利等基础设施建设就更是停止了很多年。而且，在农村耕地有限、劳多地少的情况下，农户生产积极性的提高产生了大量农村剩余劳动力，这些剩余劳动力无所事事，也无法被组织起来，从而出现了"十亿人民九亿麻[①]"的现象。

从分田到户以后到取消农业税之前，尽管因为收取农业税费而产生了严重的三农问题，总体来讲，村干部还是能收取大部分税费，从而可以筹资举办"一家一户不好办、办不好和办起来不合算"的公益

[①] 形容打麻将的人数之多。

成为土围子,对抗所有村庄以外的力量[①]。

苏南农村与珠三角不同。苏南农村村社集体将承包给农户的土地返租,向农户支付土地租金(比如1000元/[亩·年]),并给超过60岁农民养老保障(上海农村叫作"镇保",每月1500元;苏州为每月800元),村社集体将土地出租给外来企业获取土地租金,村社集体土地租金一般不分红而用于建设村庄公共事业,提供村庄公共福利。2017年笔者到苏州调研,苏州有一个口号"消灭集体收入低于200万元的行政村",即如果有村庄年集体收入低于200万元,地方政府就批给建设用地指标允许行政村建集体楼宇出租,从而获得超出农地的增值收益。苏州地区,同样是基础设施,村社集体经济实力强的村庄就用集体资金来建,集体经济实力弱的村庄地方政府就通过项目投入进行建设。从这个意义上讲,苏州强大的村社集体经济并未成为"土围子",而是进一步强化了国家在农村的力量。

6. 广东清远农村综合改革

广东清远农村综合改革试点,其中的土地整合与资金整合最值得关注。土地整合,即在土地确权时确权不确地,让村社集体具有调整土地的权力,从而解决当前农村普遍存在的农地细碎化及农地承包者与经营者分离的问题。资金整合,主要是通过农户授权的形式将国家直补到户的农业综合补贴整合到村社集体由村社集体掌握,作为村庄公共事业建设经费。清远农村综合改革大大提升了村社组织的办事能力,激发了村社组织的主体性与活力。

[①] 参见贺雪峰:《农村集体产权制度改革与乌坎事件的教训》,载《行政论坛》2017年第3期。

7. 山东农村的土地调整

迟至 2016 年农村土地确权以前，山东农村仍然普遍存在村社集体调整土地的做法。按农民的说法，土地是集体的，农民要是没有土地该怎么活下去？所以，每隔几年村社集体就要依据农户人口增减来调整土地，多退少补。山东农村调整土地有其伦理依据，即农民是靠土地养活的，"减人减地、增人增地"是理所当然的。实际上，正是土地调整使山东农村可以顺应大量农民进城和农业生产力发展（尤其是机械化的普及）背景下农村土地并块和集中的内在需要。

更重要的是，借土地调整，村社集体可以对所有农户进行责权利的清算与平衡，从而形成村级治理的基本条件。凡是土地调整顺利的村庄，其基层治理往往就比较好，而基层治理不好的村庄土地调整往往也调不动。土地调整涉及的是农民利益清算，是村庄多年与各个农户之间收支往来、权利义务之间的总账平衡，是"算平衡账"，正是这个"算平衡账"激发了村庄治理的活力，提高了村庄的组织能力。

三、激活村社集体的关键是"算平衡账"

从以上七个例子中我们可以看出决定乡村治理的一个关键机制就是李昌平所讲"算平衡账"的机制。

人民公社时期，生产队每年都是要"算平衡账"的，即每年年底要依据公社的规则来"算分配"，哪一户有分配，哪一户超支了，依据的都是生产队的规定，都要按这个规定来。生产队会计绝对是不敢乱计算的，因为这与农户利益息息相关，农民也会点滴必争，生产队这个集体因此与农户紧密相连，农户对生产队事务是全力参与、积极关心，生产队干部任何谋取私利行为以及破坏公认规则的行为都会被农户强力纠正。

人民公社时期在建立生产队集体与农户紧密关系方面无疑是成功的，生产队是共同生产、统一分配的共同体，这个共同体就可以共同应对户外村内"一家一户办不好、不好办以及办起来不合算"的事情。如前已述，人民公社时期的缺点有三个：一是国家通过工农产品剪刀差从农村提取了大量工业化原始资本积累，从而减少了生产队中可供分配的资源。二是生产队承担了大量公益性职能，许多应当由国家提供的公共品，比如教育、医疗、五保等，甚至大量国家工程，比如大江大河改造、大型水库修建、国道省道铁路等大型基础设施修建，都无偿调用了大量农村劳动力，这些劳动力的分配（通过工分）则由生产队承担，由此减少了生产队劳动力可供分配的资源，或降低了每个劳动力可以分配到的工分分值，使"按劳分配"打了折扣。三是农业生产很难对劳动质量进行量化，难以调动每个劳动力的经济理性，普遍出现了农业生产中"出工不出力"的问题。

分田到户以后，"交够国家的、留足集体的、剩下都是自己的"，这一机制的最大好处是农民有了剩余索取权，从而可以极大程度调动农民的生产经营积极性。"留足集体"的资源主要用于农村公益事业建设，"户外村内"公益事业和公共工程建设就有了可靠的资金与劳动力来源，也就可以在调动农户个体积极性与保持村庄共同体之间达成平衡。有点遗憾的是，到20世纪80年代末，因为农业形势不景气，粮价低迷，而地方政府为了加速地方经济发展，不断增加对农民的摊派，最终农民负担越来越重，结果就出现了拒绝"交够国家的、留足集体的"的钉子户和无力"交够国家的、留足集体的"的贫困户，地方政府为了及时收取税费摊派而默许乡村搭车收费，就进一步恶化了农村形势，造成普遍的干群关系紧张。20世纪90年代在农村调研，因负担太重，农民最常讲的话是"我不要承包地行不行？不要地也不缴税费摊派行不行？"乡村干部的回答是"不行"，因为"大家都不要承包地，谁来承担国家税费摊派任务呢！"

取消农业税后，村社集体不再有权力和能力向农户收取税费和摊派，农民不再承担任何对村庄的公益事业的义务，村社集体失去了依据集体理性来进行建设的可能性，因为即使是全村2/3村民认可且通过了决议来进行的造福全体村民的公益事业，也都会因为没有资源而无法实施。向农户收取"一事一议"经费，只要有一户不同意，村社集体决议就变成废纸。这也是取消农业税以后全国农村"一事一议"基本上没能进行的原因。简言之，当村社集体没有对农户收费或收租（作为集体土地所有者）的权力时，当农户不再对村社集体有义务时，以及村社集体失去筹资渠道时，村社集体就失去了"算平衡账"的条件，村社共同体也就不存在了，即使是对所有村民有益的事业也无法做成。其中最典型的表现是因为缺少村社理性，大型水利设施无法与单家独户的农户对接，造成农业灌溉水平大幅度倒退。[①]

为了弥补取消农业税后农村公共工程和公益事业的不足，国家以项目制的形式直接为农村提供公共品，不足是不同农村差异太大，国家直接提供公共品往往偏离村庄实际，造成投资效益损失。更糟糕的是，国家投入并未能调动起村庄和农民的积极性，甚至普遍出现了农民"坐地要价"的情况。村社集体没有权利向农户收取税费，其作出的决定也无法执行，村社集体就与农民利益无关，因为农民所需要解决的超出一家一户的公共事业村集体都无能为力。也是因此，农民

---

① 参见罗兴佐、贺雪峰：《论乡村水利的组织基础》，载《学海》2003年第6期。

对选谁当村干部变得漠不关心，村干部越来越成为上级设在村级的代理人。

取消农业税后，成都向各行政村提供由村民议事会决策使用的相对固定的公服资金，这笔经费必须经由村民议事会讨论决定如何使用。因为村庄有大量需要建设的公共事业，这些事业构成农民生产生活便利的基础，村民议事会因此就会认真讨论如何最有效地使用这笔公服资金。有点遗憾的是，为了防止国家资源的滥用，成都市对下拨到村的公服资金用途作出了越来越严格、程序化的规定，公服资金越来越不好用了。

自上而下的公服资金下拨到村，由村民议事会来使用，还存在一个问题就是农户只有权利，而没有责任和义务，从而降低了一般农民对公服资金的关注力度，这也是出现村干部滥用公服资金的原因，村干部和村民议事会在算账时，都是算国家资源的账而不是农民自己的利益，这个账就容易算成对国家资源的算计。

沿海发达地区农村，农地非农使用产生了大量增值收益，这个增值收益以地租的形式进入村社集体收入中，从而让村社集体具有了可供村民分配的资源。因为工业化路径的差异，珠三角地区一般都是通过土地股份制来分配资源的，村民成为集体地主。苏南则通过返租倒包形式为农户提供土地租金和养老保障，而将超出农业租金部分的土地非农使用增值收益留在村社集体，这种村社集体资源很大程度上被地方政府掌握，主要用于建设公共事业，从而加强了地方政府对村社集体的支配能力。

也就是说，在沿海先行工业化的农村，农地非农使用的增值收益使得村社集体不用向农户收钱就可以获得用于村庄公共事业建设的资源。相对来讲，珠三角农村农民更认为村社集体的收入就是每个农户集体所有土地出租产生出来的，所以更应当分配到户；苏南农民则认为返租土地时已支付土地租金和养老保障，土地非农收益不再是自己的，所以对土地分红诉求不高。表现出来就是，珠三角的农地非农使用增值收益更多分红到农户，苏南农村则更多用于建设公共事业，村民算平衡账中也一般只算利益而不算义务与责任。

广东清远农村综合改革比较有趣，因为清远市通过土地整合与资金整合重建了村社集体的筹资能力与调整农民利益的能力，也就是算平衡账的能力，从而具备了一定的集体理性来解决一家一户不好办的事情。

山东农村保留调整土地的权力，是通过伦理话语来保留村社集体对分散农户的一定强制力，从而有能力回应农户的诉求，解决单家独户不好办的事务。

将以上七种实践按算平衡账的机制列表如下。

算平衡账的几种表现：

	村社集体资源量	资源来源	算平衡账机制	集体与农民关系密度
生产队	小	国家抽取强	强	大
分田到户后取消农业税前	小	国家抽取弱	弱	中
取消农业税后	小	内部调整	无	无
成都城乡统筹农村	中	国家输入资源	弱	中
沿海发达农村地区	大	土地非农使用资源	强	大
广东清远农村综合改革	小	将国家输入资源变公共资源	较强	中
山东土地调整	小	内部调整	较强	中

四、再造村社集体

激活村社集体最重要的有两条：第一条就是村社集体必须有资源，第二条是村社集体资源的分配与使用要与村社成员利益建立起基于公共规则与共识的联系。其中最重要的是算平衡账，从而可以强制调整村民之间的权责利关系。

一旦村社集体具有资源，又建立了使用集体资源的公共规则，村社也就可以具备公共理性，就可以解决一家一户办不好的公共事业。

在当前占全国绝大多数的普通农业型村庄，村社集体不可能获得沿海工业化农村的土地非农使用增值收益。新中国成立以来，村社集体所获收益主要来自集体土地。现在的问题是，取消农业税以后，村社集体不再有向农户收取费用的权力和能力。因此，要有重建村社集体的资源能力，主要办法可能就是如清远市农村资金整合一样将之前国家直补到户的农业综合补贴收归村社集体，或如成都市一样将发放到农户的每亩300元的耕保金改为发放到村社集体。总之，在当前国家资源较多，对农村财政支持能力较强的情况下，完全可以通过国家财政支持来形成村社集体资源与收入。比如，国家可以设定每亩300元的财政补贴直接补到村社集体，相当于村社集体向承包土地农户收取每亩300元承包费。

同时建立基于土地集体所有制的公共规则，比如可以对"三权分置"的农地进行赋权，农地三权分别为"集体所有权，农户承包权，经营权"，每一项权力赋值为1分，农户承包土地并耕种，每亩土地就得到2个赋分，承包土地农户自己不种地而进城务工，农户就将土地经营权交还村社集体，村社集体依据算平衡账情况给让渡出经营权的承包农户一定的土地租金补偿，村社集体再将收回的经营权招标出租出去，本村社集体成员具有优先招标权。让渡出经营权外出务工的农户可以随时回村要回经营权，前提是，由于土地是生产资料，只能自己耕种，不能私下流转。这样，我们就可能构造一个主要通过集体土地赋权所形成的分配集体资源的公共规则，或算平衡账的公共规则。

例如，一个村社集体有 300 户，共 3000 亩承包地，假定每户人口和承包面积都一样，全村共有 150 户进城不再种地，有 120 户只种自家承包地（老人农业），有 30 户不仅种自家承包地而且通过招标优先获得了进城农户退给村集体的土地经营权（中农户），则土地权利赋分如下：

总分 =3000 亩 × 3 分 / 亩（所有权 + 承包权 + 经营权）=9000 分。

进城农户：10 亩 × 1 分 / 亩（承包权）=10 分，

150 户进城农户 =150 × 10=1500 分。

种自家承包地农户：10 亩 × 2 分 / 亩（承包权、经营权各一分）=20 分，

120 户种自家承包地农户 =120 × 20=2400 分。

中农户：10 亩 × 2 分（承包权、经营权各一分）+ $\dfrac{1500\ 亩}{30\ 户}$ × 1 分（经营权）=70 分，

30 户中农户 =30 × 70=2900 分。

以上三类农户累计：1500+2400+2500=6000 分。

剩余 3000 分为集体所有权的赋分。

当然，也可以将集体所有权的赋分加到承包权与经营权上。

这样就形成一个依据农户土地权利赋分所产生的分配规则，农户依据自己的土地权利赋分来参与村社集体的再分配或算平衡账，所有村民与村社集体之间都建立起了制度化的利益联结，村社集体则在被授权的情况下，可以为村社公共事业的建设筹资。村社集体与所有农

户都建立起来密切的利益联系。如此一来就可能激活村社集体。

一旦村社集体被激活，就可能产生两个方面的作用：一是具有回应农民需求偏好的能力，一是具备对接国家资源（包括项目）的能力。

从第一个作用来讲，因为村社集体具有筹集资源能力以及再分配资源的能力（算平衡账的能力），并且国家不仅不像人民公社时期和取消农业税前一样向村社集体或农民个人收取税费，而且有大量资源转移进入，村社集体就有了回应农民需求偏好的能力。在将农地回归生产资料本质的条件下，村社集体有能力通过土地调整来解决当前全国农村因为农民进城造成的农地细碎化问题。村社集体通过土地并小块为大块，可以在村社内部形成适度规模经营，形成中农群体，同时又有一定的提供村庄公共品的能力，比如组织集体灌溉的能力，从而可以在相当程度上解决当前中国农业中的地权分散与地块分散的问题以及谁来种田的问题。当然也可以解决进城农户返乡保障的问题。

从第二个作用来讲，一旦村社集体具有再分配能力，村社集体就可以具备对接国家资源的能力，典型的比如，国家项目在村庄落地，村社集体就可以通过调整土地、动账不动地来平衡村民之间的利益，防止农户坐地要价。所以说一个具有利益再分配能力的村社集体可以成为国家资源在农村落地的基础条件。乡村振兴战略中必定会有越来越多国家资源下乡，前提必须是国家资源对接到村社集体而非分散农户。

乡村振兴战略必须以建立农民的主体性为前提，乡村振兴主体的说法容易引起误会，因为真正能成为乡村振兴主体的是村社集体而非个体农户。在已经形成全国统一劳动力市场的条件下，在农民具有完全市场流动权利的条件下，农户是市场经济中的主体，而只有村社集体才是乡村振兴的主体。再造村社集体是实施乡村振兴战略的基本条件，再造村社集体的最大制度优势正是集体土地所有制，最大的时代条件则是中国已经进入到大量国家资源下乡而非国家要从农村汲取资源的时代。当前中国农村要解决的问题从过去向农民收钱难转变为给农民发钱难。以土地集体所有制为基础来激活村社集体，就为国家向农村投入资源振兴乡村提供了基本的组织基础。

再造村社集体是乡村振兴战略能否成功实施的关键。

国有农场对农村经营体制改革的启示

一、引论

笔者最近一段时间调研国有农场,有一些发现,值得讨论。其中最为重要的是,国有农场的经营体制对农村经营体制有着相当重要的启示作用。因为当前农村经营体制存在的诸种弊病,国有农场大都很好地克服了。国有农场的土地属于国有,农村土地属于集体所有,国有与集体所有是两种有所差异的公有制,都不同于土地私有制。在1983年,全国农垦系统普遍学习实行农村分田到户的经营体制。进入21世纪,农村取消农业税及附着于农业税上面的各种收费,而国有农场没有取消之前向承包土地职工的收费,而改为收取租赁费,从而走上了与农村经营体制不同的道路。

当前全国农垦系统共有9000多万亩耕地,数百万职工。据有关资料,全国农垦系统用约占全国4.37%的种植面积生产出全国5.88%的粮食,2015年农垦系统的粮食亩产达到476公斤,高出全国平均水平120多公斤。[1]以江苏垦区为例，江苏农垦2013年用占全省1.45%的耕地生产出了全省3%的粮食。[2]农垦的耕种收综合机械化水平达到86%，高于全国平均水平29个百分点。[3]几乎在全国所有省区，国有农场的农业机械化程度、科技水平、农业组织化程度、农业综合服务能力都好于地方。

当然，全国农垦系统内部差异也很大。其中新疆建设兵团直属中央，农垦与戍边两项职责使新疆建设兵团与一般农垦具有很大差异。黑龙江农垦耕地面积极大，职均耕地远远超过全国农民人均耕地，也远远超过全国农垦系统职均耕地面积；种植结构上也差异极大。而全国大部分省区国有农场人均占有耕地面积与一般农村无异。不过，农垦系统的国有农场有一项却是相同的，即国有农场土地属于国有，正是土地国有形成了当前国有农场的独特经营体制。以下我们重点以对安徽农垦的调查为例，讨论农垦体制及其可能对农村经营体制的借鉴意义。

二、国有农场农业经营体制的形成

农垦系统的国有农场是20世纪50年代国家组织垦荒形成的，一般垦荒是针对湖、岗、山、岔等不易农耕的土地，其中少数国有农场垦荒之前已经有农户甚至村庄，就出现了"以场带队"的情况。大多数国有农场是在人迹罕至的土地上垦荒，由此形成了农垦体制。除新

---

[1] 中华人民共和国国家统计局编：《中国统计年鉴2016》，中国统计出版社2016年版。
[2] 江苏农垦集团有限公司：《全国农垦重大问题调研汇报提纲》（内部资料）。
[3] 参见周琳：《农垦有望率先实现农业现代化》，载《经济日报》2013年10月31日。

疆建设兵团等极少数国有农场仍然保留比较严格的团场体制以外，改革开放以后，全国绝大多数国有农场内部实行了各种形式的责任制。

改革开放之初，全国农村经营体制改革，实行以家庭承包为基础的责任制，村社集体土地承包给农户，"交够国家、留足集体的、剩下都是自己的"，农村实行以"大包干"为主要特点的分田到户体制，调动了农户的生产积极性，推动了农业生产力的发展。1983年前后，全国绝大多数国有农场学习农村经营体制改革经验，实行了类似农村家庭承包制的土地承包责任制，甚至有些国有农场将土地承包期定为与农村同样的十五年。不过，总体来讲，国有农场学习农村经营体制时保留了国有农场的部分特点：一是土地承包期限大多较短，且缺少对土地承包经营权的物权化界定；二是农场保留了比较强的干预职工家庭农场的能力，尤其是在共同生产事务等方面，农场有较强的干预能力。

分田到户之初，家庭承包责任制极大地调动了农民进行农业生产的积极性，发展了农业生产。不过，到了20世纪90年代，因为粮价低迷，农业税费负担日渐加重，农民收入增长速度下降，解决农业农村农民"三农"问题成为中央工作的"重中之重"。在20世纪90年代，有些地区农民视土地承包经营权为负担，弃田抛荒的情况不断发生，农业税费收取成为"天下第一难事"。与税费收取困难相一致的是村社集体为农户提供共同生产服务的能力快速下降，农业生产基础条件越来越差。进入21世纪，中央下决心进行农村税费改革，从规范农民负担减轻农民负担，到2006年彻底取消农业税和附着在农业税上专门面向农民的各种收费。之前成为农民负担的土地承包经营权立即变成了真金白银，之前坚决不要承包土地的农户向村社集体要求要回自己土地的承包经营权。而由于不再向农户收取税费，村社集体也失去了为农户提供共同生产服务的能力。且因为不再收取税费，农户也不再可能借村社集体收取税费来提出生产生活诉求，要求村社集体及县乡政府必须解决。农户不再承担农业税费，土地承包经营权只有权利而无义务，在一些政策法律规定中，农户土地承包经营权变成了用益物权，乡村组织与农户之间的关系变得松散，结果就是，村社集体丧失了统筹农户进行农业生产的能力，农户只能单家独户各自应对农业生产事务。在很小规模农地上形成密集而分散的土地权利，造成普遍的"反公地悲剧"。

学习农村经营体制的国有农场，在20世纪90年代同样遇到了农产品低价及土地负担较重所造成的困境。不过，在农村进行税费改革并最终取消了农业税的情况下，国有农场开始走上与农村经营体制不同的道路，即国有农场保留了对承包给职工家庭土地收取税费的权利。只是农村税费改革取消了农业税费，农垦系统的国有农场将之前向职工收取的附着在土地上的税费改称租赁费，并进一步明确了国有农场和职工家庭之间的土地承包关系与农村是不同的，准确的关系应当是土地租赁关系。国有农场将国有土地租赁给农场职工家庭进行农业生产，职工家庭就必须承担土地租赁费。国有土地与农村集体土地是不同性质的土地，所以国有农场不可能将土地无偿地长期承包给职工。正因如此，国有农场开始了完全不同于农村的经营体制建设并取得了重要成果。

三、国有农场农业经营体制的特点

从全国农垦系统的农业经营体制来看，农垦的主要模式是大农场套小农场，大农场就是国有农场，小农场就是租赁国有土地进行农业生产的职工家庭农场。

一般来讲，农场所有职工都有从农场租赁土地进行农业生产以获得就业与收入的权利。因为农场职工是纳入城镇社会养老保险体系的，职工是农场的职工，与农场签有劳动合同，职工要缴占工资8%的养老保险金，农场作为劳动合同聘用单位要缴纳20%的养老保险，农垦系统普遍通过给职工分身份田来代替农场缴20%的养老保险金。身份田不用缴纳租赁费，一般每个职工4~6亩。身份田以外的农场耕地也要让职工来耕种，这些身份田以外的国有农场耕地就以招标形式租赁给职工家庭，一般都是按职工人数平均分配租赁田，而不完全是市场招标。租赁费也一般比市场土地租金要低。每个职工家庭以"身份田+招标田"的形式形成了国有农场下面的职工家庭农场，职工家庭农场自主经营。

与实行土地承包制的农村不同，国有农场实行的土地租赁制基础上的大农场套小农场有以下几个重要特点：

1. 土地所有权是国家的，职工家庭只有土地使用权，土地是由农场租赁给职工家庭的，职工家庭租用国有土地必须缴纳租赁费。

2. 一般情况下面，职工家庭租赁土地只能自己耕种，不能转让、转包，职工家庭自己不种地，就要将租赁土地退还农场，农场再进行招标，一般是在农场内部进行招标。先内后外，只有当农场职工都不愿租赁土地时才对外招标。

3. 除身份田以外的招标田，一般也是按农场耕地数除以愿要土地耕种的职工数所得的均数进行招标租赁，每个职工都有相等的获得农场招标土地的权利。

4. 农场土地租赁合同一般是3~5年。3~5年的合同到期并非一定就要调整耕地，在土地分配基本合理的情况下，租赁土地合同可以顺延。换句话说，职工家庭对租赁土地只有有限期限的土地使用权，这与农村集体土地农民家庭具有长期而稳定的土地承包经营权是完全不同的。农村村社集体不可能收回农民土地承包经营权，而当农场职工家庭不愿承担租赁费时，国有农场可以收回租赁给职工家庭的土地使用权。

5. 正因为农场租赁给农场职工家庭的土地是有条件的，农场就可以要求租赁农场土地的职工家庭承担共同生产费，以及履行农业生产的各项义务，比如统一植保、统一品种，甚至统一耕种、统一收割。黑龙江建三江农场搞农业生产的"六统一"，对生产环节事务的要求很多。安徽农垦对职工家庭农场生产环节的统筹则相对较少。

6. 由于可以收取租赁费，可以收取共同生产费，以及可以在生产环节进行统筹，农场就与职工家庭农场之间有密切联系，就要承担一家一户职工农场所办不好和不好办事情上的工作，就要为职工农场提供生产环节的各种服务，也有能力为职工农场提供各种服务。

这样一来，国有农场就通过租赁土地制度有效解决了职工家庭农场在农业上存在的各种问题：

公共服务，技术推广，统一服务，土地分散细碎，生产自救，水利灌溉，机耕道，社会化服务，反公地悲剧，等等。

同时，由于土地使用权不是用益物权更非财产权，而是使用权，使用还需要承担租赁费，且只能自己耕种土地，就使得那些不愿种地愿进城务工经商的职工家庭不再租赁土地，退出土地进城去了。他们进城失败后回来种地，还可以再向农场租赁土地来耕种。这样一来，在农场职工进城与从事农业生产之间就可以形成一个均衡。因为不存在进城失败就不能返回租赁土地的问题，所有对从事农业生产不太满意、觉得农业收入不高、希望到城市务工经商碰碰运气的农场职工和他们的家庭就敢于也愿意进城务工经商。大量农场职工和他们的家庭进城务工经商不再种地，他们之前租赁的土地就退回给农场，农场再通过招标的形式，先内后外，将土地租赁给留场务农的职工及家庭。进城不再种地的职工家庭越多，留场种地职工及家庭就可以有更大的种植规模，就可以有更佳的适度经营条件，就可能从农业中获得更加稳定且更高的收入。一旦从事农业生产有利可图，进城务工变得艰难的职工及家庭就可能返回农场种地。这样，在城市和农场之间，在务工和务农之间，在国家经济形势比较好和比较差之间，以及在不同的家庭生命周期和家庭策略之间，就会形成一种动态的均衡。

随着中国城市化进程的加速，越来越多进城务工经商的农场职工及家庭在城市体面安居下来，他们逐渐脱离了土地，成为在城市稳定就业的人群，他们就逐步摆脱了与农场和农业的关系。而农场就有部分职工及家庭在逐步扩大经营规模的基础上成为高水平的农业种植户。

四、国有农场农业经营体制与农村农业经营体制的比较

农场租赁制度有三条规则特别重要：一是招标田必须缴纳租赁费，二是租赁的土地只能自己种，不能转包；三是租赁合同一年一签，租赁期限 3~5 年。正是这三条规则清晰明确地界定了国有农场国有土地的公有性质及其作为生产资料的性质，也正是这三条规则使国有农场国有土地使用权与农村集体土地所有制中的农民土地承包经营权区别开来，虽然农场的国有土地与农村集体土地都是公有制的土地，按《宪法》都只应当是生产资料。分田到户以后，因为不断出台的农村

土地政策和相关法律尤其是《物权法》和《土地承包法》的修改，同为公有制的国有农场的国有土地与村社集体的集体土地有了极大差异。

对应国有农场土地租赁制，农村村社集体土地承包制的三条规则分别是：第一，承包经营集体土地的农户不缴纳任何承包费，也不承担农业税；第二，农民承包土地可以转包、出租、转让；第三，农民具有长期而稳定的土地承包经营权，这样一种长期而稳定的土地承包经营权，强调"确权确地确四至"，村社集体不能调整土地。甚至，农户可以用土地承包经营权进行抵押融资，《物权法》直接将农村土地承包经营权界定为"用益物权"，农村集体土地的生产资料性质就逐步具有了财产权的性质。从农业生产角度来看，国有土地与集体土地就具有相当不同的权利设置，及因此就会产生完全不同的资源配置效果，也就会产生其他相当不同的系列效应。

第一条，国有农场职工租赁土地必须缴纳租赁费，土地使用权只是一种有限的土地权利，是一种在土地上劳动从而获得劳动收入的权利。土地使用权不是财产权，租赁使用国有农场的土地必须付租赁费，则进城务工经商不再种地的农场职工就不会强烈要求获得土地使用权。进城务工经商有务工经商的收入，宜进城就进城。相对来讲，因为农村土地承包经营权不用付费，且越来越财产化了，进城农民不仅不会放弃他们的土地承包经营权，而且在任何时候都会激烈争夺他们认为自己应当获得的土地承包经营权。为了防止农户对土地承包经营权的激烈争夺，国家政策强调"确权确地确四至"，强调"增人不增地、减人不减地"，以及强调土地承包经营权长久不变，从而进一步强化了农地的财产性质。土地承包经营权长久不变，而越来越多农户进城务工经商，在城市获得了稳定就业与收入，在城市体面安居下来，他们却不愿意放弃自己不用付费的土地承包经营权。进城体面安居的农户,他们将土地承包经营权保留在自己手上,以储值,以保留自己的村庄人身份,以留下乡愁。他们也可以将土地承包经营权中的经营权流转出去,但他们一定要求收取高额的租金,以及不允许流入土地经营权的种植户在自己土地上搞便利生产的建设。

一句话,因为农村土地承包经营权不用付出任何费用,就使得村社集体成员激烈争夺土地承包经营权,且已在城市安居的那些占有土地承包经营权的城居"地主"不会放弃土地权利。越来越多具有土地承包权的农户进城成为城居"地主",他们都具有小块土地的承包经营权,当他们将小块土地经营权流转给种植户时,种植户不仅要付出高额租金,而且完全无法对分散细碎的分属众多城居"地主"的土地进行便利农业生产的改造,先进农业生产力无法容纳,基本农业设施无法建设,农业生产大受影响。

第二条,国有农场规定租赁土地只能自己种,不能转包,充分表明了国有农场土地生产资料的属性。正是因为不能转包,那些已经进城可以在城市获得稳定就业与收入的职工及家庭就不会去竞争农场土地的使用权,就不会成为城居"地主"。反过来,如果进城失败,他们愿意回来种地,就可以再向农场申请土地使用权,从而可以获得土地上的农业就业。相对来讲,当前农村集体土地制度中,农民的土地承包经营权可以转让转包,农民进城不种地了,他们仍然占有集体土地的承包经营权,并通过转包来获取利益。进城村社成员无法割断与农村土地的联系,同时,留在农村从事农业生产的农户却面对过于细碎分散的土地难以进行有效率的生产。

第三条,租赁合同一年一签,最多3~5年一签,国有农场就有能力依据生产力变化需要和农场职工家庭情况重新安排土地生产关系,以及进行便利农业生产的土地调整。土地很重要的一个特点是不可移动，在当前中国快速城市化的背景下，越来越多的农场职工和农民进城去了，之前相对分散及小规模的农地就可能形成适度规模经营。随着越来越多的职工放弃土地使用权以及机械化的普及，国有农场普遍有能力依据生产力变化的需要进行土地关系和地块的调整，从而可以在扩大种植户规模的同时解决土地细碎化问题。解决土地细碎化有利于机械化和农业灌溉、农业管理，可以大幅度降低农业投入尤其是劳动投入，提高农业效率。在国有农场，最典型的是，因为土地租赁合同一年一签，农场可以根据种植户的需要，在种植户扩大经营规模（因为越来越多的职工进城而不要土地使用权了）的同时，可以保证一户一块地。相对来讲，实行土地承包责任制的农村村社集体，土地承包经营权长久不变，农户具有具体地块的长期而稳定的承包经营权。在城市化背景下，越来越多的农户进城不再种地，他们将土地流转给仍然留村务农的种植户耕种，种植户可以扩大经营规模，却无法将流转进来的土地集中连片。因为流转进来的土地分散细碎，无法进行有效的基础设施建设，难以管理，从而难以获得最低限度的农业生产效率。与国有农场形成鲜明对比的是，国有农场种植户在扩大经营规模时一般都可以做到一户只种一块地，耕地连片，而农村种植户种植与国有农场同样面积耕地，这些耕地至少要分布在十几个甚至几十个不同的地方，因此不仅产生了生产基础设施建设的困难，而且极大地增加了生产成本，尤其是农业管理的成本。如果粗略计算，地块分散细碎较土地连片，农业投入尤其是劳动投入一般要增加三分之一以上。而且农村种植户流入的是其他农户的土地经营权，一般种植户是不会被允许在这些土地上进行基础设施建设与改造的。

显然，在当前快速城市化和农业生产力迅速变化的背景下，国有农场土地租赁制度较集体土地承包制度更有利于农业的发展。在某种意义上,当前中国大陆以赋予农民长期而稳定的土地使用权将农户承包经营权物权化的政策,很可能是在重蹈日、韩等东亚国家和中国台湾地区农业困境的覆辙。而国有农场的租赁制度则可以化解日、韩等国家和中国台湾地区小农经济的困境。

实行土地承包制的农村,农户具有比较完整的土地承包经营权,且不承担税费负担。农户不仅具有生产经营的自主权,而且可以用土地进行抵押,可以将经营权转包,可以从土地流转中获得土地租金。也因为农户具有相当完整的土地权利,无论是县乡等基层政权还是村社集体组织,都很难对农户经营状况进行干预。

一方面农户不承担税费负担,国家和村社集体不向农户收取任何农地上的税费,另一方面则是基层政权和村社集体既无力也无心来为农户解决他们在生产中遇到的各种难题。结果就是,中国农村"人均一亩三分、户均不过十亩"的小农经营在生产环节出现的一家一户"不好办、办不好以及办起来不经济"的共同生产事务,基层政权和村社集体不愿办,单家独户的农户办不了,从而造成了严重的农业生产困境。

国有农场土地租赁制,种植户有义务缴纳租赁费。农场不仅要向种植户收取租赁费,而且有能力向种植户收取共同生产费比如排灌费、修机耕道的费用、统一植保的费用等。农场要向种植户收费就必须关心种植户的农业生产、解决种植户生产环节遇到的困难,为他们提供单家独户无力解决的社会化服务,甚至在遇到严重天灾时组织种植户进行生产自救。正是因为收取租赁费及有能力收取共同生产费,农场不得不回应也有能力回应农户在农业生产环节遇到的各种难题,解决他们一家一户解决不了的问题,从而就可以提高农业生产的效率。

国有农场搞建设,无论是国家投入、农场投资,还是种植户投资，因为种植户只有有限的土地使用权，农场就有能力让投资建设项目落地，从而在短期内以最低成本建设最好的农业基础设施。相对来讲，农村土地承包经营权属于农户，进行任何建设，项目落地就要与具有较大权利的农户打交道。任何地方都存在希望利用土地的不可移动性坐地要价的钉子户。国家为改善农业基础设施进行投资，建设落地时，一个钉子户坐地要价，进行项目建设的工程队是不可能通过强制来压服钉子户的。而国家每一次满足钉子户的坐地要价都会鼓励更多农户成为钉子户，最后的结果就是，当国家为了改善农业生产条件而进行农业基础设施建设时，会遇到越来越多钉子户索要好处，国家发现好事不好办。

以土地整理为例，国家为了提高农业生产能力，每年安排上千亿元的财政资金进行土地整理。遗憾的是，大量国家财政资金在投入农村进行土地整理时都遇到了种种麻烦，土地整理的效果相当不好，而在国有农场进行土地整理的效果却相当好。[1]

农垦系统的国有农场差异很大，既有像黑龙江职工家庭农场那样平均租赁面积 500 亩的大规模农场，又有职工家庭只有几十亩甚至十几亩的小规模农场。而且，有一些国有农场还要承担对农场居民的责任，比如安徽皖河农场共有 5.8 万亩耕地，有 3000 多名职工，有 2.6 万居民，且因为皖河农场以场带队的历史，农场所有居民都有平等租赁农场国有土地进行农业生产的权利。从人均耕地来看，皖河农场的人地关系十分紧张，甚至不好于当地普通的农村。不过，皖河农场是国有农场，实行土地租赁制，就与农村以家庭承包为基础的经营体制有了极大差异。相对于皖河农场附近农村，皖河农场的土地租赁体制

---

[1] 参见桂华：《项目制与农村公共品供给体制分析——以农地整治为例》，载《政治学研究》2014 年第 4 期。

具有极大优越性，择要有：解决了土地细碎化问题，解决了共同生产不足的问题，解决了进城户与种植户争地的问题，从而保证了职工进城与留场之间的平衡。几乎当前农村家庭承包存在的所有问题，国有农场都有效地解决了。①

五、农村经营体制可以从国有农场经营体制中学习什么

国有农场的土地国有制和村社集体的土地集体所有制是两种有所差异的土地公有制形式。改革开放之初，分田到户是为了调动农民进行农业生产的积极性，释放农业生产力，而通过承包让农户占有一部分集体所有土地权利，尤其是农民占有土地剩余的权利。分田到户之初，家庭承包制调动了农户生产积极性，发展了农业生产力，不过，承包制的局限性很快就出现了，尤其是后来农村土地制度设计的方向给了农户更大土地权利，甚至农户土地承包经营权向物权化的方向发展，最终造成城市化背景下和机械化发展条件下，农业生产力极大地受到被严重分割的农地产权的制约，中国农村的农业生产陷入东亚国家和地区所共有的小农困境中。

到 21 世纪初进行农村税费改革时，1983 年学习农村家庭承包制的国有农场开始摆脱之前学习的农村承包制，充分利用土地国有制的制度安排进行探索。正是这个探索，解决了城市化背景下和农业机械化条件下，农业生产关系包括土地关系对农业生产力变化的适应问题，从而走出了一条新路。

---

① 参见贺雪峰：《国有农场的经营体制及其优势——安徽皖河农场调查》，载《学术界》2019 年第 1 期。

以家庭承包为基础的农村基本经营体制要向国有农场学习。

如何学习？很简单，就是强调农村农地集体所有的生产资料性质，改变当前将农地变成农民土地财产的方向。具体可以学习国有农场作两点规定：第一，土地是集体所有的，农户具有承包经营权，承包经营权不能转让转包，不种地农户要将土地承包经营权退还村社集体，由村社集体先内后外招标承包；承包期有限；退出土地承包经营权农户可以获得一定数量的土地租金收益；且当农户愿意种地时，可以随时要回土地自种。第二，以仍然耕种土地的留村种植户为中心进行村社集体土地使用权的分配和调整；在一个时点上，所有村社集体成员中愿意种地农户可以分配本户应得面积土地，这部分土地不需要任何缴费，村社集体中已经进城的或由于其他原因不愿种地农户的土地可以通过招标方式先内后外进行招标，优先给到本村社集体种地农户，招标所得土地租金一部分用于支付给退出承包土地的农户，一部分用于农田基本建设；而最重要的是，村社集体土地可以依据生产便利进行调整，以尽可能做到村社集体种植户一户一块地，土地连片；同时，村社集体利用国家资源以及自筹款项对农地进行整治改造。

简单地说，当前农村土地集体所有制应作的两点改造一是土地是生产资料，而不是财产权，只有自己耕种才能获得土地使用权；二是村社集体土地应优先由仍然从事农业生产的本村社农户依据生产便利原则分配调整。

若作这样的安排，再由国家筹资对农村土地进行整理，则在当前中国农村人口快速城市化的背景下，就可能发生诸多重要效应：

第一，越来越多农户在城市获得稳定就业和收入，并在城市安居，这些城居农民就变成了真正彻底离开土地的城市人，他们逐步切断了与土地的联系。相应地，仍然留村种地的农户可以不断扩大经营规模，并在扩大生产规模的过程中通过地块调整解决土地细碎化的问题，从而提高农业生产效率。

第二，进城就业不再种地并因此退出了土地承包经营权的农户，他们在城市打拼，同时可以获得相对有限的退出承包地的土地租金。他们中的多数人最终可以通过打拼在城市安居下来。但也会有一部分进城农户左冲右突仍然难以在城市安居，他们就可以选择返乡，就可以要求获得自种的土地使用权。正是在进城失败返乡后可以要回土地使用权，农民进城时才可以放心地将承包土地退还给村庄集体。

第三，仍然留村的农户中，有些年龄较大的农户，可能只愿种较少的土地，以获得土地收入同时以种地打发时间。还有一些农户期待通过扩大农业生产规模形成适度规模经营，同时通过为其他农户提供农机服务来获得收入，这些农户就可能愿以相对较高租金招标获取进城农民退出来的承包地，从而形成农村中最有生产能力的"中农"。

第四，村社集体因为对集体土地有了一定的支配权，就有能力及有意愿介入到农户的生产环节中，也就有能力和有意愿为农户提供包括调整土地以按户连片耕种在内的各种统筹，就有能力及意愿为农户提供对接大生产的各种服务。正如国有农场为职工家庭农场提供的服务一样。

第五，借助有能力及有意愿的村社集体，国家就有能力将自上而下的各种资源输入农村，以建设基本农业设施，提供基本公共服务，保持较好的农业生产和农村生活秩序。

第六，因为克服了在细碎分散农地上集中大量权利所造成的反公地悲剧，农地就可以得到最有效率的使用，农业生产就可以达到最大效率。

在城市化这样一个大背景下，因为城市有更多就业和获利机会，农业相对弱势，就会不断有种田农民进城，留村务农农户越来越少。留村务农农户越少，在农村进行规模经营的机会就越大，集体土地所有制使留村扩大了种植规模的农户可以克服土地私有制国家农地产权细碎分散难以整合的困局，从而使农户发展成为现代化高效率且具有收入能力的家庭农场主。这些祖祖辈辈就生活在村庄中的种植户，因为有了扩大种植规模以及通过土地调整而获得生产便利的条件，从而可以从农业上获利，就完全没有必要非得进城去了。

村庄中的进城农户在城市体面安居下来，但他们仍然可以回来种地：当在城市失去机会或他们觉得务农的获利机会大于在城市务工经商时。这些进城的农民有了对退路的想象，以及有了对家乡的思念，就有了价值的寄托。

六、小结

无论如何，认真研究当前国有农场经营体制尤其是在土地制度安排上的优势，理解当前中国农村经营体制存在的主要问题，防止当前盲目将农村土地集体所有制变成农民土地财产权的改革，真正发挥中国农村集体土地所有制的制度优势，不仅可以有效应对中国城市化进程中农业农民问题的严峻挑战，而且完全可以克服日韩等东亚国家和中国台湾地区在农业上所陷入的困境。